人民调解工作法律实务丛书

不同纠纷类型的调解案例与法律应用

BUTONG
JIUFEN LEIXING
DE
TIAOJIE ANLI
YU
FALü YINGYONG

《人民调解工作法律实务丛书》编写组 / 编

第二版

中国法制出版社
CHINA LEGAL PUBLISHING HOUSE

前　言

随着人们法律意识的提高，各种法律问题开始出现在大家的生活中。面对矛盾、纠纷、侵权、维权等，越来越多的人愿意尝试“人民调解”这一解决纠纷的方式。因为，对于百姓而言，相比于“对簿公堂”的诉讼程序，人民调解不仅“省时、省力、省钱”，还不伤面子，有时候还可以继续与对方来往。可以说，人民调解工作可以就地化解矛盾，极大地避免纠纷给社会稳定所带来的安全隐患，有利于促进社会和谐。

如今，人民调解已经成为解决各类社会矛盾的重要途径和有效方法之一。基层调解组织作为人民调解队伍中的中坚力量，在化解民事纠纷、维护社会和谐与稳定方面发挥的基础性作用越来越大。如何加强自身业务水平，如何更好地、更有效地做好人民调解工作，是每位人民调解员所面临的问题。

在长期的人民调解工作中，一些老一辈的人民调解员通过大量的实践，为我们积累了宝贵的调解经验。他们说，要做好人民调解工作，人民调解员起码要具备三个要素：公正、友善、耐心。公正，即断案公平公正，不偏不倚，合情合理；友善，即跟当事人做朋友、交心，为当事人着想，真心实意地去化解矛盾；耐心，即不厌其烦、千言万语、千方百计地去做群众工作。只有满足了这三个基本要素，人民调解工作才能做好。当前，他们很多人还在调解一线辛苦工作，影响并激励着一代又一代的调解工作者。而我们新一代的人民调解工作者也在不断探索、创新，例如，在实践中，一些人民调解员为了方便工作，减少当事人奔波，通过手机微信等方式联系双方当事人，不仅方便了群众，还大大提高了工作效率，体现了调解工作的“为民、便民、惠民”原则。

调解工作关乎百姓权益，关乎社会和谐与稳定。在此，我们衷心感谢各位新老调解员的辛勤付出。精益求精是我们每个人对工作的追求。为了帮助调解员提高业务水平，我们特别组织资深人民调解员和法律专家编写了《不同纠纷类型的调解案例与法律应用》一书，该书从内容上分为上下两篇，上篇为各类纠纷的调解与法律适用，该部分不仅对不同纠纷类型的调解案例展现调解过程、汇总调解方法，还针对每个调解案例适用的法律条款一一作答；下篇为人民调解工作必备知识，该部分围绕人民调解工作的相关法律法规规定，对人民调解工作进行了详细介绍。

本书是《人民调解工作法律实务丛书》中的一本，丛书其他分册还有《人民调解方法技巧与法律知识》《人民调解卷宗文书制作案例示范》《人民调解典型案例填报示范与精解》《心理学在人民调解实务中的运用》《人民调解中的沟通艺术——用心理学引导当事人沟通》等。这套丛书的编写目的是为人民调解员打造一套全面覆盖人民调解理论知识、实务技能、文书写作、案例报送等的全流程职业培训读本，并根据国家有关文件的精神和要求以及调解工作的最新发展，专门补充了专业调解所需的心理学知识与沟通技巧，希望读者朋友们能够通过学习本书成长为优秀的人民调解员。

本书编委会

2021 年 4 月

目　录

上篇　各类纠纷的调解与法律适用

下篇　人民调解工作必备知识

上 篇

各类纠纷的调解与法律适用

第一章

婚姻家庭纠纷的调解

婚姻纠纷是指公民之间发生的与婚姻关系有关的民事纠纷。当今婚姻纠纷中绝大多数是离婚纠纷。离婚是因为夫妻感情破裂而导致的婚姻离异。感情是维系婚姻的重要纽带，如果感情破裂，一段婚姻一般也就走到了终点。但是对于感情是否破裂、婚姻能否维持、财产分割、子女抚养权以及一方受到伤害以后的婚姻赔偿请求权等，夫妻双方往往有很大的争议，因此就会形成一系列纠纷。

家庭纠纷是指家庭成员之间关于人身关系与财产关系产生的纠纷，比如监护、抚养、赡养、继承等纠纷。家庭成员的关系一般分为血亲关系和姻亲关系。血亲关系包括自然血亲关系和法律拟制血亲关系。自然血亲关系，以血缘关系作为基础，比如父母、子女、祖父母、外祖父母、兄弟姐妹之间的关系；法律拟制血亲关系，即依据法律的规定，使原本没有亲属关系的人成了亲属，包括继父母与继子女、养父母与养子女之间的亲属关系等。无论是血亲关系还是姻亲关系，家庭成员之间都具有互助扶养、帮助的义务。

1. 因丈夫实施家庭暴力引发的家庭纠纷

案情经过

一天，调解委员会的调解员小周正在电脑旁整理一些调解案件的资料，陈女士抱着3岁大的儿子，哭哭啼啼地跑到调解委员会，向小周哭诉要与丈夫离婚。小周赶紧搬来椅子让陈女士坐下，看到陈女士鼻青脸肿的，小周拿来了一杯温水和一些药膏，一边让陈女士冷静一下，一边帮陈女士处理伤处。陈女士随后向小周叙述了具体情况。陈女士喜欢网上购物，在某购物网站举办促销活动时，在没有经过丈夫庞某许可的情况下，陈女士使用庞某的银行卡花费2000元为自己购买了一些衣服和化妆品。庞某一气之下动手打了陈女士，而这样的殴打已经不是第一次了，平日也是动不动就对她拳打脚踢。这次更是因为陈女士花钱“大手大脚”，庞某心生愤怒而对她大打出手，她逃出家打电话报了警。

依法调解

调解员小周听陈女士讲完事情经过后，先安抚了陈女士，并与陈女士一同去了她家。当小周他们赶到时，民警恰好也在。丈夫庞某见妻子带来了调解员和民警，一言不发，眼神有所逃避。在了解了情况后，民警对庞某进行了严厉批评，指出庞某作为丈夫，对自己的妻子实施家庭暴力，有损男人的责任与担当，是一种不道德、不负责的行为。另外庞某实施家庭暴力也属于一种违法行为，依法可以对其进行处罚。见庞某低头不语，调解员小周走到庞某跟前，劝解道：你妻子在这件事情中有不妥之处，花费2000元购物应该事先告知你一声，但是你动手殴打妻子的做法更不对，根据我国《反家庭暴力法》的规定，对实施家庭暴力的行为人，公安机关应当依照治安管理处罚的法律规定对施暴者进行行政处罚，若构成犯罪的，还会追究其刑事责任。

在讲明事件的法律后果后，陈女士担心丈夫会受到法律处罚，便为丈夫求情，请求不要追究丈夫的法律责任。小周又从情理上劝说两人，就因为妻子网上购物多花了钱，丈夫就动手甚至离婚，实在不能担当，你们这样对待生活，将来怎样教育才 3 岁的孩子呢。庞某听了调解员的这番话，又见到妻子为自己求情，因而主动向妻子道歉，并当着民警和小周的面保证，以后决不再动手打妻子。

这时，小周还热情地添加了陈女士的微信，说如果以后再有如此遭遇，可以马上通知调委会寻求帮助，庞某看着她们当着他的面操作手机，心领神会地苦笑了一下。

调解方法

法律和道德都是调节社会人际关系以及行为的规范。在法律有明文规定时，应严格适用法律的规定调解。本案对于丈夫殴打妻子的行为，调解员向当事人讲述我国《反家庭暴力法》中对实施家庭暴力的法律规定及相应处罚，对防止施暴当事人再次实施家庭暴力起到了震慑作用。而在法律没有规定时，应按照道德伦理和善良风俗调解。在这起婚姻纠纷中，调解员运用了法治与德治相结合的方法进行了调解。在法律评价层面，庞某实施家庭暴力的行为，是有损男人的责任与担当的，是一种不道德、不负责的行为，更是一种违法行为，依法可以对其进行处罚。调解员又从道德教化入手，仅仅因为妻子网上购物花了些钱，丈夫就动手殴打妻子，你们这样对待生活，没想过自己已经为人父母，未来怎样教化 3 岁的孩子吗？

法律震慑与道德教化双管齐下，使他们夫妻二人都产生愧疚之心，这场家庭纠纷才得以平息。

有些当事人认为调解组织的调解没有约束力，调解后依然我行我素。在这种情况下，有必要借助外力。在本案的调解中，加入了民警的力量，对家暴的实施者庞某更具有震慑力，弥补了调解组织在强制力方面的欠缺。

适用法律

《中华人民共和国反家庭暴力法》

第三条 家庭成员之间应当互相帮助，互相关爱，和睦相处，履行家庭义务。

反家庭暴力是国家、社会和每个家庭的共同责任。

国家禁止任何形式的家庭暴力。

第三十三条 加害人实施家庭暴力，构成违反治安管理行为的，依法给予治安管理处罚；构成犯罪的，依法追究刑事责任。

2. 因阻挠女儿上大学引发的家庭纠纷

案情经过

玲玲出生在农村，父母都是农民，家里共有三个孩子，玲玲是老大，下面还有两个弟弟，姐弟三人年龄都只各差一岁。由于家里孩子多，开支大，父母也都没多少收入来源，所以，全家人的生活过得非常艰苦，还得依靠村里的救济。所幸的是三个孩子都很懂事，尤其是大女儿玲玲，从小就非常爱学习，立志要考上大学，走出农村，改变家庭。终于，功夫不负有心人，就在今年，玲玲考上了一所她梦寐以求的名牌大学。亲朋好友眼里全是对这个家庭的羡慕，然而，对玲玲及其父母来说，全家人都为这所学校高昂的学费犯愁了。眼看大儿子明年也要参加高考了，父母经过再三考虑，觉得玲玲是女孩，迟早都要嫁到别人家，便决定让玲玲放弃上大学，出去打工供弟弟上学。玲玲知道家里困难，但上大学是自己人生的梦想，便哭求父母不要让自己出去打工，并说学费自己筹借。父母觉得玲玲的想法太天真，学费第一年借款，那第二年、第三年呢？更何况还有生活费怎么办？便无论如何都不答应，坚持要玲玲打工挣钱供弟弟上学。

玲玲心有不甘，便哭着找村支书帮忙，希望他能劝说父母让自己上学，在村支书的陪同下，两人来到调委会请求帮助。

依法调解

受理此案后，调解员小王走访了玲玲的父母，表达了上学对孩子的重要性以及玲玲对上大学的渴望，并表示愿意帮助玲玲筹集学费，但任凭小王苦口婆心地说什么，玲玲父母就是坚持不让玲玲上大学。

从玲玲家回来后，小王认真地分析了他们之间的交流，发现玲玲父母并非只是因为掏不起学费而不让玲玲上学，但又始终不说其他原因。小王认为只有找到玲玲父母不让孩子上学的最终原因才能真正地帮助玲玲圆了大学梦，便决定找玲玲父母的亲朋好友打探情况。

经过多方打听，小王得知孙某是玲玲父母的好朋友，而且两家祖辈还是亲戚，便决定找孙某了解情况。起初孙某碍于朋友情面不爱管闲事，便处处回避小王。谁料小王诚意可嘉，天天到孙某家门口等候拜访，孙某看着小王为了别人的事这么上心，最终被他的好心打动，答应向小王说出实情。

原来玲玲父母重男轻女思想非常严重，不让玲玲上学而外出打工，不仅可以节省一大笔学费，还能挣不少钱，帮父母一起供养两个儿子上大学。了解真实原因后，小王又找到村支书，向村支书说明自己了解到的玲玲父母真正的思想问题，并请他帮忙去调解。村支书心直口快，到玲玲家后，先是对玲玲父母重男轻女的封建思想进行了一番批评，并说，咱这农村里出个大学生是多不容易的事情，玲玲考上大学不仅是你家里的荣耀，也是村里的光荣事；接着拿出3000元钱交给玲玲父母，说这是村里奖励玲玲考上大学的助学金，如果不够的话，村里还会想办法帮玲玲贷款。听完村支书的一番话，玲玲父母羞愧地低下了头。

这时，小王趁势告诉玲玲父母："你们不让孩子上学不仅会毁了玲玲的大好前程，也是违法的行为。根据我国《宪法》和《教育法》相关规定，无论男孩女孩都有平等的受教育权利，父母有义务保障孩子接受教育。虽然玲玲是个女孩，但你们也不希望因为眼前的困难而让孩子一生都待在农村吧，再说，女孩是父母的小棉袄、贴心人，以后玲玲有出息了，那不是能更好地孝敬你们嘛。孩子上学的经济问题我也和村支书商量了一下，大家帮忙解决，只要孩子能走出去，以后不怕没能力还这些借款。"听了小王的话，玲玲父母满怀歉意，表示自己目光短浅，只顾着儿子，没考虑到玲玲的将来，其实平时在家玲玲是最懂事最孝敬父母的，便同意大家一起想办法让玲玲上大学。

调解方法

这起家庭纠纷的解决主要是调解员动员他方力量协助调解的结果。本次调解的入手点在于找出玲玲父母坚持不让玲玲上学而让其外出打工的真实原因。从表面上看，家里经济困难是玲玲不能上大学的最大阻碍，但当小王提出为其解决经济困难时，玲玲父母的态度依然不改，可见阻碍玲玲上学是另有他因。此时，作为纠纷局外人的小王如果继续纠缠追问很可能会招致玲玲父母的反感，不利于调解的进行。于是调解员经过分析调查，从孙某那里得知了纠纷的真实原因，便请有威信、有群众基础的村支书出面劝说，然后在时机适当时，调解员再对玲玲的父母进行普法教育，最终使当事人心悦诚服地接受调解，化解了纠纷。

在调解的整个过程中，小王自始至终未提及玲玲父母的重男轻女思想，也未加以任何批判指责，而是正确地借助了他人的威严对当事人的行为进行了批评，这是对玲玲父母尊重的表现。

适用法律

《中华人民共和国教育法》

第九条 中华人民共和国公民有受教育的权利和义务。

公民不分民族、种族、性别、职业、财产状况、宗教信仰等，依法享有平等的受教育机会。

第三十七条 受教育者在入学、升学、就业等方面依法享有平等权利。

学校和有关行政部门应当按照国家有关规定，保障女子在入学、升学、就业、授予学位、派出留学等方面享有同男子平等的权利。

《中华人民共和国宪法》

第四十六条 中华人民共和国公民有受教育的权利和义务。

国家培养青年、少年、儿童在品德、智力、体质等方面全面发展。

3. 因兄弟共有财产处置问题引发的家庭纠纷

案情经过

老李有两个儿子，考虑到以后要为儿子娶媳妇，老李一生艰苦奋斗，生活节俭，攒了不少积蓄。后来两个儿子也都如愿娶了媳妇，事业有成，有了自己的家。然而，正当老李想安享晚年之际却被查出得了癌症且已到晚期，住院花光了老李的积蓄，但最终还是没能留住生命。老李在临终前，把两个儿子叫到跟前，说自己已经没有积蓄了，家里有三间平房留给二人，让兄弟俩和睦相处。老李去世后，儿子李二在家里开了服装加工作坊，便一直把父亲的房子当仓库使用，李大多次要求李二腾出自己那份，但都被李二拒绝，为此，兄弟俩反目成仇，形同陌路。后来村里新建了一个工厂，寻租仓库，李大便打算将自己那份房子出租，又找到李二要求腾房，仍被李二拒绝，无奈，李大便打算把父亲留的房子卖了，李二不允，两人厮打起来，甚至动起了刀子，幸好被村民及时拉开，才未酿成大祸。邻居们想这兄弟俩在村里都是有能力的人，根本不缺那三间平房，为啥老为这事争来抢去的。为了防止兄弟俩再次因该房产打架，邻居们请求调委会调解这起纠纷。

依法调解

调解员小金听说此事后，便同一名村干部一起去找哥俩进行调解。起初，小金通知李二到李大家，但李二坚决不上李大家门，李大也表示不上李二家门，最后还是把调解的地点定在老李留下的三间平房里，兄弟二人才同意。

人都到齐后，没等小金说话，村干部先批评了两兄弟一顿："人家调解员专门为你们兄弟的纠纷来做调解，本打算在你们二人家中进行，缓和一下紧张氛围，岂料你们二人一个比一个倔，枉费了调解员的一片好意。我看你们两人现在的样子谁都不像老李，老李在世时为人宽容、热心，和自己的兄弟姐妹们相处得很好。"听完村干部的话，李大、李二相互对视了一下，都不作声了。

小金看气氛有些紧张，便上前笑着问李大现在干什么工作，李大说还是在市里包工程，只是最近活儿不多。小金又问李二生意怎样，李二说还不错，现在是旺季，订单多，比较忙。小金听后对兄弟二人大声赞扬，说："你们兄弟俩都是有出息的人，你看村里有几户人能赶上你们的日子。"听完小金的一席话，这兄弟俩都喜笑颜开的，还谦虚地说我们在当地还行，但外面的世界还很大。

看见兄弟两人情绪都稳定下来后，小金言归正传道："知道外面的世界大就好，但我相信只要你们兄弟同心，其利断金。你们的父亲知道你们兄弟二人都不缺钱花，所以留下三间平房，无非是希望你们二人有份共同产业，和睦相处。"他的话音刚落，李大抢着说："我也不是非要和李二争那一间半的房，只是他不但占着我那份，还不说好话，我是气不顺才向他要房的。"李二听了哥哥的话也辩解起来："你根本就用不上父亲留下的房，我正好能做仓库用，你不但不念手足之情，还非要让我腾房，你说你那份出租能租多少钱？"

就这样你一句我一句，兄弟二人把心里话都说了出来，看到两人之间的误会消除，小金趁机提出把房子给二人分了，两人连连摇头，李大说自己用不上那房，把自己那份给李二用也不算什么。李二也表示愿意给哥哥房钱，但李大说本来也没多少钱，自己是哥哥，有份共同的房产还是一家人，不要弟弟的钱。

别扭了多年的兄弟和好如初了，小金便对兄弟二人进行了普法教育："依据我国《民法典》的相关规定，你们是这平房的共有人，共有人对共有财产共同享有权利。共有财产被侵占的，共有人有权要求返还原物，如果侵占给共有人造成损害的，共有人还有权要求赔偿损失。你们二人都是房子的主人，好好珍惜这份共有的财产。"二人听后都惭愧地低下了头，表示一定和睦相处，以父亲的为人做表率，互亲互爱。

调解方法

调解员小金运用了模糊处理法顺利地解决了这起家庭纠纷。本案中的纠纷涉及的矛盾并不是什么原则性问题，兄弟二人也没有到离开父亲这房子就无法生活的地步。因此在调解时调解员采取了一种弥合矛盾、小事化了的方法，其目的是让兄弟团结，和睦相处。

调解员深知在此案家庭纠纷中，双方一般没有因为房子价值而去争抢的意思，即使实际占有后也不一定去使用，只是考虑到遗产继承的公平性，产生"我的就是我的，即使不用也是我的"的心理，一旦这种心理得不到很好的调节，双方就会产生矛盾。在这种情况下，调解员适当运用模糊方法，再使用模糊语言进行表述，会收到更好的效果。在引导双方说出自己的心里话，认识自己的错误时，一定要讲究方式方法。调解员说："知道外面的世界大就好，但我相信只要你们兄弟同心，其利断金。你们的父亲知道你们兄弟二人都不缺钱花，所以留下三间平房，无非是希望你们二人有份共同产业，和睦相处。"这句话的意思就是模糊批评法，对批评的语言软化包装，点到为止，这种选择既易于做成工作，又不使人尴尬。

适用法律

《中华人民共和国民法典》

第二百九十七条　不动产或者动产可以由两个以上组织、个人共有。共有包括按份共有和共同共有。

第四百六十二条第一款 占有的不动产或者动产被侵占的，占有人有权请求返还原物；对妨害占有的行为，占有人有权请求排除妨害或者消除危险；因侵占或者妨害造成损害的，占有人有权依法请求损害赔偿。

4. 因遗产继承分配不均引发的家庭纠纷

案情经过

老王有两个儿子，老伴前几年因病去世时，大儿子王建已经成家，王某和小儿子王国相依为命。后来小儿子结婚娶了媳妇，由于儿媳妇嫌弃老王年老无力，只能吃饭不能干活，便以分家为由，把老王赶了出去，老王只好独自生活。大儿子王建看到父亲可怜，便把他接到自己家里照顾。一晃几年过去了，老王身体大不如前，疾病缠身，精神状况也不好。在老王病重期间，王建夫妇一直照顾着老人，弟弟王国却从未看望过父亲。后老王知道自己快要走了时，决定把后事交代一下，遂立下遗嘱，把自己住的房子及3万元存款留给大儿子王建，剩余2万元存款给小儿子王国。老人去世后，哥哥王建依照父亲的遗嘱继承财产，弟弟王国却认为父亲和哥哥生活在一起，遗嘱有可能是王建自己写的，坚决不承认，要求平均分配遗产。兄弟俩为此产生纠纷，请求调解委员会进行调解。

依法调解

调解员杜某受理此案后，先到弟弟王国家进行走访，可是刚进门还未开口，便被王国以家务事外人少掺和为由赶了出来。后调解员又多次上门，均被拒之门外。杜某只好找了村干部一同去做王国的工作，但无论两人好说歹说，王国都听不进去，坚持认为遗嘱是他哥哥伪造的，要求平分遗产。无奈之下，杜某又走访了几位街坊邻里，邻居们说，王建是个孝顺孩子，而王国是个白眼狼，关于老人立遗嘱的具体情况他们不清楚，但老人有个妹妹，也就是王建和王国的姑姑可能知道这事，因为她也经常来照看自己的哥哥。

调解员杜某于是去拜访了老人的妹妹，向她老人家说明来意后，把她请到了王国的家里。面对远道而来的姑姑，王国没有丝毫悔意，还是认为遗嘱无效，家产要平分。姑姑听后伤心地说："孩子，你妈走得早，是你爸爸既当爹又当娘的把你们兄弟二人拉扯大，尤其是王国你，因为你妈走时你年龄还小，你爸更是拿你当心头肉，但在你爸老了、病了时，你都是咋回报他的？每次提到你，你爸那是眼泪往肚里流啊！你长大成家后和你媳妇把你爸赶出家，又从不看望他，要不是你哥照顾，你爸还能有好日子吗？且不说你爸是给你分的遗产少，我觉得他就不应该给你这个不孝子分，你还有脸和你哥去争家产，你还有没有良心啊？……"听罢王国不禁低下了头。调解员趁机说："无论是否有遗嘱，我国《民法典》都明确规定，对被继承人尽了主要扶养义务或者与被继承人共同生活的继承人，分配遗产时，可以多分。有扶养能力和有扶养条件的继承人，不尽扶养义务的，分配遗产时，应当不分或者少分。况且你们是亲兄弟，在你们父亲的心中，两个人都一样重要，立下这样的遗嘱，也是不得已，否则，他会觉得亏欠了大儿子王建。"

最后还是哥哥王建不想姑姑如此伤心，他想到父亲临终要他们兄弟和睦相处的遗言，便内疚地说："姑姑，是我不好，我不跟弟弟争家产了，我是哥哥，我却没有让着他，还让您大老远来为我们操心，这遗产随弟弟的意，平分就是了。"王国看见哥哥还是如此宽容，也很惭愧地认了错，表示自己不要哥哥那份，是自己有愧于父亲，没有好好尽孝。

看着兄弟两人和好，姑姑欣慰地笑了。杜某也笑着说：“家和万事兴。”

调解方法

在这起继承纠纷中，调解员运用了抓住主要矛盾和动员多方力量等多种方法进行调解。首先，这个案例表面上看是兄弟俩争执遗嘱是否真实有效，但主要矛盾是有扶养能力和有扶养条件的子女不尽扶养义务时还有没有继承权。在整个调解过程中，调解员杜某抓住了主要矛盾并围绕这个矛盾展开工作，避免了次要矛盾对调解工作的影响。其次，调解员在依靠自己的力量无法和当事人沟通的情况下，选择了向邻居、村干部、当事人的亲人找突破口的方法，让多方力量参与到调解中来。杜某深知，在调解这类家庭纠纷时应牢牢把握人是有感情的这一点，以情动人，争取到知根知底的家人、知心信任的朋友和有威望的长者参与调解，往往就能够切中要害，顺利解决纠纷。本案中，姑姑的一席话，使得弟弟王国认识到父亲的不易，自己的不孝，从内心认识到哥哥多分遗产是应该的。但这些话，从作为长辈的姑姑口中说出，王建和王国都能接受，如果是调解员表达同样的意思，则会使当事人反感。再次，调解员还使用了法律和道德相结合的方法，既宣传了《民法典》关于子女应该对父母尽赡养义务的规定，也宣传了家庭成员友爱和睦的社会主义道德。最后，调解人员使用了模糊处理的方法。在纠纷的调解过程中，并不是所有的问题都要弄得一清二楚。对于当事人不再深究、不影响纠纷的公正解决的问题，完全可以模糊处理。在这起纠纷中，王建对父亲尽了赡养义务，照顾有加，而王国则把父亲赶出家，不闻不问，这是人尽皆知的事实。所以父亲立遗嘱给王建多分家产这是在情理之中，更何况经过说法教育，王国也表示愿意尊重父亲的意思，让哥哥多分家产，此时，就没有必要再细究遗嘱到底是否真实，故调解员没有在这个问题上探究，而是进行模糊处理并顺利解决纠纷。

适用法律

《中华人民共和国民法典》

第一千一百三十条 同一顺序继承人继承遗产的份额，一般应当均等。

对生活有特殊困难又缺乏劳动能力的继承人，分配遗产时，应当予以照顾。

对被继承人尽了主要扶养义务或者与被继承人共同生活的继承人，分配遗产时，可以多分。

有扶养能力和有扶养条件的继承人，不尽扶养义务的，分配遗产时，应当不分或者少分。

继承人协商同意的，也可以不均等。

5. 因婆媳关系不和引发的虐待老人的家庭纠纷

案情经过

孙某是村里出了名的能人，做饭、干活、缝衣服、绣花样样精通。由于觉得自身非常优秀，因此孙某自认为在村里事事不用求人，非常高傲，与他人相处也不和睦。孙某的儿媳妇钱某非常敬佩婆婆的才华，对其毕恭毕敬，然而婆婆却总是对钱某恶言相讽，百般刁难，甚至故意制造事端，怂恿儿子对钱某进行“教训”。为此，钱某与丈夫、婆婆的关系一直不和，但为了自己的孩子，她一直忍受着，没有提出和丈夫离婚。时间匆匆，一晃好几年过去了，婆婆年龄渐大，得了半身不遂，卧床不起，由于儿子外出打工，所以需要钱某伺候婆婆。想到自己前些年受过的苦，钱某心里满是愤恨，平时对婆婆说话时指桑骂槐，隔三岔五不给婆婆喂饭吃，甚至在婆婆因不能自理弄脏衣物、床单时更是拳脚相加。孙某不堪忍受儿媳的欺负，便在朋友探望自己时向朋友诉说了遭遇，请求朋友帮自己找调委会解决问题。

依法调解

调委会知道情况后，决定由牛主任亲自处理这件事。牛主任先走访、看望了孙某，陪孙某拉家常，并表示调委会一定会处理好这件事，让孙某只管好好养病，不要多想。随后，牛主任又找到孙某的儿媳钱某，针对钱某对婆婆孙某打骂和不给饭吃的行为进行了严肃的批评，称尊敬老人是我们国家的传统美德，大家都要遵守，更何况父母的今天就是我们的明天，一个儿媳就是半个女儿，应该对老人多尽孝才是。

对牛主任的教育，钱某委屈地反驳说："我不是一个不通情理的人，我母亲去世早，我在做饭、针线活等方面没人教，什么也不会，所以刚嫁过来时，我非常敬仰婆婆，百般孝顺她，可是她从来都不待见我，更别说把我当女儿来教，总是刁难我，甚至还挑拨她儿子打我，要不是我也有儿子放不下，我早就一走了之了。我现在每天还伺候着婆婆，相比她对我所做的，我已经算是仁至义尽了。"牛主任非常认真地听着钱某的哭诉，还时不时地递纸巾过去，在钱某说完心中的委屈后，牛主任上前拉着钱某的手说："孩子，我知道你的苦。你现在看着你婆婆躺在床上要看你的脸色生活时，是不是觉得终于出了气？心里高兴吗？"钱某摇摇头说："其实我每次骂她、训她，甚至有时出手打她，我的心都很难过，更是特别矛盾。"

听了钱某的话，牛主任便语重心长地说："孩子，我知道你本性善良，你现在做的那些事，只是心里一时放不下以前的恨，但是你要知道，恨别人是两败俱伤，你和被你伤害的人都痛苦，而爱别人则是两全其美，你和你爱的人都很温暖。你婆婆以前对你是有些不好，但你骂也骂了，打也打了，气也该出完了。更何况她现在一把年纪了，过一天少一天的，你要是还这样对她，你说等她不在了，你想悔改都没机会了，那你能安心过下半辈子吗？再说了，你现在对婆婆的这种行为，依据我国《老年人权益保障法》和《刑法》相关规定，属于虐待老人的违法行为，情节严重的还可能构成犯罪，要依法承担刑事责任呢。"中肯的批评和语重心长的劝导，使钱某心服口服，最终同意向婆婆当面道歉，并表示以后会像女儿一样善待婆婆。

调解方法

由于我国农村地区人们的文化教育水平还不高，法律意识和观念不强，大部分当事人对所发生的纠纷适用的法律规范不了解，本案中钱某以婆婆曾经对自己不好为由经常对卧病在床的婆婆进行打骂，甚至不给饭吃，最终导致调委会介入调解。法律和道德是相辅相成缺一不可的，这就要求人民调解工作既要坚持依法调解又要贯穿道德感化，调解员牛主任不仅启发钱某在道德层面要讲家庭美德，还从法律方面告诫她，虐待老人是违法的，言明利害后当事人一般会选择依法行事。

本案中起初导致婆媳关系恶化的原因不是什么原则性的问题，而是一些鸡毛蒜皮的小事。俗话说"清官难断家务事"，本案中对于婆媳关系的处理调解员运用了模糊处理法。如果调解员把焦点集中在婆婆和儿媳谁对谁错的话，不仅不能解决婆媳之间的纠纷，反而会把前些年婆媳的积怨矛盾扩大化。所以调解员聪明地模糊了以前的是非，对于缓和婆媳关系，调解员还是选择从道德层面和法律层面上予以调解，使儿媳最终放弃跟婆婆的前嫌。

适用法律

《中华人民共和国宪法》

第四十九条第四款 禁止破坏婚姻自由，禁止虐待老人、妇女和儿童。

《中华人民共和国老年人权益保障法》

第三条第三款 禁止歧视、侮辱、虐待或者遗弃老年人。

《中华人民共和国刑法》

第二百六十条 虐待家庭成员，情节恶劣的，处二年以下有期徒刑、拘役或者管制。

犯前款罪，致使被害人重伤、死亡的，处二年以上七年以下有期徒刑。

第一款罪，告诉的才处理，但被害人没有能力告诉，或者因受到强制、威吓无法告诉的除外。

6. 因子女对老人实施家庭暴力引发的家庭纠纷

案情经过

一天，72 岁高龄的冯大爷满脸是血地来到调委会，边哭边喊："这个不孝子啊，我不活了！"调解员小徐赶紧把冯大爷迎进门，洗了热毛巾给冯大爷擦干血迹，并给他倒了一杯热茶。原来，冯大爷以前因为家里穷，岁数很大才娶上媳妇，婚后妻子生了个儿子，自己却得病早早走了。所以冯大爷对这个儿子异常娇惯，要星星不敢给月亮。但自从儿子结了婚，对自己是一天不如一天，有时还连打带骂。昨天，他带 6 岁的孙子出去玩，在和别的小朋友玩耍过程中，孙子不小心跌倒摔到了胳膊，不过只是皮外伤并无大碍。今天上午，儿子看到孙子胳膊上的伤，就气愤地骂冯大爷是个废物，干什么都不中用，还让自己的媳妇动手打冯大爷，这才出现了开头的一幕。

依法调解

调解员小徐了解情况后先安慰冯大爷，让他不要伤心，说自己一定会办好此事。当天下午，小徐赶到小冯家里，但小冯夫妇根本不听他说话就把他轰出了家门。随后，小徐走访了他们的街坊邻居，冯大爷说的情况属实，小冯夫妇不仅不赡养老人，还总是打骂老人。灵机一动，调解员小徐便想到了方法。

过了两天，小徐把乡里的领导和冯大爷的邻居都请到了小冯的家里。小冯夫妇看到这么多人来到家里心里开始有点发虚，对调解人员的态度明显好转。小徐便趁机向他们宣读并讲解了《民法典》等相关法律规定，向他们说明，子女对父母有赡养扶助的义务，并不得实施家庭暴力或虐待家庭成员，否则公安机关可依照治安管理处罚的法律规定予以行政处罚。乡里的领导也严肃地批评他们不赡养老人、殴打老人的行为，如果性质严重还可能会触犯《刑法》，受到相应的刑事处罚。调解员小徐看到他们害怕了，又趁机教育他们："你妈走得早，冯大爷一个人把你带大容易吗？他把自己所有的心血都倾注在你身上，你们怎么能忘恩负义呢？你们的孩子也 6 岁了，你们怎么疼他的，当初冯大爷就是怎么疼你的呀！而且你的孩子什么都看着呢，如果他长大以后也像这样对待你们，怎么办？"乡亲们也七嘴八舌地开始说以前冯大爷独自抚养小冯的艰辛。

小冯夫妻俩听后惭愧地低下了头，立即向在场的领导、调解员和邻居们保证，以后一定要好好孝顺老人。这时，冯大爷的孙子也从屋里跑了出来，拽着冯大爷去他自己屋里陪自己玩，这时冯大爷脸上乐开了花，表示原谅儿子和儿媳。看到这个多年打骂老人的家庭和睦了，大家都为老人感到高兴。

调解方法

中华民族历来有助人为乐的美德，一家发生矛盾几家来劝的现象在很多地区还是屡见不鲜的，尤其对于婚姻家庭纠纷，发动邻居从关心爱护的角度参与调解很有说服力。本案调解员小徐主要运用了动员多种力量协助调解的方法。刚开始的时候，小徐一个人上门调解，被赶了出去，但当小徐把乡里的领导和冯大爷的邻居都请到小冯家里的时候，夫妻二人对调解人员的态度明显好转，进而接受调解。

在小冯夫妻因乡领导和左邻右舍齐聚自己家中而感到心虚之时，小徐又采用了法律与道德相结合的方法，先适时地给当事人讲解了我国法律的规定，告诉小冯夫妇，他们不履行法定的赡养义务并且打骂老人的行为，可能会触犯我国法律的规定，受到相应的处罚；然后对他们进行了道德教育，用他们对自己孩子的关心和爱护来作说明，唤起了他们心底对父亲的感恩之心。这就是动员多种力量协助调解的结果，对于不违反法律规定但有违道德要求和社会风俗的纠纷，可以扩大参与调解的范围，借助舆论特有的作用使当事人知耻知错。

适用法律

《中华人民共和国民法典》

第一千零六十七条 父母不履行抚养义务的，未成年子女或者不能独立生活的成年子女，有要求父母给付抚养费的权利。

成年子女不履行赡养义务的，缺乏劳动能力或者生活困难的父母，有要求成年子女给付赡养费的权利。

《中华人民共和国反家庭暴力法》

第三十三条 加害人实施家庭暴力，构成违反治安管理行为的，依法给予治安管理处罚；构成犯罪的，依法追究刑事责任。

▼

第二章

损害赔偿纠纷的调解

一方因侵权或违约等行为使他人财产、人身或精神遭受损害，需承担赔偿责任，由此而产生的纠纷称为损害赔偿纠纷。本章主要涉及人身损害赔偿和财产损害赔偿两方面的内容。

人身损害赔偿是由于行为人的不法行为造成他人人身伤害而引起的损害赔偿，如因轻微伤害而引起的医疗费用、营养补助、工资损失、误工收入等财产赔偿。

财产损害赔偿是由于行为人的不法侵害造成他人财产损失的赔偿，如损坏、侵占他人财产的赔偿等。

1. 因饲养动物伤人引发的人身损害赔偿纠纷

案情经过

一天，家住欣悦小区的黄阿姨在小区遛狗时，突然从旁边的小花园里蹿出一只大花猫，猫狗相遇分外眼红，这只猫很凶，蹿到小狗身上，对小狗连抓带咬。黄阿姨见此情景，急忙跑过去，将小狗抱起，这只猫此时已打红了眼，一看狗的主人将它抱走了，没有了作战的对象，便蹿到了黄阿姨的大腿上，把黄阿姨大腿咬伤了一处，抓伤了两处，鲜血从黄阿姨的腿上流了下来。大花猫却不见了踪影。黄阿姨打听到这只大花猫是18号楼4单元401韩先生家养的，于是抱着小狗找到韩先生，要求赔偿。可韩先生却说："你如果遛狗不从我家门口过，就不会有猫狗打架的事。再说，你如果不把狗抱走，猫也不会把你咬伤，这个责任我不负。"黄阿姨一看对方耍赖的架势，就打电话叫来了自己的老伴和儿子，双方对峙起来。眼看着就要动手打起来了，居民们急忙给调委会打电话，向调委会求助。

依法调解

调解员接到电话后，迅速赶到现场。这时，双方正在激烈地争吵，围观的群众有二三十人。调解员一看急忙上前劝说，并拉开了双方当事人，向他们询问纠纷发生的原因，同时分散了围观的群众。然而，双方互不相让，相持不下。黄阿姨态度很是强硬，坚持要求韩先生赔偿自己医药费及损失费700元，并放出狠话：如果不给，韩先生一家都别想好过。韩先生也不甘示弱，始终抱着与他无关的态度，对调解员的劝说不理不睬，就是不赔钱。最后，竟将调解员赶出门外。

经过一个多小时的劝说，事情仍未取得实质性的进展，调解工作陷入了僵局。调解员及时转变工作思路，将双方当事人分开调解。安全起见，首先让黄阿姨去卫生防疫站打狂犬疫苗，随后，调解员再次敲开韩先生家的门，开始耐心细致地做韩先生的思想工作，给他讲相关法律规定：饲养的动物给他人造成人身伤害，不论动物的主人主观上是否有过错，均应承担赔偿责任，除非这种损害是由受害人自身或者第三人的过错造成的。韩先生听调解员这么说，态度开始有了转变。调解员抓住这个机会，继续从情理角度做他的工作，让他站在黄阿姨的角度想一想。韩先生静下心来想了想，表示自己对此事应当负一定的责任，愿意给黄阿姨一定的赔偿。随后，调解员添加了韩先生的微信，以便后续调解事项的交流。

等黄阿姨打预防针回来，调解员又到她家对其进行劝导。黄阿姨听了调解员的讲解，认识到自己行为也有过激之处。考虑到韩先生家庭经济条件确实不好，调解员请黄阿姨考虑将赔偿金降低一些。黄阿姨表示可以考虑。为沟通方便，调解员与黄阿姨说定稍后微信等待黄阿姨的回复。

第二天，黄阿姨通过微信联系了调解员，称愿意将赔偿数额降低到 500 元。随后，调解员将黄阿姨的意思又通过微信转发给韩先生。韩先生同意。最终，韩先生赔偿黄阿姨打疫苗的费用及各种损失共计人民币 500 元，并同时向黄阿姨赔礼道歉说了好话。

调解方法

本案的调解员能够正确地引用并讲解法律，使双方当事人都认识到自身的行为存在一定的过错，明确了该纠纷应当如何处理，从而使双方接受调解员的调解意见。韩先生尽管家庭经济条件有困难，仍能够心平气和地接受调解协议，并给予适当赔偿，这说明依法调解的说服力是很强的。在本案的调解中，调解员在进行法制教育的同时，晓之以理，使韩先生认识到，自己的狡辩是没有道理的，调解员还充分考虑到韩先生家的实际经济状况，劝说黄阿姨减少对韩先生的赔偿数额要求，使赔偿能够最终顺利实现。这时道德说教也对纠纷的解决起到了重要的作用。本案的调解员还采用了解决思想问题与解决现实问题相结合的方法，在发现双方当事人出现僵局后，果断地让黄阿姨先去打预防针，首先避免了危险的出现，在解决现实问题的前提下，再对双方分别做思想工作，最终由韩先生对黄阿姨所受损害进行赔偿。否则，在现实问题未获解决的情况下，黄阿姨必然会心存焦虑，则双方的矛盾就容易激化，调解工作难以成功。

适用法律

《中华人民共和国民法典》

第一千二百四十五条 饲养的动物造成他人损害的，动物饲养人或者管理人应当承担侵权责任；但是，能够证明损害是因被侵权人故意或者重大过失造成的，可以不承担或者减轻责任。

2. 因商场设施伤人引发的人身损害赔偿纠纷

案情经过

家住江苏南京的孙女士带4岁的儿子在市区某商场买玩具，两人逛了一圈，买了衣服和玩具后，已经将近中午。孙女士感觉有些累，想带儿子回家，但儿子看到商场休息区有几个秋千椅，吵闹着要去玩。孙女士拗不过儿子，便答应他只玩十分钟。孩子高高兴兴地就去荡秋千了，孙女士在一旁看护他，但没荡几下，孙女士听见秋千绳摩擦的声音不太对，刚想制止，只听咔嚓一声，秋千坠地，儿子被甩了出去。孙女士赶紧去看儿子，幸好是以跪姿落地，否则后果不堪设想。孙女士掀开儿子的裤脚，只见他的双膝都有血渗出，两手也红肿，哭闹不止。由于临近中午，商场的人较少，孙女士拨打了急救电话后，急忙找到商场工作人员帮忙将孩子送到医院。经查，孙女士的儿子双膝皮肤破损，膝盖附近有小面积软组织挫伤，腕关节因受冲击而肿胀。孙女士拿着儿子的诊断书及相关缴费单，到商场与工作人员交涉，要求其赔偿儿子的医疗费1849元，自己为此支出的交通费208元以及儿子的精神损害赔偿5000元。商场认为自身并无过错，只同意拿出800元作为道义上的补偿，但遭到孙女士的拒绝。双方僵持不下，最后协商同意请人民调解员帮助解决。

依法调解

负责调解此案的是张调解员。张调解员首先听双方讲述了事情的发生过程、后续的处理以及各方的诉求及理由，认真做了记录，然后告知双方，他会据此进行调查，三天后正式调解，到时会依据事实和法律，维护双方的合法权益，给双方一个满意的答复。缓解好双方的情绪，建立了双方当事人微信联系方式后，张调解员开始了他的调查。

首先，张调解员查看了事发地——该商场二层休息区的秋千椅。孙女士儿子出事的那架秋千已经被撤走，剩余三架秋千还挂在那儿，但商场已派专人负责看管，不让顾客使用。张调解员仔细查看秋千绳，发现商场为了美观，已将秋千绳用装饰纸包裹，看不出里面的样子，于是张调解员要求查看断了的秋千。在商场经理的带领下，张调解员在商场储物间看到了那架事故秋千，拨开外面的装饰，张调解员明显地看到断裂处老化的金属。张调解员将其指给经理看，经理表示该秋千确实有些年头，并主动带张调解员查看商场装修的相关资料，资料显示，该秋千安装于十年前。张调解员进一步追问，是否定期对秋千等设施进行检查，经理表示，商场每个月都会进行安全检查，但确实没有检查秋千椅的记录。

了解完商场方面的情况后，张调解员又赶到医院看望孙女士的儿子，只见小孩子伤情已经恢复得差不多，看上去已经厌倦了医院枯燥的环境，忍不住想要出去玩。张调解员通过孙女士了解到，孩子一开始确实吓坏了，看到玩具上有摇晃的东西都惊恐不已。但也许小孩就是恢复得快，随着身上的伤渐渐好了，他好像把受伤的事也忘得差不多了。

到了正式调解的时间，首先，张调解员告知商场方面的代表杨经理，对此事，我国法律是有明确规定的。其次，张调解员把他调查了解到的情况一一向双方做了说明，种种情况表明，商场并没有定期对秋千椅进行检查维修，也就是没有尽到安全保障义务，那么根据我国法律规定，商场赔偿孙女士儿子的医疗费和为此支出的交通费是毋庸置疑的。对此，商场经理表示认同。最后，关于孙女士提出的孩子的精神损失费，张调解员认为孩子确因此事受到了一定的惊吓，但情况并不严重，达不到赔偿精神损失的程度，因此建议孙女士放弃这个诉求。在张调解员入情入理的解说和中肯的建议下，双方都同意了调解员的建议，当场签订了有关赔偿的协议。商场经理表示一个月内一次性付清所有款项。临走时，张调解员嘱咐商场经理，一定要重视商场的安全保障事宜，否则因此造成人身或财产损失，都是我们不愿意看到的。

调解方法

本案中的张调解员主要运用了抓住主要矛盾的方法调解此案。在听取双方当事人讲述后，他立即抓住了案件的关键，即商场是否尽到了安全保障义务。此案是一个因商场设施伤人而引起的人身损害赔偿纠纷，根据我国法律，作为公共场所的商场，如果没有尽到安全保障义务，造成他人损害的，应当承担侵权责任；如果尽到了安全保障义务，仍发生了事故，则很大程度上可能是因为不可抗力或者意外事件，这时商场并不负有法律上的侵权责任，可能只需赔付些道义上的责任。张调解员在正式调解前所做的一切调查，均是围绕此主要矛盾进行的。在经过耐心调查和确认后，明确了商场确实没有对秋千椅尽到安全保障义务的证明。只要抓住了商场没有尽到安全保障义务，因此必须依法承担赔偿责任这一主要矛盾，则其他次要矛盾，如赔偿数额等问题就迎刃而解了。

张调解员调查得非常仔细，不仅针对主要矛盾进行调查，而且注意到了当事人的每项诉求，就“精神损害赔偿”一项专程到医院了解情况，确认孩子的病情，并就此提出了中肯的建议，得到了孙女士的认同。至此，双方各有让步，矛盾缓和。

本案中，依法调解是基本原则，调解员在法律与事实的基础上，同时运用了法律与道德相结合的方法和抓住主要矛盾的方法。调解员采用科学的思想方法，善于找准主要矛盾，围绕主要矛盾进行调解是最终取得事半功倍的调解效果的关键所在。

适用法律

《中华人民共和国民法典》

第一千一百七十九条 侵害他人造成人身损害的，应当赔偿医疗费、护理费、交通费、营养费、住院伙食补助费等为治疗和康复支出的合理费用，以及因误工减少的收入。造成残疾的，还应当赔偿辅助器具费和残疾赔偿金；造成死亡的，还应当赔偿丧葬费和死亡赔偿金。

第一千一百九十八条 宾馆、商场、银行、车站、机场、体育场馆、娱乐场所等经营场所、公共场所的经营者、管理者或者群众性活动的组织者，未尽到安全保障义务，造成他人损害的，应当承担侵权责任。

因第三人的行为造成他人损害的，由第三人承担侵权责任；经营者、管理者或者组织者未尽到安全保障义务的，承担相应的补充责任。经营者、管理者或者组织者承担补充责任后，可以向第三人追偿。

3. 因广告牌坠落引发的人身损害赔偿纠纷

案情经过

国庆假期的一天，晴空万里，秋高气爽，王女士打算带5岁的女儿去逛街。王女士开车带女儿来到市中心的一个大商圈，这里几条街都是店铺，有各种品牌专营店以及私营店铺。女儿看到前面有一家童装店，兴奋地跑过去，王女士站在一家还没开张的店前示意她赶紧回来。还没等女儿跑到妈妈身边，“砰”地一下，王女士感到一个重物重重地砸在她的肩上，顿时感觉一阵剧痛。她低头，看到砸下来的是一个巨大的广告牌。王女士看到对面的店铺门口有监控，就赶紧叫上丈夫送她去医院。经查，王女士被砸的左肩有严重挫伤，锁骨骨折，需要入院治疗。安顿好妻子后，丈夫杨先生找到那家店铺商议赔偿事宜，要求赔偿妻子医疗费、护理费及因此支出的交通费、误工费共计12000元。店家韩某承认是自家的广告牌砸伤了王女士，但认为那是风吹的，自己没有责任，但可以拿出1000元钱作为慰问金。杨先生对店家的态度非常不满，而且他怀疑韩某店铺新装修的广告牌根本就没有固定，否则广告牌不可能轻易掉下。双方交涉几次均不肯让步，僵持不下，最后决定去人民调解委员会寻求帮助。

依法调解

人民调解委员会安排调解员段宏志和程文军负责这起人身损害赔偿纠纷的调解，两位调解员兵分两路展开了对案件的调查。调解员段宏志首先到医院看望了王女士，听王女士讲述了案情，向医生详细了解了她的伤情以及费用问题，确认王女士的治疗费用约为9400元，住院一周即可出院；同时了解到王女士及先生的工作都比较稳定，家境小康。调解员程文军则负责到事发地了解情况，对出事店铺的相邻店铺工作人员进行走访，查看了对面店铺门口的监控录像，并询问了当天负责店铺安装的工作人员，确认了三件事：一是出事店铺当天正在装修，上午刚安装的广告牌，下午就出事了；二是事发当天并没有刮大风；三是广告牌因印刷有误而只固订了上面，等待下午修正后再完全固定。程文军向店主韩某核实相关情况，在证据面前，韩某只得承认事实确实如此。店主同时表示，自己也不是不愿意赔偿，只是把所有钱都投在了新店铺上，拿不出什么钱了。该情况得到了韩某邻居及亲朋好友的证实。

在调查后，两位调解员相互交换了情况，确认了事故发生的原因是由于新装的广告牌未固定。关于具体赔偿，两位调解员统一了意见，为双方当事人初步拟订了赔偿方案，建议店主韩某赔偿王女士因受伤支出的医疗费、护理费以及因此支出的交通费共10800元，误工费由于事发在国庆假期，不影响上班，建议放弃。之后二人又按照原来的分工对韩某和王女士夫妻俩进行分别调解。

调解员段宏志赶到王女士家，先向他们说明了两人调查的有关情况，重点表达了韩某想要赔偿的意思，但出于资金周转紧张，可能之前态度不好。见王女士及杨先生对此并无异议，继而提出他们拟订的调解方案，夫妻俩一口答应，王女士表示："我们确实也不缺这个钱，只是想要维护自己应得的利益。"杨先生则对调解员说："我们夫妻俩非常感谢您和您的同事为我们奔波，非常辛苦。我们之前几次交涉都没有成功，咱们调解员的工作就是做得好！感谢你们！"段宏志听到当事人这样由衷的感谢和赞美，心里非常自豪。他第一时间将调解情况告知了同事程文军。程文军则在韩某店铺做他的思想工作。程文军先向韩某讲解了我国法律关于悬挂物坠落致人伤害的规定，表示只有在韩某证明自己对此事发生没有过错的情况下才有可能免责。但事实是韩某有明显的过错，对此，韩某自己是明知的。程文军将拟订的赔偿方案告知韩某，劝他："如果走法律程序，赔的不比这个少，而且各种额外的费用也非常多，耗时耗力。"韩某打断程文军，说："程大哥，您不用说了，我已经想清楚了，这个钱确实该赔，我已经借好了钱，今天就把钱给人家。"

在两位调解员的见证下，双方签订了调解协议，并当场兑现了协议内容。调解圆满完成。

调解方法

此起纠纷能够得以妥善解决，原因在于调解员做到了以下两点：第一，深入调查，全面掌握纠纷情况。段宏志和程文军在调查中，首先兵分两路了解了双方当事人各个方面的情况，可见调查工作之全面、细致。其次，调解员又抓住关键问题，关于韩某是否对广告牌的坠落存在过错，进行了深入的调查取证，获得了相关录像、实物证据以及证人的证言，这为下一步的调解工作打下了基础。第二，对双方当事人分别开展思想工作。本案中，两位调解员根据了解到的情况，制定了恰当的调解方案以及赔偿建议。由于双方当事人矛盾冲突比较尖锐，经过数次交涉未能达成协议，因此，先分别进行谈话，做通各方的思想工作后，再进行正面调解。调解员程文军向韩某进行法律宣传，指出由于他确实存在过错，依法应向王女士作出一定的赔偿，同时向其分析了选择司法程序的不必要性。调解员段宏志在与王女士夫妻谈话时，也劝说他们体谅韩某经济上的难处，放弃误工费这一项请求。这样，解开了当事人各自思想上的疙瘩，有效缓解了双方的冲突，使他们心平气和地接受了调解建议，并当场兑现了协议内容。

适用法律

《中华人民共和国民法典》

第一千二百五十三条 建筑物、构筑物或者其他设施及其搁置物、悬挂物发生脱落、坠落造成他人损害，所有人、管理人或者使用人不能证明自己没有过错的，应当承担侵权责任。所有人、管理人或者使用人赔偿后，有其他责任人的，有权向其他责任人追偿。

4. 因暴雨造成车库被淹引发的财产损害赔偿纠纷

案情经过

7月正值南方的雨季，赵先生一家刚搬入竣工不久的新居——位于市中心的某高档住宅小区，便经历了一场暴雨。连续两天的暴雨暂时赶走了闷热的天气，因此虽然生活受些影响，但人们还是非常高兴。暴雨过后，赵先生准备去上班，当他赶到地下车库的时候被眼前的景象吓坏了，只见密密麻麻的车辆像经历了一番洪涝灾害，泡在约50厘米高的浑水中。赵先生赶紧把情况和照片发到小区住户群中，大家才得知此情况，纷纷聚集。赵先生第一时间找到物业公司，要求处理此事。但物业公司工作人员查看后表示，雨水未排出的原因是停车场的排水系统有问题，与他们无关，建议住户找开发商处理，他们可以帮忙将水排掉。赵先生等住户无奈，留存物证后让物业公司帮忙排水，之后便赶紧联系保险公司人员查看。保险公司工作人员查看后表示这不属于理赔范围。赵先生等住户商议之后，觉得以他们的力量难以平等地跟开发商协商此事，因此决定委托人民调解委员会调解。

依法调解

人民调解委员会接到赵先生等人的委托后，立刻意识到这是一项艰巨的任务，仅凭调解员的力量难以顺利解决。于是，调解委员会第一时间向市司法局汇报了有关情况。司法局接到群众汽车被雨水浸泡损毁的信息后，立即指导社区居委会的主任和调解员分别按户进行调查登记，稳定群众情绪，做好安抚工作。同时又与物业公司、保险公司、车辆维修等部门联系，寻求解决问题的办法，并将群众受损的情况积极向政府反映。

第二天，司法局工作人员联系到该市负责车辆损毁鉴定以及房屋质量检测的技术人员到现场进行鉴定分析，以最快的速度作出鉴定分析结果。同时政府有关部门联系司法局负责同志、住房和城乡建设局领导、开发商代表、物业公司代表、住户代表、律师以及相关媒体于两日后在街道调解室参与调解。根据检测分析报告，位于地下停车场的排水系统不完善是造成车辆被雨水浸泡的主要原因。根据《民法典》第 1165 条第 1 款的规定，行为人因过错侵害他人民事权益造成损害的，应当承担侵权责任。开发商由于存在工程建设缺陷，应承担主要的赔偿责任。此外小区物业公司因没有及时发现地下车库的异常并通知住户，也在一定程度上加重了车辆的损毁，应负一部分责任。开发商和物业公司均对此鉴定表示认可，两家都说，这次暴雨持续了那么久，非常少见，但自身工作确实存在问题，虚心接受住户及社会各界的批评，一定配合政府做好工作，积极落实赔偿问题。之后，在律师的协调下，多方人员很快协商好了赔偿方案，签订了有关协议。

不久，开发商和物业公司工作人员便展开了具体赔偿事宜，对可以维修的汽车，送去专业维修店进行维修，并支付此期间住户因此支出的额外交通费；对无法维修的汽车，根据使用及损毁情况折价赔偿；另外，于十日内完成地下车库排水系统的改进工作。

调解方法

这是一起比较少见的因暴雨造成停车场汽车被淹的损害赔偿纠纷，它的复杂性在于受害者具有群体性、损失比较严重、责任者难以确定。这起复杂纠纷能够调处成功的关键在于：本案的调解人员善于协调各方力量共同参与调解工作。由于这起纠纷的责任者包括开发商、物业公司等多家单位，纠纷调处的难度较大，因此，对调解人员的协调能力要求较高。本案的调解人员在纠纷调处过程中，积极向政府反映群众受损的情况，并调动了司法局、住房和城乡建设局、相关媒体等多方力量予以协助，还请专业技术检测人员到现场进行鉴定分析，不仅有效防止了群体事件的发生，而且也为纠纷的调处提供了必要的事实根据。

在检测结果证明地下车库排水系统不完善是造成事故的主要原因的前提下，本案的责任主体也就非常清楚。关键在于如何让开发商及物业公司承认自己的过错，积极落实赔偿事宜。住房和城乡建设局是主管房屋开发的政府部门，因此相关领导的在场能有效地震慑开发商一方，使其拿出最好的态度处理此事。媒体人员的到位，则通过舆论的压力令责任方不得不考虑自身的名誉及大众评价，力求作出最好的姿态，以维护自己在公众中的形象。而专业人员的在场强调了调解的事实依据，突出了其专业性和可信度，令各方信服。律师的工作则是加强了调解的法律性，保证了调解协议的落实。多方力量协助参与调解，使得本来涉及面广、情况复杂的案件化繁为简，顺利结束。

适用法律

《中华人民共和国民法典》

第一千一百六十五条第一款 行为人因过错侵害他人民事权益造成损害的，应当承担侵权责任。

5. 因阳台搁置物坠落伤人引发的人身损害赔偿纠纷

案情经过

某小区17栋5层住户高某平时喜欢养花养鸟，为此他在阳台上架设了铁丝网，在网上放置花盆。由于网上放置的花盆越来越多，时常有泥土等杂物掉下来，幸好一直没有伤到人，楼下的居民多次提醒高某注意整理，以免砸伤他人，但高某相信自己的铁丝网足够牢固所以并没有放在心上。某天下午，高某家的猫跑到阳台上并跳到一个花盆内，致使花盆倾斜并从铁丝网中滑落，正好砸到行人郭某身上，郭某当场被砸昏，送到医院，经诊断为重伤。郭某在医院治疗期间花去医疗费用1万多元，出院后，郭某要求高某赔偿医疗费、误工工资等共计24万元。高某认为花盆是家猫弄翻坠落，完全是个意外事件，自己不应承担赔偿责任。双方各执己见，发生纠纷。郭某无奈，请求调委会介入调解。

依法调解

调解员老石在接到申请后，立即找到高某了解情况，经了解，郭某所说属实，且高某也承认是他家的猫碰掉他家的花盆砸伤的郭某。但是高某始终坚持这应该是个意外事件，不是自己的行为，他就不应该赔偿。老石见他这样强硬，给他讲解了我国相关法律规定："按照《民法典》第 1253 条的规定，建筑物、构筑物或者其他设施以及建筑物上的搁置物、悬挂物发生脱落、坠落造成他人损害的，构成侵权的一种类型。在这起事故中，你家的花盆即属于搁置物，发生了坠落造成郭某受伤，构成了建筑物上搁置物致人损害。并且，依照《民法典》的规定，建筑物上搁置物致人损害的，所有人、管理人或者使用人不能证明自己没有过错的，应当承担侵权责任。当然，法律也规定了免除或减轻责任的情况，包括了管理人能够证明自己没有过错，或者是受害人对损害的发生存在过错两种情形。在这个事件中，你是花盆的所有人和管理人，不管是家猫的作用或者是大风吹落，都不是免除你责任的事由，而且，你还对于花盆是否能掉下去存在过于自信的过失。而郭某作为普通行人对于损害的发生不存在任何过错，因此，你当然应该承担有关的赔偿责任，如医疗费、误工费等。"

经过老石的耐心讲解，终于使高某认识到了自己的错误，他表示同意调解。后来老石又把双方叫到一起，经过调解，双方达成协议，高某全额赔偿了郭某的损失。

调解方法

这是一起建筑物上搁置物、悬挂物致人损害的侵权类型纠纷，这起纠纷之所以能够调处成功，主要是由于调解员老石运用了法律威慑的方法。老石找到高某对其从思想方面进行开导，但高某态度强硬，坚决不赔偿。在此情况下，老石果断地转换了调解方式，他给高某讲解了我国《民法典》中关于搁置物伤人的相关规定，对高某形成了威慑。在具体的法律面前，高某终于认识到了自己的错误，从而使案件成功地得到了调解。

适用法律

《中华人民共和国民法典》

第一千二百五十三条 建筑物、构筑物或者其他设施及其搁置物、悬挂物发生脱落、坠落造成他人损害，所有人、管理人或者使用人不能证明自己没有过错的，应当承担侵权责任。所有人、管理人或者使用人赔偿后，有其他责任人的，有权向其他责任人追偿。

6. 因小孩打架导致家长争斗引发的损害赔偿纠纷

案情经过

小婷和小豪是一对小伙伴，因为家住在同一个小区，经常一起玩耍。这天小婷和小豪像往常一样玩耍，不知什么原因两人争吵起来，小豪骂小婷“是个没有爸爸的野孩子”，还打了小婷一巴掌。小婷哭着回家，把事情告诉了妈妈。小婷的妈妈姜某没有结婚就生了小婷，一个人养孩子，因此经常有一些流言蜚语。听了孩子的哭诉，姜某一方面觉得很对不住孩子，另一方面也很生气，觉得不能让孩子受委屈，决定为女儿讨回公道。姜某找到小豪的妈妈宋某，说明来由后要求小豪向小婷道歉。小豪妈妈宋某则认为这只是小孩子间的打闹，没什么大不了的，不同意道歉。双方越说越急，谁也不肯让步，话也越说越难听，最后动起了手，惊动了居委会才将两人分开。姜某和宋某都受了伤，去医院治疗。居委会则委托人民调解委员会对姜某与宋某的纠纷进行调解。

依法调解

人民调解委员会安排调解员邹文丽负责这个案件。邹文丽接到任务后，先到双方家里了解了姜、宋二人的伤情，也仔细询问了两个孩子争吵的经过。邹发现两个孩子只因对玩什么产生分歧闹不愉快，较为强势的小豪把从妈妈那儿听说的“小婷是个没有爸爸的野孩子”拿出来作为武器，但并不知道这句话的含义和给小婷带来的伤害。后来见小婷妈妈前来要说法，妈妈与其争吵起来，才有点明白自己做得过分，心里很愧疚。至于姜、宋两人的伤情，都不严重，治疗费几乎相同，因此也不存在赔偿的问题。了解完案情后，调解员邹文丽觉得此案并不复杂，不涉及损害赔偿，双方当事人态度也比较好，因此对成功调解很有信心。

带着这份信心，她选择在居委会会议室开始调解工作。但事情一开始就不像邹文丽想象得那么顺利。小婷妈妈姜某一见到宋某，仍然非常生气，表示自己受伤可以不计较，但女儿心里受伤，要求1万元的精神损害赔偿。宋某一见到姜某气势汹汹的样子，也不甘示弱，表示一分钱都不会出。眼看火药味越来越大，邹文丽劝双方都平复情绪进行调解。但姜某不但不听劝，反而将矛头指向邹文丽，说她不为人母，自然不能体会到她作为母亲的心情，还说她肯定是收了宋某的好处才帮她说话。邹文丽听了姜某的话，非常生气，脑子里冒出一个念头，放弃调解。但还没等这个念头控制她的行为，邹文丽就想到了自己身为调解员的职责。她想到姜某作为未婚单亲妈妈，自己忍受流言蜚语，但一定不想让女儿经历这样的痛苦，她一定比其他妈妈更想给孩子最好的。想到这儿，邹文丽觉得姜某很不容易，她也只是一时情绪失控，并非有心说那些话。

邹文丽马上调整好了心态，非常平和又严肃地对姜某说：“姜姐，首先，我并没有收宋姐的任何好处，跟她也不认识。其次，我虽然还没有孩子，但作为一个女性，我完全理解你的心情，理解你对小婷的歉意，理解你不想让孩子受委屈。哭闹不能解决问题，咱们平静下来，心平气和地解决这事可以吗？”姜某听调解员这么说，有些不好意思，也渐渐平静了下来。于是她向两位当事人详细复述了自己向孩子了解的事情经过，指出这其中有宋某的失误，她建议还是不要把大人世界的东西带给孩子，污染了孩子的心灵。宋某点头认可。“我问小豪的时候，看得出他的愧疚。”邹文丽说。在姜某的同意下，邹文丽叫来了小婷，问她：“小豪不是有意要说那句话伤害你的，他其实并不明白其中的意思，你可以原谅他吗？”小婷害羞地点点头。

孩子出去后，邹文丽又向姜某普及了法律知识，称这件事小豪确实有错，但够不上法律上的“精神损害”程度，所以1万元的赔偿没有依据，姜某同意，并表示自己并不为钱。之后邹文丽就她们两位家长打架的事情简单说了一下，告诉双方她们的行为属于互殴，都有过错，因为伤势都较轻，治疗费用也相差无几，也就不存在赔偿的事情。双方都认可邹文丽的说法。这时，宋某的态度也变了，她承认自己不谨慎的言论影响了孩子，说道：“孩子不懂事，我代孩子向小婷和小婷妈道个歉吧，希望你能接受。以后孩子们愿意的话，还在一起玩。”调解结束后，几个人出来看到孩子们已经又在一起玩耍了。

调解方法

本案中，调解员邹文丽运用了换位思考的方法解决了这起纠纷。换位调解法的内涵之一就是要求人民调解员站在当事人的角度想问题。本纠纷中，由于案情简单，调解员邹文丽本来对案件调解非常有信心，但调解一开始便无辜被姜某痛骂诬陷，信心被打击的同时，自然也非常委屈和气愤。但是，她毕竟是一名国家工作人员，应当具备较高的心理素质和更理性的思维习惯。邹文丽很快换位思考，站在姜某的角度上，设身处地地考虑姜某爱护女儿的心情和单亲妈妈的不易，不但及时调整了自己的心态，也从一个理性的角度对事情进行了分析，缓和了当事人的情绪，自然化解了当事人的纠纷，出色地完成了工作。

此外，本案还运用法治与德治相结合的方法。姜某提出的 1 万元精神损害赔偿虽无理，但调解员仍然仔细分析，向姜某耐心讲解法律的规定，告知她提出此诉求于法无据，建议其放弃。同时，调解员还指出了宋某在教育孩子上的错误，以孩子身心健康发展为出发点，给出了自己的建议，让宋某真切地认识到自己教育存在的问题，真心实意地接受调解，化解与对方的矛盾。案情虽小，但通过此案，我们看到了人民调解员认真细心的工作态度和高超的职业素养。

适用法律

《中华人民共和国民法典》

第一千一百七十三条 被侵权人对同一损害的发生或者扩大有过错的，可以减轻侵权人的责任。

第一千一百七十九条 侵害他人造成人身损害的，应当赔偿医疗费、护理费、交通费、营养费、住院伙食补助费等为治疗和康复支出的合理费用，以及因误工减少的收入。造成残疾的，还应当赔偿辅助器具费和残疾赔偿金；造成死亡的，还应当赔偿丧葬费和死亡赔偿金。

第三章

邻里纠纷的调解

邻里纠纷是指公民之间发生的与邻里关系有关的民事纠纷。邻里关系顾名思义就是邻居之间的关系，是一种十分重要的人际关系。俗话说："行要好伴，住要好邻。""隔邻居，不隔心。"邻里之间，抬头不见低头见，接触十分频繁，处理好邻里关系，做到互敬、互信、互助、互让，和睦相处，不仅有利于各自的工作、学习和生活，而且也有利于社会的安定团结。在各类农村纠纷中，邻里纠纷是最主要的纠纷类别之一，也是最容易激化，导致民事转刑事案件的纠纷。此外，邻里纠纷还会引发其他纠纷，如伤害纠纷、赔偿纠纷等。

1. 因相邻用水、排水关系引发的邻里纠纷

案情经过

一天，调解员韩大叔外出办事归来路过街口时，发现街上围了

许多人看热闹，并听到高一声、低一声的叫骂声，凭着调解员特有的职业敏感和高度的责任感，韩大叔不由自主地加快脚步奔向出事地点。当他赶到现场时，看见两个妇女正在马路上大声叫骂。尽管有人在一边极力劝说，但是那会儿两人都正在气头上，谁也不让谁，还是不停地骂着对方。韩大叔赶忙分开群众，大喝一声："你们俩还不住口，有什么事我来帮你们解决!"两人听到喊声，看见是街道调解委员会的调解员韩大叔，都停止了叫骂，但仍然狠狠地瞪着对方。

依法调解

韩大叔把二人带到了街道办事处，询问纠纷的缘由。原来，这二人林某和丁某是楼上楼下的邻居。二人关系本来不错，但自从今年4月以来，因为水压不足，四楼经常断水，住在四楼的丁某以为是三楼林某搞的破坏，对林某很不满。但丁某没有直接质问林某，而是故意搞破坏报复林某。她在四楼故意制造响声，有时还敲打水管，把下水管道弄坏，搞得林某家不得安宁。林某很生气，从此不理丁某，但并没有问丁某为什么这么做。直到今天早晨，林某看天气很好，就去壁橱里拿棉被来晾晒，准备过冬好用。没想到拿出来一看，全都烂了，从墙壁上留的痕迹来看，显然是楼上漏下来的水造成的。林某觉得丁某欺人太甚，忍无可忍就上楼质问，丁某不但不认账还说她无理取闹，两人拽着、扯着要找调委会解决，但在路上就大吵起来。

调解员韩大叔为了防止纠纷愈演愈烈，亲自去丁家、林家，查看了现场，仔细地了解了情况，此时丁某才说出了水管断水的问题。为了从根本上解决问题，他找到小区的管理人员，查清了四楼断水的原因，请求他们帮助修好水管。水管修好后，他来到丁家，对丁某进行批评教育："你们四楼经常断水，与三楼的林家没有关系，主要是水的压力不足才断水的。你有问题应该及时与邻居沟通，而不应该故意搞破坏，还弄坏了林家的棉被，你应该向林家道歉，怎么还跟林某在大街上对骂呢!”此时丁某得知断水的原因后惭愧地认识到了错误。随后韩大叔又到林家批评了林某遇到事情不冷静，本来可以直接去找有关组织解决此事，结果没有很好地处理，导致两家矛盾激化。在做通了双方思想工作后，他又把两家请到一块，共同学习了相关法律知识。韩大叔说，不动产的相邻各方，应当按照有利生产、方便生活、团结互助、公平合理的精神，正确处理截水、排水、通行、通风、采光等方面的相邻关系，并且还要避免相互妨害，如果因一方的原因而对另一方造成妨碍的，应当停止侵害，排除妨碍，赔偿损失。通过韩大叔的努力，两家都提高了法律认识。丁某主动承认错误，并表示赔偿林家的棉被损失。林家也表示谅解，并与丁家协商规定了用水时间，使问题得到了妥善处理。两家又言归于好了，双方都笑着说：“我们还是好邻居。”

调解方法

本案中，调解员韩大叔抓住了主要矛盾，他经过调查和分析，在纷乱的事实中厘清了冲突的来龙去脉，发现四楼经常断水实际上是两家之间的主要矛盾，这就抓住了纠纷的关键。顺利解决这个矛盾，才能使其他矛盾得到解决。因此，他着重查清了四楼经常断水的原因，及时修好水管，从根本上消除了矛盾产生的根源。丁家人表示愿意赔偿林家的棉被损失，表明主要矛盾的解决带动了其他矛盾的解决。

调解员韩大叔还运用了解决实际问题与解决思想问题相结合的调解方法。修好水管是解决实际问题。但因为随着时间的推移与矛盾的加深，双方当事人围绕着实际问题还产生了思想上的隔阂。韩大叔没有忽视必要的思想教育工作。他不仅分别对双方的所作所为进行了客观的分析，还把双方找到一起，引导她们顺利化解纠纷，消除了思想上的疙瘩。此外，韩大叔在解决了双方的思想问题后，还不忘普及法律知识，使双方领会到相邻关系的重要性，认识到如何正确处理相邻关系，从而有利于调解结果的巩固。

调解员韩大叔还运用了苗头预测的方法。在本案中，很明显矛盾是愈演愈烈的，韩大叔意识到问题必须彻底解决，否则将会引发其他矛盾。正是由于韩大叔有这样的意识，才能发现双方平时没有提起的水管断水的问题，而这个问题的解决消除了矛盾深化的诱因，决定了纠纷可以获得最终的解决。

适用法律

《中华人民共和国民法典》

第二百八十八条 不动产的相邻权利人应当按照有利生产、方便生活、团结互助、公平合理的原则，正确处理相邻关系。

第二百九十条第一款 不动产权利人应当为相邻权利人用水、排水提供必要的便利。

第二百九十六条 不动产权利人因用水、排水、通行、铺设管线等利用相邻不动产的，应当尽量避免对相邻的不动产权利人造成损害。

2. 因相邻管线安设引发的邻里纠纷

案情经过

一天上午，中海小区的几户居民气势汹汹地找到调委会的办公室，要求调委会出面调解他们安装管道的事情。大家七嘴八舌地诉说着情况，甚至有的人大喊："我们已经找老纪家很多次了，他就是不行方便，你们要是不管，我们可就对他不客气了！"调委会董主任把大家安顿下来，让他们慢慢说。原来这些居民是楼上楼下的邻居，在他们安装煤气管道的过程中，住在521室的纪先生一家死活不让从他家打眼穿管，但不从他家打眼穿管其他住户就无法施工。纪先生说他家白天没人，把钥匙给施工队怕丢东西。再说，他家刚刚装修完房子，打眼穿管怕破坏了自家房子的结构和影响装修效果。听了居民们的叙述，董主任决定亲自出面调解，因为他跟纪先生比较熟悉，由他调解可能效果会更好。

依法调解

一进纪家的门，董主任就半开玩笑地说："纪大哥，大家都盼着安装煤气管道呢，你这一家不同意装，这么多家都安不了，大家一生气可都上你家吃饭来了。"听了董主任的话，纪先生向董主任诉说自己的苦衷。董主任打断了他的话说："东西丢了我赔你，装修弄坏我负责赔偿。"董主任动之以情，晓之以理，使纪先生勉强同意了。事过不久，意想不到的事情发生了。由于施工单位失误，导致暖气水顺着楼上的打眼处流进纪家，整个客厅都被水泡了，纪先生家新装修的地板变形，墙纸、墙皮脱落，房门也打不开了。听说此事后，董主任没等纪先生找上门，便主动来到纪家道歉，并商量赔偿事宜。纪先生怒不可遏，说："这回谁说也没用了，煤气管道休想从我这儿经过！"面对这突如其来的变化，董主任一时犯了难。但想到还有十几户居民等着用上煤气，于是他硬着头皮又去找纪先生。这一次，他没有直接说安装管道的事情，而是跟他一起叙旧。他谈起了20多年前他们一起搞"社教"时的往事，双方越谈越高兴。在聊天时董主任诚恳地夸奖纪先生说："我记得，你那时还被评为学雷锋的标兵呢。现在咱们这个小区，谁不说你是个热心人啊！这一次，纪大哥你就再发扬一次风格吧！咱这的居民住房条件差，收入又低，好不容易盼来了煤气，如果因为你这一家影响全楼居民的生活，那不影响邻里的团结吗？纪大哥，你可能有所不知，其实，按照法律规定，你得同意这管线从你家过。我国《民法典》第 292 条明确规定：不动产权利人因建造、修缮建筑物以及铺设电线、电缆、水管、暖气和燃气管线等必须利用相邻土地、建筑物的，该土地、建筑物的权利人应当提供必要的便利。当然，如果对建筑物的权利人造成损失的，也是要赔偿的。所以，地板的事请你相信我，保证修得让你满意，你就放心吧。"

纪先生听完后，笑了起来："原来绕了半天你还是为了这事啊！算了，我就再发扬一次风格，但是你得说到做到啊！"听到纪先生这话，董主任心中一块石头落了地，他连忙做了保证。紧接着，他一面通知施工队抓紧施工，一面找供热办、煤气站和施工单位协商为纪先生修理地板。经过反复商议，最后终于达成一致，由三方按比例出资，并派人负责修理。对这一结果当事人多方均表示接受，纠纷得到圆满解决。

调解方法

这起一波三折的纠纷之所以能顺利解决，有赖于调解员董主任成功运用了褒扬激励、解决思想问题与解决实际问题相结合和动员多方力量协助调解的调解方法。

一方面，调解员董主任明白要使纪先生原谅因施工带来的地板损坏的事，只能通过安抚的方法。董主任通过与纪先生一起回忆往事，提到纪先生被评为学雷锋的标兵，然后再通过转达大家的评价"谁不说你是个热心人啊!"，使纪先生的怨气全消。这些评价都中肯实在，因此极大地调动了纪先生的积极性。当董主任提出："你就再发扬一次风格吧!"的要求时，纪先生没有再拒绝而是有条件地答应了。另一方面，褒扬激励的方法只是解决了纪先生的思想问题，要给这次纠纷画上一个圆满的句号，必须要注意实际问题的解决。修理地板并不是一件简单的事，涉及多方利益的平衡，因此董主任动员供热办、煤气站和施工单位三方共同协商，提出当事者多方均满意的调解方案，使纠纷得到圆满解决。此外，董主任在谈话的过程中特别提出法律的相关规定，在一定程度上也对解决纪先生的思想问题起到了重要作用。因此，在调解的过程中，不失时机地提出具体的法律规定，是很有必要的。

适用法律

《中华人民共和国民法典》

第二百九十二条 不动产权利人因建造、修缮建筑物以及铺设电线、电缆、水管、暖气和燃气管线等必须利用相邻土地、建筑物的，该土地、建筑物的权利人应当提供必要的便利。

第二百九十五条 不动产权利人挖掘土地、建造建筑物、铺设管线以及安装设备等，不得危及相邻不动产的安全。

第二百九十六条 不动产权利人因用水、排水、通行、铺设管线等利用相邻不动产的，应当尽量避免对相邻的不动产权利人造成损害。

3. 因相邻采光、种植关系引发的邻里纠纷

案情经过

一天下午，前进村的人民调解员小谭在上班的路上看到许多人围在一起看热闹，他赶紧分开群众看看发生了什么事。只见地上放

着一把斧头，村头老王家的儿子王亮跟他邻居孟家的儿子孟军正拳来脚往。孟军身材魁梧占优势，王亮只有招架的份没有还手的力，只是嘴上毫不示弱，骂道："臭小子，想砍老子家的树没那么容易。"小谭见状上前大喊一声："别打了！"两个打架的年轻人一愣，停了下来。王亮说："谭调解员，你看，他把我的衣服都撕破了，还想用斧头砍我。"孟军也急着跟他说为啥打架的事情，眼看着俩人又要吵起来了，小谭打断了他们，说："二位都别动手了，跟我来，我给你们评评理。"

依法调解

他们一行三人来到村委会调解中心。办公室里有两个沙发面对面放着。小谭坐在他们对面的沙发上，问他们为什么当众打架。原来，王亮家门前种了几棵桦树，这些树慢慢地长高了、长大了，枝繁叶茂，孟军家堂屋的光线就被遮去了不少，孟家因此白天也要开着灯，多花了许多电费。两家为此商量了好多次，都没有结果。今天早上交完电费后，孟军非常恼火，拿起斧头就去王家砍树，被王亮拦住了，两人话不投机就打起来了。王亮说："我家的树，他凭什么砍。"小谭听完，说："就为了这事你们俩就大打出手啊！伤了和气不说，万一出什么事，值得吗？"王亮满不在乎地说："谁要敢动我家的东西，我就敢打他。"

小谭说："你觉得打架能解决问题吗？我国刑法中规定了故意伤害罪，对于该罪的实施人会按照被害人的伤害情况或者其他严重后果作出相应的惩罚，难道你想因为这点小事而坐牢吗？"

反过来他也对孟军未经他人同意擅自砍伐他人树木的鲁莽行为进行了普法告知，即未经所有权人的许可，是不能随便毁坏所有人的财物的，桦树属于王亮家的财物，王亮具有所有权，随便破坏桦树的行为是要赔偿的。

孟军见调解员也毫无偏袒王亮，就承认了错误。但他说："可我家的光线问题怎么办呢?"于是，小谭向两人介绍了我国法律关于相邻关系的规定，指出公民行使自己的民事权利时，应当以不损害他方合法权益为限，相邻关系各方在处理采光关系时应当本着方便生活，公平合理的原则，给相邻方造成妨碍或者损失的，应当停止侵害，排除妨碍，赔偿损失。

在听完调解员的法律教育后，两位年轻人认识到了自己的错误，都低着头不说话。看到这种情形，小谭又从道德方面给他们讲了邻里和睦的重要性，要他们不要为了小事伤了感情。小谭又对王亮说："看看，你的脸都青了，跟我上卫生所去。"这时孟军走过来愧疚地说："都是我刚才下手太重了。我陪你们去吧。药费我出。"从卫生所出来，王亮带着小谭回到自己家。王亮已经想通了，表示愿意听从谭调解员的安排，他想请小谭帮助他做自己父母的工作。小谭于是又给王亮父母讲道理、讲法律、摆事实，经过一个多小时的说服教育，王家人终于答应把树砍了。

调解方法

本案中的调解员小谭运用了法律与道德相结合的调解方法成功地解决了王、孟两家的纠纷。本案中王家门前的桦树越来越茂密，挡住了孟家堂屋的光线，侵犯了孟家的采光权，但是由于他们不懂法律知识，于是就用武力解决问题。调解员小谭在了解情况后，耐心地给双方讲解了我国《民法典》中关于相邻权的规定，并告诉他们武力解决的危害，甚至会触犯刑法。通过法律宣传，双方认识到了自己的错误。然后小谭又从道德的角度出发，对他们进行教育，从而使二人矛盾化解，王亮也表示帮助说服父母，最终成功地解决了该起纠纷。

适用法律

《中华人民共和国民法典》

第一百二十条 民事权益受到侵害的，被侵权人有权请求侵权人承担侵权责任。

第二百八十八条 不动产的相邻权利人应当按照有利生产、方便生活、团结互助、公平合理的原则，正确处理相邻关系。

4. 因半夜邻里噪声扰民引发的纠纷

案情经过

周某一家居住在某市新都花园小区 2 号楼 602 室。从 8 月的某天开始，每到晚上 10 点后，周某的邻居 601 室就发出喧闹声。周某的女儿刚满 2 周岁，晚上睡着后经常被噪声吵醒，然后哭闹不止。周某对邻居的行为极为不满，于是找邻居协商，邻居高某听后口头上说以后会注意，但接下来每晚依然我行我素，见高某对此事无动于衷，周某就在 2 号楼业主群里公开了此事，希望高某可以顾忌大多数人的意见，没想到高某仍然如故。周某于是忍无可忍，便报了警。警察协商后不久，高某好像在刻意报复周某，噪声的持续时间比原来更长了。无奈之下，周某只得找社区调委会寻求帮助。

依法调解

调委会接到调解申请后，派调解员赵某负责本案的调解工作。调解员首先向周某询问了情况，又来到了高某家中，了解为何高某会如此不顾大家感受而执意坚持。询问中调解员得知，原来高某和朋友参与了一个近期比较火的“脱口秀”节目，他们白天上班，只有晚上有时间排练。而且节目快到尾声了，他们的节目进入了决赛，就快结束了。而正当高某等人紧张地准备比赛的时候，周某通过各种方式阻挠他们，更让他气愤的是，周某居然将这件事发布到业主群里，还请来了警察，让他成为众矢之的，那就对不起了！

调解员听后，先是肯定高某等人为比赛而努力彩排的劲头，同时又告诫高某等人不能以牺牲邻居的正常作息作为代价，何况邻居的孩子仅 2 周岁，你们每晚深夜如此喧嚣已经严重影响到了邻里关系，公民要正确处理相邻关系，而不是继续相互置气，完全不顾及自己作为邻居应尽的义务。调解员于是拿出《民法典》，告知高某，说相邻关系是指两个或两个以上相毗邻的不动产所有人和使用人，在行使不动产的所有权和使用权时，因相邻各方应当给予便利和接受限制而发生的权利义务关系。该法第 288 条规定：“不动产的相邻权利人应当按照有利生产、方便生活、团结互助、公平合理的原则，正确处理相邻关系。”高某作为周某的邻居理应与周某团结互助，和睦相处，维系良好的邻里关系。你在家制造噪声，对邻居协商的请求不但不听，反而变本加厉，是不是你本来就有错在先呢？高某听调解员的分析既合乎情理又合乎法理，表示认识到自己的错误，愿意同周某调解协商。

接着调解员与两家约定了时间一同到调委会进行调解，见面时高某主动向周某认错，周某见高某态度诚恳，也表示自己不该鼓动业主群来“攻击”高某。最后，高某在调委会的建议下另租了一个场地进行排练。

调解方法

邻里纠纷中因噪声引发的矛盾屡见不鲜，比如业主装修房屋发出的噪声、邻居的孩子为参加钢琴比赛练琴发出的声音等情况，处理类似纠纷应主要以维护和谐的邻里关系为落脚点，调解员就以此为解决纠纷的突破口。案例中调解员运用抓住主要矛盾进行调解的方法，确认高某是引起纠纷的责任人，便找到高某，对高某动之以情，晓之以理，先向高某指出因他发出喧闹声导致周某一家不能正常作息，随后分析高某的行为违反了《民法典》关于相邻关系的规定，让高某意识到自身行为的错误。在高某认识到错误后，调解员趁热打铁，要求高某与周某通过调解解决此事，化解双方的矛盾，重新建立彼此和谐相处的邻里关系。最终，通过调解员的努力，两家握手言和。由本案可知，解决一起纠纷，首先要找到纠纷的矛盾焦点所在，对症下药才能使纠纷顺利得到解决。

适用法律

《中华人民共和国民法典》

第二百八十八条 不动产的相邻权利人应当按照有利生产、方便生活、团结互助、公平合理的原则，正确处理相邻关系。

第四章

房屋宅基地纠纷的调解

房屋宅基地纠纷是指在房屋、宅基地的确权、占有、使用、流转过程中所发生的纠纷。它包括房屋及宅基地的所有者之间、使用者之间、所有者与使用者之间以及宅基地所有者、使用者与土地管理部门之间因宅基地所有权、使用权的取得、变更、消灭以及侵权而发生的纠纷。

房屋宅基地纠纷情况复杂、成因多种多样。有的是因乡村干部责任心不强，办理审批手续时测量不够准确，为日后纠纷留下隐患；有的是因管理混乱，群众乱占乱抢，不依法办理审批手续，引发纠纷；有的是因封建思想作祟，看风水、定走向、争高低，酿成纠纷；有的是因房屋买卖发生纠纷；有的是因离婚、继承以及分家析产发生纠纷；等等。

1. 因宅基地界线不清引发的纠纷

案情经过

石塔镇的周某家和郭某家宅基地相邻，但是由于始终没有划清宅基地的界线，两家从他们的父辈开始就一直为此事闹矛盾，两家谁也不理谁，见面不是视而不见就是冷嘲热讽。在两年前的城镇改造过程中这几平方米的宅基地又重新成为两家争夺的焦点。周家说这地是周家的，郭家说这地是郭家的，双方始终僵持不下，争议不断，无奈之下两家人找到了调解委员会申请调解。

依法调解

石塔镇调解委员会的调解人员在听取了两家人的请求后，在对纠纷调查时，就他们产生纠纷的具体情况询问了许多群众，并对双方提供的证据进行了认真的研究。调委会主任苏红和他的同事们还专门去县土地资源局对两户过去办证的原始材料进行了调阅，经对材料上的图纸、地界、标识等进行详细研究后发现：原来周某和郭某对纠纷所指的宅基地都没有土地使用证，这两家人所争夺的几平方米宅基地历史上曾是共用通道，后来经过几次改建这一通道渐渐没人使用了，周某的父亲便一直用这通道堆放杂物。郭某的父亲见此通道没人使用就在这种了点小菜，后来两家就为了这几平方米的宅基地争吵不休。

苏主任和其他调解人员给二人讲解了我国法律中关于宅基地的相关规定。拥有宅基地使用权是村集体村民的权利，但是此项权利的取得应履行一定的手续，那就是登记。经登记取得宅基地使用权后，宅基地使用权人依法对集体所有的土地享有占有和使用的权利，有权依法利用该土地建造住宅及其附属设施。宅基地使用权的取得、行使和转让，适用土地管理法等法律和国家有关规定。接着，苏主任又说："你们两家虽然没有就这块争议的土地进行登记，但是被你们共同使用很久了，因此我会向村集体建议将它划分给你们两家。"

后来，苏主任还根据实际情况，制定了详细的调解方案，按照该通道原就为两家共同使用的事实，建议双方就该通道的土地使用权划分采取一人一半的原则，并邀请双方亲戚朋友共同参加调解，把这几平方米的土地重新进行了划分。经过多次调解，最终双方达成了协议。周家和郭家延续多年的纠纷终于得到了妥善的解决。

调解方法

这是一起非常典型的"宅基地纠纷"，两家因几平方米的宅基地发生纠纷，矛盾不断。本起纠纷从调解情况看，关键是在两家的产权证据上，但双方均无有效证据证明产权。于是苏主任在调解中首先按照法律规定，调阅双方曾经办理《土地使用证》的原始资料，从而来认定这块宅基地归谁家使用。随后，苏主任向当事人双方充分讲解了我国法律关于宅基地使用权的一些相关规定，并着重强调宅基地使用权的取得应该经过登记。苏主任又指出，双方虽然没有就争议的通道进行登记，但是共同使用已经成为事实，因此向村集体建议将此土地平分给两家，使其分别成为两家合法拥有的宅基地。但是，由于两家积怨已久，苏主任意识到仅从产权方面调解两家的纠纷是极不可取的，就算划清了争议宅基地的界线，双方的矛盾也无法消除，甚至有复发的可能。基于此，在随后的调解中，苏主任还使用了动用多方力量参与调解的方法，邀请双方的亲戚朋友共同参与调解，当事人与自己的亲戚朋友有一定的信任基础，请他们帮助做工作，从而取得了很好的调解效果。

适用法律

《中华人民共和国土地管理法》

第九条第二款 农村和城市郊区的土地，除由法律规定属于国家所有的以外，属于农民集体所有；宅基地和自留地、自留山，属于农民集体所有。

第六十二条第一款 农村村民一户只能拥有一处宅基地，其宅基地的面积不得超过省、自治区、直辖市规定的标准。

第三款 农村村民建住宅，应当符合乡（镇）土地利用总体规划、村庄规划，不得占用永久基本农田，并尽量使用原有的宅基地和村内空闲地。编制乡（镇）土地利用总体规划、村庄规划应当统筹并合理安排宅基地用地，改善农村村民居住环境和条件。

《中华人民共和国民法典》

第三百六十二条 宅基地使用权人依法对集体所有的土地享有占有和使用的权利，有权依法利用该土地建造住宅及其附属设施。

第三百六十三条 宅基地使用权的取得、行使和转让，适用土地管理的法律和国家有关规定。

第三百六十五条 已经登记的宅基地使用权转让或者消灭的，应当及时办理变更登记或者注销登记。

2. 因继承引发的宅基地纠纷

案情经过

洪大、洪二、洪三是同胞兄弟。三兄弟的父母在20世纪90年代去世，遗留老宅北屋三间，房屋一直由洪三居住使用。现洪三想翻建房屋，其他俩兄弟认为房屋是父母遗产，为三兄弟共有，不同意他翻建，从而引发了兄弟之间的纠纷。洪三向人民调解委员会申请调解。

依法调解

调委会先后进行了多次调查，得知：洪三的智能轻微低下（村内公认），且有犯罪前科，曾在河北服刑5年。服刑期间，生活方面全靠哥哥们接济。后来，父母去世，老宅一直空置。刑满后，哥哥们出钱接他回家，并收拾老宅给洪三居住。后洪三与崔某相识并欲结婚。哥哥们对崔某人品不满意，但介于洪三本身条件，只好同意，并出钱帮洪三完婚。现二人结婚已近10年。但崔某与洪家兄弟相处不佳，崔某比较吝啬，对洪三也比较苛刻，招致洪氏兄弟的不满。最近，村里因修路拆迁数十户，土地急剧升值。洪三想翻建住房，两位哥哥并不真正反对他建房，而是担心一旦日后占地拆迁，崔某会与洪三离婚以分家产，甚至暗中转移财产。于是，洪大、洪二以分遗产为名，要求确认他们的份额，或者要求洪三和崔某答应，一旦占地拆迁，由他们保存拆迁款，以便洪三以后养老无后顾之忧。

掌握了这些情况后，调解员认为矛盾的关键所在是：洪大、洪二兄弟俩对崔某人品不信任，为洪三的生计担心，因而要求洪三建房前把事情弄清楚；而洪三认为哪边都有理，但更倾向于受崔某摆布。于是矛盾体现为兄弟俩与崔某直接、激烈的冲突。调解员在调查了解后，针对兄弟俩担心崔某离婚而分产或转移财产的问题重点做了兄弟俩的思想工作。婚姻自由受法律保障，任何人不得限制，也不能以此为借口限制洪三与崔某的婚姻关系。占地款的三分之一依法属于洪三与崔某的家庭财产，兄弟俩无故保存将构成侵权。从现实情况看，虽然崔某以前曾离婚三次，但她与洪三的婚姻已持续近 10 年，二人生有一子，已经 8 岁，且崔某日常生活中劳动极为努力，虽然对洪三苛刻，但自己也一样吃苦。用日常生活经验来判断，她与洪三一起生活的诚意也是可信的。至于他们夫妻内部如何处理家庭财产，就不应受任何人非法干涉。除非有证据表明崔某确实侵犯了洪三的人身权、财产权，才能另行启动司法救济程序。对于洪三与崔某，调解员向其阐明，老宅属于父母遗产，三兄弟人人有份，现在最好按法定继承分割或折价补偿，以免日后产生矛盾。

经调解，当事人自愿达成调解协议：按照我国《民法典》第 1127 条、第 1130 条第 1 款的相关规定，洪三承认此前三兄弟对三间老宅各有份额；三人一致同意，对老宅不再分割，洪三按三兄弟每人一间计算价格，折价补偿给两位哥哥。协议签字生效后，老宅三间的全部产权归洪三单独所有，洪大与洪二兄弟俩不得再主张其份额，也不得干涉洪三对房屋行使权利。洪三应向两位哥哥每人补偿人民币 8260 元；鉴于洪三生活较为困难，经协商同意，该补偿款的给付不必立即兑现，可在国家占地拆迁，洪三得到拆迁补偿款后再给付。

调解方法

对于这起房屋纠纷，调解员运用了抓住矛盾焦点做思想工作和法律与情理相结合的方法来进行调处。调解员面对洪氏兄弟的纠纷时，没有停留于表面现象进行调解，而是进行了周密的调查了解，并通过分析得出兄弟俩对洪三妻子崔某人品不信任，为洪三的生计担心，因而要求洪三在建房前将财产分清楚，这才是矛盾的焦点。这个主要矛盾在这起纠纷发展过程中起到决定性作用，它的存在和发展决定或影响着其他矛盾的存在和发展。调解员抓住这个主要矛盾，将它作为调解的工作重点。调解员集中力量做好兄弟俩的思想工作，从法律和政策的角度分析房屋作为遗产应如何分配，向他们讲明对于他人的婚姻自由和家庭财产处分权不能干涉，还从情理上解除了兄弟俩的顾虑。这种法律与情理相结合的方法的运用，有利于兄弟俩从思想上真正接受调解员的调解建议，消除他们与崔某的隔阂，避免了今后类似纠纷的发生。

适用法律

《中华人民共和国民法典》

第一千零四十六条 结婚应当男女双方完全自愿，禁止任何一方对另一方加以强迫，禁止任何组织或者个人加以干涉。

第一千一百二十七条第一款 遗产按照下列顺序继承：

（一）第一顺序：配偶、子女、父母；

（二）第二顺序：兄弟姐妹、祖父母、外祖父母。

第二款 继承开始后，由第一顺序继承人继承，第二顺序继承人不继承；没有第一顺序继承人继承的，由第二顺序继承人继承。

第一千一百三十条第一款 同一顺序继承人继承遗产的份额，一般应当均等。

3. 因翻建引发的宅基地纠纷

案情经过

麻谷村的杜某、关某两家为东西邻居（杜某居东，关某居西）。一天，关家在建他家东院墙时，杜家以关家建东院墙占用他家宅基地为由阻止关家施工。关家找到村干部反映情况，经调查查明，关家是在原地基上建墙，于是同意关家继续施工。村干部离开后，杜家继续阻止。为此双方产生矛盾，由对骂升级到暴力冲突。双方因此各自花去医疗费上千元，关家的翻建也被迫停止。

伤好出院后，关家拿着房屋所有权证又去找村委会说理，但由于房屋所有权证上登记的附着物、参照物均已没有痕迹，无法准确划分杜、关两家的分界线，村干部为此也犯了难。于是告诉关家到镇政府土地管理部门申请宅基地确权。于是，关某找到了镇土地管理部门，工作人员告诉关某，即使宅基地确权后，在宅基地上翻建院墙时，按规定要留出 15 厘米滴水道。想来想去，关某觉得这样不合适，于是撤销了宅基地确权申请。回家后找到村干部说明情况并扬言，谁阻止我施工，我就和谁拼命！

依法调解

关某找到镇司法所要求调解。调解人员先做关某工作，要关某冷静想清楚，不能干将来让自己后悔的事，问题实在解决不了还可以走诉讼程序，总能解决。这样，先稳住了关某的情绪。在此基础上，工作人员进一步深入了解情况，几次到纠纷现场勘查，走访周围群众，收集了相关证据资料。经调查查明：杜、关两家宅基地均是父辈遗留所得，而且父辈之间关系要好，在各自建正房时相邻两房山墙相贴，且两家正房均是朝阳偏向，东西院之间只建一墙，该墙也是沿正房而建，也就是没有按当时的宅基地划分界线而建，而今关家翻建院墙要原址原建。这样，杜家认为，关家拆墙没有和他们商量，而且院墙南半部明显在他们家院内，关家翻建此墙，这墙到底属于谁。不难看出，关家翻建院墙是这起纠纷的导火索，纠纷发生的原因在于：父辈没有按界线建墙，现关家翻建院墙又没有和杜家协商。

工作人员提出解决方案，能否尊重历史情况，使两家之间的院墙继续在原来位置上修建，为两家共用，修建费用由杜、关两家四六分担。对于这个方案，关家表示没什么意见，杜家有些不情愿，他们认为，墙不是自己拆的，也不是自己要翻建的，所以不应该出钱。工作人员见此情形，确定做杜家的思想工作是关键，于是来到杜家，对一家人讲明了《民法典》中的相关规定："根据该法第288条的规定，不动产的相邻各方，应当按照有利生产、方便生活、团结互助、公平合理的原则，正确处理截水、排水、通行、通风、采光等方面的相邻关系。你们现在的这种做法是与法严重不符的，应该予以改正。"接着，工作人员又说："远亲不如近邻，因为一个院墙把关系弄僵不值得。何况两家父辈关系一向很好，今天出现这个纠纷也是因为他们当时就没有按界线各自垒墙，现在何不尊重两家老人的习惯，同意原址原建呢？当然，关家翻建院墙没有与你们家商量是关家不对，可是，关家同意承担大部分的翻建费用不正是道歉的表现吗？其实，尽快建起院墙，对你们也有好处啊！"听了工作人员语重心长的一番开导后，杜某终于想通了。于是，双方很快达成了翻建院墙的调解协议。

调解方法

对于这起因翻建院墙引发的宅基地纠纷，司法所工作人员以原因为突破口，情、理、法结合得以调处成功。司法所工作人员通过现场勘查、走访群众、收集证据资料，全面掌握了纠纷的情况，并从中分析出纠纷发生的历史原因和现实原因，从后面的调解过程可以看出，工作人员找准了这两个原因，也就是找准了纠纷解决的突破口。工作人员所提出的调解方案，即两家尊重历史、原址原建、费用共担，就是以这两个原因为依据的，而这个方案很快被关家所接受，给调解工作的顺利进行提供了十分有利的条件。接下来，在做杜家人的思想工作时，工作人员细致地讲解了相关的规定，用邻里关系、父辈友情、建墙的好处等人情进行劝说，巧妙地将情、理、法三要素融合在一起，杜某最终接受调解方案也就水到渠成了。

适用法律

《中华人民共和国民法典》

第二百八十八条 不动产的相邻权利人应当按照有利生产、方便生活、团结互助、公平合理的原则，正确处理相邻关系。

4. 因建新房导致邻家房屋受损引发的纠纷

案情经过

姜某是家中独女，大学毕业后不久就找到如意郎君结了婚。作为孝顺的女儿，她想将父母在农村的房子拆旧建新，让父母住得舒适些。可就在小夫妻为建新房不停忙碌的时候，邻居魏某突然找来，说自己家的房屋墙壁裂了，是因为你们家建房施工造成的，要姜某夫妇给她家墙壁复原并赔偿她家的损失。姜某想，平日两家就因一些鸡毛蒜皮的小事争吵过，而他们在施工前就已经十分注意避免这些问题的发生，因此认为魏某此次又是故意找碴。结果，魏某见姜某置之不理，便大吵大闹搞得四邻不安，邻居们都来劝和，但双方却各持己见，姜某见魏某不依不饶，于是向镇人民调解委员会申请调解。

依法调解

调委员接到调解申请后，将姜某和魏某请到了调委会，向双方了解案件经过。魏某向调解员说，自家的墙壁一直完好无损，自从姜某家建新房后就出现了裂痕，所以认定墙壁损坏是姜某建新房导致的。而姜某认为魏某是故意以此为由想趁机讹人，她说建房时就特意嘱咐工人在打地基时要人工挖掘，根本不会造成邻居墙壁破裂的情况。魏某见姜某仍然不承认自己的过错，火气又上来了。调解员非常冷静，一针见血指出，双方纠纷的根源是姜某修建新房的行为是否造成魏某家墙壁的损坏，调解员马上决定和双方当事人去查看建房现场和魏某家墙壁的破裂情况。

调查回来后，经讨论，调委会认为本案属于侵权纠纷，需要确定姜某是否构成侵权以及确定侵权后如何划分侵权责任的问题。于是调解员告知二人，调委会研讨的结果是需要具有专业知识的第三方对墙壁破裂情况进行鉴定，如果确认是建新房的行为造成的损害，则由姜某承担赔偿责任。同时，调解员向双方讲解《民法典》的规定，称依据《民法典》第 288 条的规定，双方当事人作为邻居，应当按照有利生产、方便生活、团结互助、公平合理的原则来处理邻居关系；依据《民法典》第 295 条和第 1165 条的规定，建造建筑的一方当事人从事建造活动时，不得危及相邻不动产的安全，若因建造方的过错导致他人民事权益受到侵害的，应当承担赔偿责任。

双方听后，认为由鉴定机构进行鉴定，依据鉴定结果对本案进行处理是最公平的。于是，在调解员的主持下，姜某与魏某签订调解协议，约定由某鉴定机构对魏某的房屋进行鉴定，若确定姜某建新房的行为与魏某房屋墙壁破裂存在因果关系，则姜某应承担魏某修复房屋的费用。某鉴定机构分两次对魏某的房屋进行了鉴定，确认姜某建新房与魏某房屋墙壁破裂存在因果关系。调委会将鉴定结果拿给双方当事人，姜某得知结果后，主动向魏某道歉，并承诺会承担魏某修复房屋墙壁的费用。本起纠纷以姜某承担赔偿责任而结束。

调解方法

本案能够顺利调解，主要在于调解员能够条理清晰地分析案情，指出矛盾点，并恰当地引用相关的法律依据。同时，调解员针对本案设计出了一个合理的解决方案，说服双方当事人接受此方案，使得整个调解过程水到渠成。

调解员在解决本起纠纷中主要运用了抓住主要矛盾进行调解的方法和动员多种力量协调解决的方法。在双方当事人讲述完案情后，调解员能够迅速指出双方纠纷的焦点是建新房的行为与房屋墙壁破裂是否存在因果关系。在双方当事人互不让步的情况下，调解员告知双方需要由专业的鉴定机构对是否存在因果关系进行鉴定，此时双方对调解员的说法表示出完全理性的信服，并自愿签订调解协议。然后，鉴定机构作为第三方参与到本案，双方对鉴定结果均无异议，在事实面前姜某道了歉，并愿意承担魏某修复房屋的全部费用。

适用法律

《中华人民共和国民法典》

第二百八十八条 不动产的相邻权利人应当按照有利生产、方便生活、团结互助、公平合理的原则，正确处理相邻关系。

第二百九十二条 不动产权利人因建造、修缮建筑物以及铺设电线、电缆、水管、暖气和燃气管线等必须利用相邻土地、建筑物的，该土地、建筑物的权利人应当提供必要的便利。

第一千一百六十五条 行为人因过错侵害他人民事权益造成损害的，应当承担侵权责任。

依照法律规定推定行为人有过错，其不能证明自己没有过错的，应当承担侵权责任。

第五章

生产经营纠纷的调解

生产经营纠纷，是指在生产经营中，围绕财产权益问题所发生的权利与义务之争，包括生产经营中发生的经济合同、相邻关系、财产租赁、山林、水事及田地等纠纷。生产经营纠纷一般情况比较复杂，有些生产经营活动技术性很强，因此，这类调解工作有一定的难度。

生产经营纠纷具有以下特征：（1）纠纷的主体是特定的，即当事人一方或双方是生产经营者；（2）纠纷的内容是发生在以生产经营为目的的整个动态过程中的权利义务之争；（3）纠纷争执的标的包括物及物权。

1. 因销售不合格化肥引发的买卖纠纷

案情经过

农民石某家里有几亩地，生活全靠种植农作物售卖所得来维持。村里王二平时做些小买卖，后来改做化肥销售。因为是同村村民，石某出于照顾便在王二那里买了一年所需的肥料，并与王二商量先付一半钱，等农作物售卖之后再给另一半。

石某用了王二出售的化肥之后，到收获的季节发现农作物产量较往年大幅度减少，这直接导致了石某的收入大大减少。由于当年并没有自然灾害或者其他可能导致农作物减产的原因，于是石某便怀疑王二销售给自己的化肥有问题，遂拒绝支付剩余的化肥款。王二为了澄清化肥没有问题，几天后将一份检验报告拿了回来，要求石某付款。石某仍不相信，怀疑送检的化肥是符合标准的化肥，而销售给自己的化肥是有问题的，还是坚持不付款。两人谈不拢还差点发生肢体冲突，后被村民劝开，但王二离开前表示会去法院起诉石某。因为不懂法律，害怕被起诉的石某到村委会找到了人民调解委员会的调解员小赵寻求帮助。

依法调解

小赵听了石某对发生事情的描述，大致分析后决定亲自对化肥进行检测。小赵首先将石某家里剩余的一些化肥拿了一部分，另外以购买为由，从王二处悄悄取得一部分化肥，一同拿去检测，检测结果显示确实为不合格产品。掌握这些证据后，小赵再次联系到王二，说明了自己是为调解其与石某的纠纷而来。王二表示坚决不接受调解，将会到法院起诉石某，要石某支付剩余价款。小赵将检测报告拿出来给王二看，用证据证明王二的化肥确实有质量问题，并告诉王二，如果王二起诉石某，石某可以依此对王二提起反诉。

在谈话中，小赵明确告知王二，我国《产品质量法》第 50 条规定，在产品中掺杂、掺假，以假充真，以次充好，或者以不合格产品冒充合格产品的，责令停止生产、销售，没收违法生产、销售的产品，并处违法生产、销售产品货值金额 50% 以上三倍以下的罚款；有违法所得的，并处没收违法所得；情节严重的，吊销营业执照；构成犯罪的，依法追究刑事责任。王二的行为虽然没有构成刑事犯罪，但完全可以被行政机关处罚。小赵告知王二事情的严重性之后，劝导王二及时改正，农民以种地为生本来就很辛苦，怎么能够以欺骗农民作为牟利手段呢？如果被人举报，行政机关对其进行查处，王二将会付出巨大的代价。然而王二仍然拒不承认，并且拒绝调解。无论如何都无法说服王二，看来只有接受法律的教训才能够使其悔悟。无奈之下，小赵只好帮助石某对王二提起诉讼，将检测报告以及其他一些辅助证据提交之后，法院经过审判判决石某胜诉，判决石某不需向王二交付剩余款项，王二对石某因使用化肥造成的损失进行赔偿。王二败诉后，才向石某道歉并赔偿，从此不敢再售卖不合格化肥了。

调解方法

本案中虽然双方最终没有调解成功，但是依然依靠法律武器维护了农民石某的合法权益，同时在严格依法调处的基础上，在调解中运用了各种方法。例如在与王二谈话的过程中，小赵不但对其进行法律上的威慑，认真详细地对其进行法律教育，而且针对其良知进行劝说，让其感受农民的辛苦，以道德感化王二。虽然调解员小赵运用了法治与德治相结合的方法对其进行劝说，但王二执迷不悟，最终小赵不得不帮助石某依法对王二提起诉讼，以法律的手段解决问题。在这起纠纷调解中，调解员小赵还用到了解决思想问题与解决实际问题相结合的方法，一方面小赵希望通过对王二进行法律和道德教育解决其思想上存在的问题，另一方面又希望通过调解的方式，能够和缓地解决实际上存在的问题，这种方式对双方都有好处。虽然该起纠纷最终以法院判决而告终，但调解员小赵的调解工作为纠纷的解决起了很大的推动作用。

适用法律

《中华人民共和国民法典》

第五百七十七条 当事人一方不履行合同义务或者履行合同义务不符合约定的，应当承担继续履行、采取补救措施或者赔偿损失等违约责任。

《中华人民共和国产品质量法》

第三十九条 销售者销售产品，不得掺杂、掺假，不得以假充真、以次充好，不得以不合格产品冒充合格产品。

第五十条 在产品中掺杂、掺假，以假充真，以次充好，或者以不合格产品冒充合格产品的，责令停止生产、销售，没收违法生产、销售的产品，并处违法生产、销售产品货值金额百分之五十以上三倍以下的罚款；有违法所得的，并处没收违法所得；情节严重的，吊销营业执照；构成犯罪的，依法追究刑事责任。

2. 因猪饲料质量问题引发的买卖纠纷

案情经过

张华大学毕业后回到老家开了一个养猪场，由于管理经营有方，猪场年年都能挣不少钱，当然能够办好养猪场也离不开身边的亲戚朋友的帮忙照顾。李叔是张华父亲的朋友，做猪饲料的销售生意，双方互相比较信任。由于两家的特殊关系，张华对李叔提供的猪饲料比较放心，且年年都与李叔合作，双方也没出现过任何问题。然而就在今年，张华在使用了李叔提供的一批饲料后，养猪场里许多猪都病了，为了给猪治病，张华花了很多钱，幸好大部分猪都保住了。张华是个直肠子，从兽医那里得知猪生病是由于饲料存在问题所致，便回来找李叔问个究竟。谁料，李叔无论如何都不承认自己的饲料有问题。两人为此争论激烈。李叔也是个倔人，打死都不承认自己销售的饲料不合格，而张华在理论几次无果之后就向李叔放了狠话，如果李叔拒不承认的话，自己不排除用法律手段维护自己的权益。并且说，除非李叔向自己道歉，否则以后不会再与李叔合作，自己将另外寻找猪饲料销售商。双方始终没有达成一致，闹来闹去让张华的父母非常过意不去，都是亲戚朋友，这样总不是个事，要是张华一冲动把李叔告了，老两口怎么对得起李叔呢？几经思考，张华的父母决定向调委会求助，希望能和平解决这起纠纷。

依法调解

调解员李梅见张华的倔劲上来根本不听劝解，仍然说李叔卖给他的猪饲料有问题，对李叔的做法始终耿耿于怀。李梅决定先帮助张华查清饲料真相，真相大白之后也许问题就能解决了。

如果是饲料出现了问题，那问题出现在哪个环节呢？是李叔提供的饲料有问题，还是饲料在喂食的时候出现了问题，这是一个关键的问题。李梅在询问张华后得知，这次出事的猪饲料与以前的喂食方法一样，但以前没有发生过问题。李梅怀疑，不是饲料本身有问题，即使李叔想以次充好、以假充真也不可能只作假这一小部分吧，想必问题是出在饲料的喂养过程中或者养猪场的饲料储存方式上，于是便到储存饲料的地方查看。问清楚之前那批饲料的存放地之后李梅对那片地区进行了仔细的查看，发现此处比其他地方潮湿，仔细观察后发现屋顶上方不时有水滴下来，而地上还散落着一些饲料。李梅将这些饲料收集起来后拿去检验，结果发现这批饲料因为受潮发霉变质，已经不适宜再喂猪。

李梅弄清楚了事情的原委，便拿着检验报告找到了张华，向张华说明了事情的原因。张华知道事情原因后后悔不已，自己因为冲动对李叔说了那么多不尊敬的话，然而原因却在于自己储存不善，张华真恨不得钻到地缝里。但自己要为自己的错误承担责任，张华还是在李梅的陪同下去往李叔的住所，在拜托李梅说明事情的真相后，张华羞得抬不起头来，而李叔却哈哈大笑，为自己的“冤情”得以昭雪而笑，同时也说对张华的态度并不会放在心上，已经原谅了张华。

调解方法

在这起纠纷中，调解员李梅顺利进行调解的关键在于抓住了主要矛盾，并且运用了原因要素技巧进行纠纷的调处。这起纠纷的关键在于事实原因并不清楚，究竟是李叔欺骗张华销售了问题饲料导致猪生的病，还是其他的原因导致，并没有一个确定的结论，张华却冲动地认为是李叔欺骗他，这是引起纠纷的关键。为了解决纠纷，李梅必须揭开这个谜底，运用原因要素的技巧，分析猪得病可能出现的问题，包括猪饲料的来源、猪饲料的储存、猪饲料的喂食过程中存在的问题。经过一一分析之后怀疑问题可能出现在储存方式上，最终果然发现了真相。真相清楚之后，问题也就迎刃而解，张华认识到错误主动道歉，李叔也大度地原谅了张华，本就是关系密切的熟人，找到误会的根源矛盾自然消除。案例中运用原因要素技巧，可以有效地从根源上抓住并解决问题。

适用法律

《中华人民共和国产品质量法》

第三十九条 销售者销售产品，不得掺杂、掺假，不得以假充真、以次充好，不得以不合格产品冒充合格产品。

第四十二条 由于销售者的过错使产品存在缺陷，造成人身、他人财产损害的，销售者应当承担赔偿责任。

销售者不能指明缺陷产品的生产者也不能指明缺陷产品的供货者的，销售者应当承担赔偿责任。

《中华人民共和国消费者权益保护法》

第四十条第一款 消费者在购买、使用商品时，其合法权益受到损害的，可以向销售者要求赔偿。销售者赔偿后，属于生产者的责任或者属于向销售者提供商品的其他销售者的责任的，销售者有权向生产者或者其他销售者追偿。

3. 因村民哄抢鱼塘泄漏的鱼引发的纠纷

案情经过

王青在郭家坝村办了一个鱼塘，收入很好，平时和村民的关系也不错，不时给相熟的人送几条鱼。本来以为村民们都十分善良淳朴，但在一次事故发生后，王青改变了看法。当时正值雨季，村里下起雨来没完没了，导致鱼塘泄漏，塘里的鱼都被水冲走，散落满地。村里的村民发现之后，因为贪小便宜和从众心理，一个大妈率先出击，喊着“去抢鱼”的口号，带动了许许多多占便宜的村民，拿着脸盆麻袋等，冒着倾盆大雨把王青鱼塘外泄的鱼扫荡一空。王青本以为村民可能还会归还，谁知道事后并没有一个人上门还鱼或者给他支付鱼的价款，这简直令王青欲哭无泪，对村民也失望至极。后来为了挽回损失，王青抱着试试看的心态拨打了110，派出所民警赶到后了解了事情经过，虽然事实清楚，但因为涉及许多村民，而且当时十分混乱，并不清楚具体有谁哄抢鱼塘的鱼，没有具体的对象，民警也没办法一一强制他们交还所抢的鱼，暂时不适宜进行处置，便帮助王青找到了调解委员会，请调解委员会帮忙调解，实在无法解决再作打算。

依法调解

调解委员会接受了王青的调解请求，由主任田庄负责做村民的思想工作，对该起纠纷进行调解。田庄先对情绪激动的王青稍加安抚，告诉王青一定会帮他把鱼追回来，村民们虽然被一时的小便宜蒙蔽，但相信大部分村民会在劝说后归还泄漏的鱼。说完之后，田庄就前往村委会，村委会有广播可以对村里重要事项进行通知，正好可以用此来与村民沟通。村主任得知此事之后，对自己的村民做出这种事情也很愧疚，马上同意田庄的请求，一同前往广播室。

田庄利用广播主要对村民表达了几个意思，首先对村民们的哄抢行为进行了严厉的法律教育，告知他们这样的行为是违法的，私人的合法财产受法律保护，禁止任何单位和个人侵占、哄抢、破坏，轻则进行行政处罚，严重者可能构成犯罪，并宣读了《治安管理处罚法》和《刑法》中关于哄抢公私财物处罚规定的条文；其次再施以情感攻势：王青在我们村里乐善好施，平日对大家十分友好，甚至把大家当成了亲人，然而大家却做出这样的事，着实是伤透了好人心，请大家不要因为自己的自私自利，而毁坏了一个村子的形象，相信大家只是一时糊涂，最终还是会帮助王青把鱼儿找回来；最后给村民一个台阶，称相信大部分村民还是好心帮王青抢救并保管丢掉的鱼，鱼塘现在已经恢复正常，村民们可以前往将鱼放回，田庄代王青谢谢大家，但如果有个别人拒不归还，那么将依法进行处理。田庄说完之后，村主任又愤愤地说了两句，同时表达了对王青的歉意，并要求村民们赶紧把鱼还回去。

离开广播室，田庄陪着王青回到鱼塘。看来田庄的一番劝说很有效果，村民们陆陆续续赶来把鱼放回塘中，并且前来安慰王青和向王青道歉，王青很是感动，破涕为笑，嘴上又说着没事、又说着感谢。大部分鱼都被还了回来，但一些鱼被村里著名爱贪便宜的大妈抢走后始终不予归还。大妈声称鱼是自己捡的，不应还给王青，并不相信田庄说的话。村民们都对其极为鄙视，王青在田庄的支持下向派出所报了案，派出所民警赶到后依法要求大妈归还这些不当得利，并对大妈进行了批评教育。

这起纠纷终获解决，王青对调解委员会及主任田庄表达了感谢，带头哄抢的大妈也受到了教育，此后安分了许多。

调解方法

这是一起因大雨造成鱼塘泄漏，村民哄抢大量鱼而引起的纠纷。在这起纠纷中调解委员会主任田庄在严格依法调处纠纷的基础上，主要运用了抓住主要矛盾的方法进行调解。这起纠纷的主要矛盾在于村民不知道其哄抢王青鱼塘泄漏的鱼是违法行为，不知其会被处罚，抱着法不责众的心态，在从众心理的作用下将鱼抢走并占有。而田庄正是抓住了这一点，通过广播告知村民们其行为的性质，以及可能受到的处罚。在知道自己行为将受到法律处罚后，村民们都自觉归还了哄抢的鱼，这就是法律引导作用的体现。同时，在大部分村民归还了鱼之后，带头哄抢的大妈并没有意识到法律的强制性，对正常生活的规则置若罔闻，田庄只有严格依法行事，协助王青请求派出所前来处理，最终保全了王青的私人财产，并对贪婪的大妈进行了批评教育。

此外，这起纠纷还运用了解决思想问题与解决实际问题相结合的方法。田庄不仅在思想上对村民们进行了法治宣传教育以及道德教育，告知相应的法律规定以及哄抢公私财物的行为性质，并且以王青与村民们之间的感情说服村民，唤起村民的道德意识。最后也考虑了村民的感受，给村民们一个台阶，使其能够自然地将鱼归还而不至于太尴尬，有效地解决了实际问题。在这起纠纷中，调解委员会主任田庄运用各种调解方法主导调解的进行，对纠纷解决起了至关重要的作用。

适用法律

《中华人民共和国民法典》

第二百六十七条 私人的合法财产受法律保护，禁止任何组织或者个人侵占、哄抢、破坏。

《中华人民共和国治安管理处罚法》

第四十九条 盗窃、诈骗、哄抢、抢夺、敲诈勒索或者故意损毁公私财物的，处五日以上十日以下拘留，可以并处五百元以下罚款；情节较重的，处十日以上十五日以下拘留，可以并处一千元以下罚款。

《中华人民共和国刑法》

第二百六十八条 聚众哄抢公私财物，数额较大或者有其他严重情节的，对首要分子和积极参加的，处三年以下有期徒刑、拘役或者管制，并处罚金；数额巨大或者有其他特别严重情节的，处三年以上十年以下有期徒刑，并处罚金。

4. 因合伙经营失败引发的经营纠纷

案情经过

2020 年 6 月底，柳林镇石家村 8 组村民杨某加入摇曲镇常家村 7 组村民曲某开办的宇泰建筑有限公司兴坝预制构件场，双方口头约定合伙经营，利润平分，由于双方是亲戚，没有形成书面协议。在不到一年的生产经营中，合伙人由于经营理念差异和利益关系产生摩擦，以致矛盾越积越深，双方对峙，各不相让，于是杨某就开车堵在宇泰建筑有限公司兴坝预制构件场的大门口，导致宇泰建筑有限公司兴坝预制构件场无法正常生产。而工厂停产一天就有一天的损失，曲某与杨某协商不成，心情十分焦急，于2021年3月6日在网上向司法所提交了申请调解。

依法调解

司法所受理案件后，办案的工作人员要求案件双方当事人通过微信提交相应的材料，然后对案件展开调查工作。经过多方了解，由于没有书面合伙协议，双方各有各的说法，没有形成一个统一的意见。鉴于这种情况，不管怎么解决，他们之间都无法继续合伙经营下去了，于是司法所工作人员就对杨某做工作，让他退出宇泰建筑有限公司兴坝预制构件场的合伙经营，对资产进行评估分割。经过长时间做工作，杨某同意了这个建议。

当天下午，司法所工作人员冒雨到宇泰建筑有限公司兴坝预制构件场，对整个资产进行了细心盘点，精确核算，查明宇泰建筑有限公司兴坝预制构件场固定资产、库存产品、债权债务和未分配利润等近18万元，并草拟了协议让双方当事人考虑。同时，调解员又将双方叫到了调解办进行调解。

在调解员韩某的劝导下，杨某开始认识到自己的行为有些过激，他对开车堵在宇泰建筑有限公司兴坝预制构件场大门的事表示悔意，说这么做导致工厂无法正常生产，很不好意思。调解员还给双方讲解了我国法律的相关规定，依照法律规定，合伙人对执行合伙事务享有同等的权利。此外，每一名合伙人在执行职务时，都应当依法谨慎、善意地履行职责，不得擅自处理本应由合伙人共同商议决定的合伙事务，否则，造成合伙财产损失的应依法承担赔偿责任。

经过2个多小时的调解，事情终于有了突破性进展，杨某和曲某在资产问题上达成了一致，同时吸取了经验教训，避免因为缺乏沟通、理解而导致矛盾激化，至此案件有了圆满的结果，杨某和曲某在司法所办公室正式签订了协议。杨某退出宇泰建筑有限公司兴坝预制构件场，不再参与经营管理，曲某退一半资产给杨某，并当场付清。

调解方法

本案中的司法所工作人员在严格依法调处纠纷的基础上，主要运用了法治与德治相结合的方法进行调解。本次案件的调解员对杨某及曲某进行了耐心细致的劝导，给他们讲解了相关的法律法规。在合伙经营问题上，由于双方开始没有达成正式的书面协议，只是口头上承诺平分利润，由此积聚了矛盾。调解员本着公平原则，就宇泰建筑有限公司兴坝预制构件场的固定资产、库存产品、债权债务和未分配利润等近 18 万元作出了明确的分配，事情得到了圆满的解决。此外，在此次合伙经营纠纷中，柳林镇调解委员会的调解员本着“方便生产，有利生活，平衡各方，和睦共处”的原则及时调处此纠纷，降低了当事人的维权成本，节约了司法资源，维护了社会稳定。

适用法律

《中华人民共和国合伙企业法》

第四条 合伙协议依法由全体合伙人协商一致、以书面形式订立。

第二十六条第一款 合伙人对执行合伙事务享有同等的权利。

第九十七条 合伙人对本法规定或者合伙协议约定必须经全体合伙人一致同意始得执行的事务擅自处理，给合伙企业或者其他合伙人造成损失的，依法承担赔偿责任。

第六章

劳动纠纷的调解

劳动纠纷是现实中较为常见的纠纷。劳动纠纷又称劳动争议，是指劳动关系双方当事人在实现劳动权利和履行义务的过程中发生的纠纷。其中，有的属于既定权利的争议，如因适用劳动法和劳动合同、集体合同的既定内容而发生的争议；有的属于要求新的权利而出现的争议，如因制定或变更劳动条件而发生的争议。

劳动纠纷具有以下特点：（1）劳动纠纷是劳动关系当事人之间的争议；（2）劳动纠纷的内容涉及劳动权利和劳动义务，是为实现劳动关系而产生的争议；（3）劳动纠纷既可以表现为非对抗性矛盾，也可以表现为对抗性矛盾，而且，两者在一定条件下可以相互转化。

劳动纠纷的发生，不仅使正常的劳动关系得不到维护，还会使劳动者的合法利益受到损害，不利于社会的稳定。因此，应当正确把握劳动纠纷的特点，积极预防劳动纠纷的发生，对已发生的劳动纠纷要妥善解决。

1. 因索要工伤赔偿但未签订劳动合同引发的劳动纠纷

案情经过

王某通过网上投递简历，应聘了某家电维修公司维修工的职位。王某被录用后，公司人事部门告诉他，现在公司正在进行人员变动，暂时不能与其签订书面劳动合同。王某默认。而后，双方口头约定：王某的工作期限为两年，职位为维修工，试用期两个月，试用期工资4000元，转正后工资5000元。

5月12日，王某到公司指定的地点修理家电时，因公司提供的梯子不够牢固，从梯子上摔落，左腿骨折。王某因此住院两个月，花去医疗费、住院伙食补助费、护理费、营养费及交通费等费用共计2万多元。在王某住院期间，公司领导曾来探望，王某提出报销医药费及赔偿事项，领导表示先让王某安心养伤，此事王某出院后再商议。

7月初，王某出院后回到公司，主张自己是在工作时间受伤，应认定为工伤，要求公司报销医药费等费用以及自己和家人两个月的误工费用，共计4万元。公司认为王某在使用梯子的过程中也存在过错，对身体遭受的损害也需承担部分责任，且双方之间没有订立劳动合同，不能认定王某是工伤，公司可酌情补偿王某1万元。王某听后，非常生气，认为公司逃避责任，要向劳动仲裁部门申请仲裁。王某的朋友韩某了解情况后，告知王某仲裁程序比较复杂，可能还会涉及鉴定等，建议王某通过调解方式解决。于是王某找到了调解委员会，希望调解委员会能够帮他解决问题。

依法调解

调解委员会的小冯接受了王某的请求，参与了本案的调解。小冯先向王某询问了案件的经过，了解了王某在本案中的主张，即要求家电维修公司全额支付因工伤造成的损失 4 万元，如公司不给予合理赔偿，就到劳动仲裁部门申请仲裁。随后，小冯来到家电维修公司，向该公司人事部门的负责人孙某了解情况。孙某称与王某只是劳务关系，双方没有订立劳动合同，不认可王某工伤的主张，只可酌情给予其 1 万元的补偿。

见双方对赔偿的数额分歧比较大，而且正处于矛盾激化的状态，小冯就通过微信联系了王某，询问王某是否可以降低赔偿的数额。王某说自己因工伤住院治疗，妻子向单位请了两个月的假，这两个月两人都没有收入，又要支付医疗费等费用，花光了两人大部分的积蓄。同时，王某还说，他与家电维修公司建立的是劳动合同关系，自己又是在工作期间受的伤，应当属于工伤。公司以未与王某签订劳动合同，王某不属于工伤为由拒绝支付赔偿，实属逃避责任的行为。如果公司不给赔偿，王某还要向公司主张没有签订劳动合同的双倍工资赔偿。

在与王某微信沟通后，小冯又主动联系家电维修公司的孙某。在微信中，小冯将王某的情况如实向孙某阐述了一遍，希望孙某能考虑王某的情况，给予王某满意的答复。同时，小冯通过微信发送给孙某《劳动合同法》的相关条文，告知孙某单位应当在用工之日起一个月内就与劳动者订立劳动合同，没有订立劳动合同的，用工一个月后应向劳动者每月支付双倍工资。王某在公司工作，有考勤记录可查，也有工装、工牌及公司财务每月发放工资的记录，可以证明王某与家电维修公司建立起了劳动合同关系。在工作期间，王某因工负伤，依据《工伤保险条例》的规定，王某应认定为工伤，并应根据王某的受伤情况确认王某可以享受到的工伤待遇。小冯还向孙某转达了王某家庭的困难及王某的意愿，王某说，只要公司能够赔偿他因工伤造成的损失，就暂不追究公司未签订劳动合同的赔偿，因为他还想在公司继续工作，并与公司签订正式的劳动合同。孙某收到小冯的消息后，告知小冯需要向公司负责人进行沟通。两天后，孙某通过微信联系小冯，表示公司愿意赔偿王某住院治疗期间的全部损失，包括他们夫妻的收入损失。

调解方法

本案中调解员小冯运用抓住主要矛盾的方法进行了调解。家电维修公司自用工之日起，未与劳动者王某订立书面劳动合同，依据《劳动合同法》的规定，该公司的做法是违反法律规定的，对此劳动者可向公司主张未签订劳动合同的双倍工资。以此为主要突破口，小冯向孙某讲明该公司违法行为的法律后果，让其知晓其中的利害关系，并通过孙某让公司的负责人对此事重新进行分析衡量。

另外，小冯在调解时还运用了换位思考的方法，向孙某讲述了王某的不容易，让孙某能够设身处地地从王某的角度考虑问题。并且特别指出，王某暂不追究公司未签订劳动合同的双倍工资赔偿，愿意继续在公司工作，养家糊口。最后，通过小冯从法律利害关系上的分析及情理上的劝解，公司最终同意了王某的赔偿要求，调解成功。

适用法律

《中华人民共和国劳动合同法》

第十条 建立劳动关系，应当订立书面劳动合同。

已建立劳动关系，未同时订立书面劳动合同的，应当自用工之日起一个月内订立书面劳动合同。

用人单位与劳动者在用工前订立劳动合同的，劳动关系自用工之日起建立。

第八十二条 用人单位自用工之日起超过一个月不满一年未与劳动者订立书面劳动合同的，应当向劳动者每月支付二倍的工资。

用人单位违反本法规定不与劳动者订立无固定期限劳动合同的，自应当订立无固定期限劳动合同之日起向劳动者每月支付二倍的工资。

《工伤保险条例》

第十四条 职工有下列情形之一的，应当认定为工伤：

（一）在工作时间和工作场所内，因工作原因受到事故伤害的；

（二）工作时间前后在工作场所内，从事与工作有关的预备性或者收尾性工作受到事故伤害的；

（三）在工作时间和工作场所内，因履行工作职责受到暴力等意外伤害的；

（四）患职业病的；

（五）因工外出期间，由于工作原因受到伤害或者发生事故下落不明的；

（六）在上下班途中，受到非本人主要责任的交通事故或者城市轨道交通、客运轮渡、火车事故伤害的；

（七）法律、行政法规规定应当认定为工伤的其他情形。

第三十条第一款 职工因工作遭受事故伤害或者患职业病进行治疗，享受工伤医疗待遇。

2. 因员工拒绝加班被辞退引发的劳动纠纷

案情经过

小李毕业后进入一家机械零件制造公司，与该公司签订了一份三年期的劳动合同，约定实习期为六个月，在实习期间小李将被派到各个部门进行轮岗实习。第三个月小李被分配到车间进行劳动，因为这批新来的员工工作效率没有老员工高，所以任务下发后总是难以完成，每天都要加班，然而公司并没有因此给付加班费，一个月下来小李已被累得身心俱疲。小李将自己的悲惨经历告诉好友后，其好友告诉他员工有拒绝加班的权利，小李心想，既然这样，那么下周如果还要加班我一定要拒绝。果然到了周一下午快下班时公司再次要求加班，小李怒从中来，果断拒绝径直离开公司回家了。

第二天去上班的时候，公司告知小李已被辞退，请小李收拾东西走人。小李本已经对该公司失望至极，走之前他要求财务部门补发上月应发的加班费，但遭到拒绝。气愤之余，小李听取朋友建议找到了劳动仲裁部门，反映其遇到的问题，并准备提起劳动仲裁。因为涉及金额较小，调解委员会介入其中，希望以调解的方式解决该纠纷。

依法调解

调解员孙某首先找到准备提起劳动仲裁的小李，向小李说明这只是简单的劳动纠纷，如果提起劳动仲裁的话比较浪费时间，并且浪费司法资源。作为一名优秀的大学毕业生，应当有觉悟节省社会资源。同时，孙某表示愿意帮助小李通过调解的方式维护其合法权益，并且表示如果小李愿意继续回去上班的话，还可以回去上班。如果最终调解未能达成，小李还可以继续通过劳动仲裁维权。小李在孙某的劝说下，答应了暂不提起仲裁，等待调解。

孙某联系到小李之前所在的机械零件制造公司，说明来意之后与其负责人约定见面。见面后，公司负责人显得很不耐烦，对孙某说，现在的大学生实在是矫情，加个班是再正常不过的事情，竟然不愿承受，这样的员工公司是不需要的。公司负责人吐槽完毕后，孙某意识到他对小李也有诸多不满，为了更好地解决纠纷，孙某决定先不直接说明公司的行为和观点都是错误的，而是采取了迂回的方式。孙某向公司负责人说道："现在的年轻人是没有当年那种吃苦耐劳的精神气儿了，但是他们思维活跃，富有创造力，而公司的发展还是需要人才的。"孙某向公司负责人打听了近些年来公司发展的概况，真诚地提出建议，说公司发展应当重视人才培养，而非仅看重眼前的利益。

看到公司负责人若有所思，孙某再次分析道，这次小李对公司提出的要求其实是有法律依据的，如果公司拒不履行，小李提出劳动仲裁后，劳动仲裁机构仍会要求公司强制履行，到时候必然会承担更多的费用，对公司来讲实在是一笔损失，还会对公司的声誉造成影响，对公司以后的发展和人才引进更加不利。公司负责人对此持将信将疑的态度，孙某便将相关的法律规定予以告知，以证明自己的说法。

我国《劳动合同法》第 85 条规定："用人单位有下列情形之一的，由劳动行政部门责令限期支付劳动报酬、加班费或者经济补偿；劳动报酬低于当地最低工资标准的，应当支付其差额部分；逾期不支付的，责令用人单位按应付金额百分之五十以上百分之一百以下的标准向劳动者加付赔偿金：……（三）安排加班不支付加班费的；（四）解除或者终止劳动合同，未依照本法规定向劳动者支付经济补偿的。”讲解完法律规定，孙某趁热打铁，向公司负责人说道：“付出劳动获得报酬是每个人应有的权利，现在年轻人权利义务意识比较强是社会进步的一种表现。你站在小李的角度想一想，如果一直要求加班却不发加班费，也不安排调休，任谁也不会愿意。”公司负责人这才愿意接受孙某的建议，与小李进行和解。

最终，在孙某的帮助下，小李领取到了加班费，又高高兴兴地回到了公司。该公司从此以后也更加注重对人才的培养和员工福利待遇的保障，慢慢地向着好的方向发展。

调解方法

这是一起有关加班费和无正当理由辞退员工的劳动纠纷，在这起纠纷中，调解员孙某机智地运用了解决思想问题和解决实际问题相结合的调解方法，取得了双赢效果。解决实际纠纷，转变不正确的思想固然是调解工作追求的最好结果，但必须把握一定的顺序和方法，不能一味按照先做思想工作后解决实际问题的模式进行，在难以做通思想工作的情况下，可以先就实际问题进行分析，从正确的角度看利弊，使被调解人转变看法，在此基础上再进行思想教育将有事半功倍的效果。孙某正是运用这种方式，先不急于解决公司负责人的思想问题，而是分析公司存在的问题，分析小李提起仲裁后公司将遭受的损失，再回到法律规定上，一步步告诉公司负责人怎样做才符合法律规定，符合客观规律，之后又转到思想层面，说明权利义务意识的正确性与合理性，请公司负责人换位思考，站在小李的角度想问题，最终使双方的纠纷得以调解。

适用法律

《中华人民共和国劳动合同法》

第八十五条 用人单位有下列情形之一的，由劳动行政部门责令限期支付劳动报酬、加班费或者经济补偿；劳动报酬低于当地最低工资标准的，应当支付其差额部分；逾期不支付的，责令用人单位按应付金额百分之五十以上百分之一百以下的标准向劳动者加付赔偿金：

（一）未按照劳动合同的约定或者国家规定及时足额支付劳动者劳动报酬的；

（二）低于当地最低工资标准支付劳动者工资的；

（三）安排加班不支付加班费的；

（四）解除或者终止劳动合同，未依照本法规定向劳动者支付经济补偿的。

《中华人民共和国劳动法》

第二十五条 劳动者有下列情形之一的，用人单位可以解除劳动合同：

（一）在试用期间被证明不符合录用条件的；

（二）严重违反劳动纪律或者用人单位规章制度的；

（三）严重失职，营私舞弊，对用人单位利益造成重大损害的；

（四）被依法追究刑事责任的。

第四十四条 有下列情形之一的，用人单位应当按照下列标准支付高于劳动者正常工作时间工资的工资报酬：

（一）安排劳动者延长工作时间的，支付不低于工资的百分之一百五十的工资报酬；

……

3. 因单位缩短女职工产假引发的劳动纠纷

案情经过

笑笑大学毕业以后，一直忙于应聘工作，但因为是女生，许多单位虽然不会明确拒绝，可总是以各种原因不接收她。终于笑笑找到一家装潢公司，公司负责人在询问了笑笑有关结婚生育的想法后接收了她，笑笑内心很是高兴，工作后便倍加努力，渐渐成了公司的一名得力干将。

爱情往往是不可预测的。在事业上喜获丰收之后，笑笑也收获了一份美好的爱情。笑笑结婚后意外怀孕了，虽然当初在招聘的时候跟公司说好近些年不会结婚要孩子，但由于一名母亲对肚子里孩子的爱让笑笑决定把孩子生下来，公司最终同意了笑笑的产假。笑笑顺利生完孩子后一个月，公司就打电话通知笑笑前去上班。可是产后笑笑身体还没恢复，便问能不能再延缓一些日子，但公司明确答复不可以，称当初说好今年不生孩子，现在给她放产假已经是破例一次了，如果笑笑不能马上回到工作岗位，那么将有可能被辞退。无奈之下，笑笑同老公张某商量打算去上班，张某听后十分气愤，他认为笑笑在公司那么勤奋努力，如今公司竟然这么无情无义。张某坚持让笑笑继续在家休养，自己多次前往公司理论，要求给一个说法。再到后来，张某感觉笑笑不可能回到公司了，便每次无端来公司找领导扯皮。这起纠纷持续了一年多，让装潢公司的领导也因此身心俱疲，要调解委员会的小周帮忙调解。

依法调解

调解员小周接受装潢公司的请求调解此事，公司表示，笑笑虽没上班多久就结婚生子，但鉴于笑笑在公司的表现可圈可点，只要她老公不再经常来单位找领导，影响公司秩序，公司就可以考虑接纳她回公司工作。得知装潢公司有解决问题的诚意后，小周向装潢公司领导提出了一个方案，称因为现在是装潢公司主动与张某和笑笑调解，可能会导致被动，而张某因为一年多的委屈肯定难以接受调解，因此，他希望公司先不要声张此事，由小周先与张某联系，劝服张某主动提出调解。

小周找到小两口，表明自己的身份，并说明得知笑笑的遭遇，愿意帮助二人维护合法权益。小周说，因为这件事久拖未决，已经错过了劳动仲裁的时效，但还是愿意帮助笑笑与装潢公司就此事进行协商。小周说，他也知道笑笑生育后难以再找到合适的工作，表示会在协商中提出让笑笑能重新回到公司工作。这也是笑笑和张某十分希望的结果，于是便答应了。小周考虑为了避免双方见面发生争执，还是由他自己先与公司沟通比较妥当，笑笑和张某出于对小周的信任充满对调解结果的期待。

到了协商调解之日，小周一人来到装潢公司找到了公司领导，小周虽然清楚装潢公司有调解的诚意，但还是希望借此机会给公司领导做做思想工作，普及一下法律知识。在调解中，小周引用我国《劳动法》第 62 条关于保护妇女劳动权利的规定向公司领导普及职工权利保护的法律知识。小周说，该条规定女职工生育享受不少于九十天的产假，因此装潢公司要求笑笑生育后一个月就回到公司工作的做法是违反劳动法规定的。而且，女职工生育后身体还未恢复，如果急于让她上班工作必然会引发抵触情绪，实际上对工作也是不利的。如今，笑笑生了孩子还被公司辞退了，生活没有了稳定的保障，可想日子一定是十分艰难的。装潢公司领导在换位思考之后，表示自己也不愿看到这种结果，愿意补偿笑笑在法定产假期间的工作报酬。

笑笑没有想到调解工作这么顺利，对于领导的诚意也十分感动，双方的矛盾因此解决，双方冰释前嫌，均表示愿意重新配合。

最后，为了保障笑笑的权利，双方还签订了调解协议书，这起劳动争议得以圆满解决。

调解方法

这是一起因单位缩短女职工产假而发生的劳动争议，在这起争议中，调解员小周机智地制定了一套行之有效的调解方案，使得该起纠纷能够巧妙地被化解，矛盾双方皆大欢喜。这起纠纷持续一年多，使得笑笑老公和公司负责人之间很难再和解，出于对这点的考虑，小周决定采取背对背方式，从笑笑方面着手由笑笑主动提出希望进行调解，避开张某与公司的矛盾，对调解的成功起了极大的推动作用。

同时，在调解中，小周请公司领导站在笑笑的角度感受笑笑的苦衷——笑笑应得的假期没有受到保障，还在生活比较拮据的阶段失去了工作，这对笑笑是很大的伤害。调解中这样运用换位思考的方法，使得公司领导不但同意笑笑回到公司上班，还爽快地对笑笑之前应得的报酬进行补偿。最终，双方顺利和解。小周不仅对公司负责人普及了法律常识、劳动者权利保障的知识，还对公司负责人进行了思想教育。最后签订调解协议书的方式，具有法律效力，体现了小周运用道德与法律相结合的方式解决现实问题的思维与策略。

适用法律

《中华人民共和国劳动法》

第二十九条 劳动者有下列情形之一的，用人单位不得依据本法第二十六条、第二十七条的规定解除劳动合同：

（一）患职业病或者因工负伤并被确认丧失或者部分丧失劳动能力的；

（二）患病或者负伤，在规定的医疗期内的；

（三）女职工在孕期、产期、哺乳期内的；

（四）法律、行政法规规定的其他情形。

第六十二条 女职工生育享受不少于九十天的产假。

《中华人民共和国人民调解法》

第三十一条第一款 经人民调解委员会调解达成的调解协议，具有法律约束力，当事人应当按照约定履行。

4. 因拖欠工资引发的劳动纠纷

案情经过

某市方泰镇司法所所长葛光华正在办公室值夜班，只见十几个操着不同口音的民工一起来到所里，一见面就对葛光华说："葛所长，你帮帮我们吧，有件事情你得给我们做主啊，要不然我们就不能回家过年了！"葛光华安排他们坐下慢慢说。原来，他们都是在方泰镇柳林商业街打工的农民工，分别来自福建、湖北、江苏等地，一共有60多人。他们从前年到此给承建柳林商业街工程的昆山老板解某打工，但是到目前为止，解某没给他们发过一次工资，已经欠了27万多元工资款。很多工人已把自己从家里带来的钱花光了，连吃饭都成问题，更别提回家过年了。有的工人还拖家带口地把老婆孩子带到这里打工，孩子病了都没钱看病。工资没有着落，工人们欲哭无泪。他们曾经多次找到解某讨要工资，开始解某还承诺过两三天一定把工资结清，后来就一拖再拖，没发过一分钱，到现在甚至连解某的人影也见不到了。眼看着就要过年了，工人们都急着回家，又找不到解某，要不到钱，情绪都很激动，他们商量着要去市政府告状。有的好心人得知情况，告诉他们可以去司法所请求法律援助依法解决。就这样，他们一起来到司法所，请求帮助索要被拖欠的工资。

依法调解

方泰镇司法所接到请求后，葛所长抱着试试看的心理，于当天晚上拨通了解某的手机。手机拨通了，可对方不接电话。葛所长不停地拨打解某手机，解某终于接了电话。葛所长自我介绍后就与解某拉起了家常，随后又将话题慢慢地转到了工人工资的发放情况上去。原来，解某是与另一位投资商曹某共同承包这项工程的，工程进展到一半时，政府以该工程用地手续不全为由，责令他们停建调查，曹某见这种情况很生气，一走了之，导致资金紧张。葛所长跟他说了工人们现在的情况，动之以情、晓之以法，跟他说有什么困难他们一起想办法，解决问题。并且，葛所长特别指出：拖欠工资是会受到法律处罚的。根据我国《劳动合同法》第 85 条的规定，用人单位未按照劳动合同的约定或者国家规定及时足额支付劳动者劳动报酬的，由劳动行政部门责令限期支付劳动报酬、加班费或者经济补偿；逾期不支付的，责令用人单位按应付金额 50% 以上 100% 以下的标准向劳动者加付赔偿金。如果解某不抓紧给工人支付工资，闹到劳动保障部门或者是法院，就会依法受到上述惩罚，因此，不如现在就把工资支付了。

经过耐心劝导，解某的态度终于有所转变，但他说自己现在没有那么多钱，而且身在南京，又马上快过年了，凑不出钱来。听到这儿，葛所长当机立断地说："就是因为快过年了，他们才急着拿钱回家，我现在就去接你，好吗?"解某不相信葛所长真的能半夜里去接他，就说："好的，我等你。"放下电话，葛所长马上联系农民工代表周某和李某，深夜 11 点半出发，直奔南京。葛所长的诚意终于打动解某，他和葛所长一起回到方泰镇解决资金问题。后来，解某在除夕前几日筹借到 12 万元。在方泰镇司法所办公室，周某和李某代表 60 余名农民工与解某在调解协议书上签了字。解某先期支付 12 万元工资款，余下 15 万多元，春节后再行支付。

调解方法

本案中的葛所长首先运用了法律震慑，葛所长告诉解某不支付工资的话，依照我国法律的规定会受到怎样的法律处罚，闹到劳动行政部门或者法院，劳动行政部门还会责令用人单位按应付金额 50% 以上 100% 以下的标准向劳动者加付赔偿金。如果解某不抓紧支付给工人工资，就会依法受到上述惩罚。在法律的震慑下，解某慢慢转变了态度。

此外，葛所长运用换位思考方法让解某站在农民工的角度想一想，并连夜赶过去跟他解决此事，以自己的诚意最终打动了解某。可见，调解员在调解纠纷时，应当根据实际情况变化调解的着眼点，适时以法律为标准，做到依法立威，以德感化，明之以理，动之以情，从而能够更好地解决纠纷。

适用法律

《中华人民共和国劳动合同法》

第八十五条 用人单位有下列情形之一的，由劳动行政部门责令限期支付劳动报酬、加班费或者经济补偿；劳动报酬低于当地最低工资标准的，应当支付其差额部分；逾期不支付的，责令用人单位按应付金额百分之五十以上百分之一百以下的标准向劳动者加付赔偿金：

（一）未按照劳动合同的约定或者国家规定及时足额支付劳动者劳动报酬的；

（二）低于当地最低工资标准支付劳动者工资的；

（三）安排加班不支付加班费的；

（四）解除或者终止劳动合同，未依照本法规定向劳动者支付经济补偿的。

第七章

合同纠纷的调解

合同纠纷，是指因合同的生效、履行、变更、终止等行为而引起的合同当事人的所有争议。合同纠纷的内容主要表现在争议主体对于导致合同法律关系产生、变更与消灭的法律事实以及法律关系的内容有着不同的观点与看法。合同纠纷的范围涵盖了一项合同从成立到终止的整个过程。合同纠纷属于民事纠纷，合同纠纷的主体特定，主要是双方当事人；合同纠纷的内容多种多样，几乎每一个与合同有关的方面都可能产生纠纷；合同纠纷的解决方式多样化，合同当事人可以通过协商、调解、仲裁和诉讼等方式来解决纠纷。

1. 因不可抗力导致一方无法交货引发的合同纠纷

案情经过

某村地处深山僻岭，当地盛产的水果色泽鲜亮，香甜可口。但由于交通不便，该村与外界交往较少，因此，这些美味的水果在当地只用来自家吃，剩余的就任其在树上烂掉。适逢8月水果成熟季节，外地水果商王某考察市场途经此地，发现这么多新鲜的水果已经成熟但无人采摘，后来到村里打听后才了解了情况。王某经销水果多年，在这一行业很有经验，在品尝了水果的味道后，便决定批发该水果。村民们想到水果能变废为宝非常高兴，便有3户村民与王某签订了水果买卖合同。合同约定由村民在第二年8月向王某供应一定量的水果，王某在收到货的同时支付款项。同时为了保证合同顺利履行，王某主动提出向村民交5000元定金，待合同履行后充抵货款。谁料，天有不测风云，就在第二年3月时，当地遭遇百年不遇的冰雹，树上的果子全被冰雹打落。见此情况，村民无奈，不能通过卖水果增加收入，只好外出打工去了。等到8月王某派车来当地收水果时，才知道当地发生了灾情，但是为了销售这个新水果，王某与几个经销商已经签订了水果销售合同，如果新水果无法按期送达，会造成多个销售合同违约，损失2万元。无奈之下，王某便依据合同，要求村民返还定金，并赔偿损失。村民说果树受灾又不是人为的，他们也没办法，不同意返还定金并赔偿损失。为此双方争执激烈，最后决定向人民调解委员会申请调解。

依法调解

调解员小李迅速受理此案并安抚了当事人，称这是常见的合同纠纷，他们会处理好的。随后，小李走访了与王某签订合同的3位村民，了解到，村民都是自愿与王某签订合同的，而且也收了王某5000元定金，发生灾情后村民就外出打工去了，在王某来收水果时无法交货。并且在村民的带领下，小李确认了果树受灾的事实。

弄清事情的原委后，小李将相关村民召集到一起，开始给大家做思想工作："你们收了王某5000元钱，都给了王某什么？"村民们摇摇头。小李接着又问："那你们说说王某在什么货都没收到的情况下，为什么会给你们5000元定金呢？"村民们支支吾吾地说不上来。小李语重心长地说："销售商愿先付定金，完全是出于对你们的信任，诚实守信不光是在做生意中需要，我们做人也得这样。"听到这些话，村民们都红着脸表示愿意把定金退回去。小李笑了笑，接过话来说："那你们以后还想靠水果卖钱吗？如果想的话，那王某今年亏损了，明年还会来收你们的果子吗？"村民们做梦都想靠水果卖钱，但想想王某确实损失了不少，明年不可能再来收水果了。便请小李帮忙出个主意，小李说："那你们要是把王某的损失2万元给他赔了，那他今年也没亏，明年自然还会来。"村民们一听便急了，自己一分钱没得到，反而要赔2万元。见状，小李又耐心地给他们讲为什么必须赔偿王某的损失："根据我国《民法典》的相关规定，你们在果树受灾情况下无法交货，属于无法预见的不可抗力，原本是不需要赔偿的，但是你们在灾情发生后，没有及时告诉王某，让王某提前调整自己的销售方案，导致王某遭受了2万元的损失，对此，你们要负赔偿责任。否则，王某提起诉讼，法院也会判决你们赔偿，这样一来，你们不但赔了钱，而且不讲信誉的名声也会传出去，这样谁还敢来你们这儿做生意？"村民们听了小李的分析后，觉得有道理，便答应和王某和解，把定金退还，并赔偿王某损失2万元。随后，小李当即把这个好消息发微信告诉了王某，并通知其前来签订调解协议。王某欣然同意，并表示特别感谢小李。

调解方法

判断是非的标准不是当事人的意愿，而是国家法律。村民们与王某发生纠纷的主要原因是村民们不懂法，在发生了不可抗力无法交货的情况下，没有及时地采取补救措施——通知合同相对人王某，致使王某蒙受2万元损失。调解员如果没能正确引用法律规定，村民绝对理解不了为什么他们要赔偿王某的损失。可见，调解员只有正确地引用法律，当事人才能认清自己在纠纷中的行为是对还是错，是合法还是违法，应该承担何种责任。

在调解过程中，小李先和村民们讲道理，讲诚信，然后再结合我国《民法典》的相关规定，对村民们进行普法教育，让村民们不仅自愿赔偿对方损失，更知道自己为什么要赔偿对方损失。

适用法律

《中华人民共和国民法典》

第五百九十条 当事人一方因不可抗力不能履行合同的，根据不可抗力的影响，部分或者全部免除责任，但是法律另有规定的除外。因不可抗力不能履行合同的，应当及时通知对方，以减轻可能给对方造成的损失，并应当在合理期限内提供证明。

当事人迟延履行后发生不可抗力的，不免除其违约责任。

2. 因违约责任约定不明引发的合同纠纷

案情经过

甲公司是某品牌空调生产厂家，乙公司是电器经销商。甲公司为推广其某款新产品，推出了一项优惠促销活动，即经营甲公司这款空调的经销商累计进货达到10万元后，在解除合同时，可以享受无条件全部或者部分退货、换货，且给予所退货款4%的补偿。该优惠政策一出，随即引来了无数的经销商前来咨询。乙公司被甲公司的优惠活动吸引，决定经营甲公司的产品，双方签订了合同。

合同约定：甲公司确保其生产的空调质量合格，如果发生严重质量问题，乙公司可单方解除合同，且可以获得当月总货款5%的违约金。乙公司于每月5日结清上月货款，如果未按期支付，甲公司可单方面解除合同，且可以获得应付货款5%的违约金。合同签订后，乙公司在销售过程中主推甲公司的空调，因而在第一个月，乙公司的累计进货就达到12万元，第二个月也保持在10万元的规模。正当双方为合作顺利欢欣鼓舞时，在第三个月，这款空调却发生了漏电的严重质量问题，造成消费者权益受损。为此，乙公司要求解除合同，退掉手中5万元的存货，并要求甲公司按照合同约定给予自己2000元（5万元×4%）的退货补偿，以及违约金5000元（10万元×5%）。甲公司表示，愿意按照合同约定进行退货，支付违约金5000元，但拒绝支付退货补偿。双方为此发生争执，请求人民调解委员会进行调解。

依法调解

受理此案后，调解员林某走访了几家销售甲公司产品的经销商，了解到甲公司确实有当累计进货量达到10万元后，解除合同时可享受无条件退换货以及4%退货款补贴的优惠政策。弄清情况后，林某通知甲乙两家公司到调委会调解。

甲公司声称自己是完全按照合同约定履行义务的，在产品出现质量问题后，接受乙公司退货，并支付了违约金，但退货补贴和违约金是一回事，选择违约金就不能再选择补贴了，因而，我们无法同意支付补偿金。林某笑了笑说："销售你们产品的经销商不止一个，我已经走访过几家经销商，大家都是冲着这个优惠活动和你们签合同的，你公司现在以此为由拒绝向乙公司给付补贴，不仅不符合合同约定，更是有违诚实信用原则，这是做生意的大忌，而且也会对其他经销商产生负面影响。"甲公司听了林某的分析后，很是吃惊，没料到林某还走访过其他经销商，但还是坚称因为已经向乙公司支付了违约金，乙公司不能再以相同的理由要求支付退货补偿。看到甲公司还在辩解，林某又给他们从法律的角度分析这起纠纷，他说："违约金和退货补偿是两回事，你们之前签订的合同约定，产品质量发生问题的，由甲公司向乙公司支付违约金，所以违约金产生的原因是产品质量出现问题。退货补偿是在经销商不愿再经营你公司的产品时，发生退货后产生的补偿，这是一种鼓励行为。既然两者之间不是由同一事实引起的，那当然可以同时适用。"甲公司这才意识到，在事实面前自己无论怎么辩解都无济于事，便答应和乙公司和解，给乙公司支付退货补偿。

调解方法

在这起违约责任约定不明的合同纠纷中，当事人甲公司对自己不履行义务的行为编出种种理由进行辩解，然而调解员林某是有备而来。他灵活地对纠纷进行了细致全面的分析，让甲公司的辩解一次次失败，最终承认了自己没有完全履行义务，并自愿赔偿乙公司的损失。在当事人对事实没有争议的情况下，调解员才开始依照法律进行调解。调解员认真地向双方讲解了违约责任承担的相关规定，使当事人明确知道自己哪些行为是不合法的，应该如何应对。

通过此案可以看出，只有在双方当事人对事实无争议的前提下，调解员才能有原则地进行调解，而不是和稀泥式地讲道理。调解结果只有建立在事实清楚的基础上，才可能是合法合理的，才能使当事人心服口服。

适用法律

《中华人民共和国民法典》

第五百七十七条 当事人一方不履行合同义务或者履行合同义

务不符合约定的，应当承担继续履行、采取补救措施或者赔偿损失等违约责任。

第五百八十五条第一款 当事人可以约定一方违约时应当根据违约情况向对方支付一定数额的违约金，也可以约定因违约产生的损失赔偿额的计算方法。

第五百八十八条 当事人既约定违约金，又约定定金的，一方违约时，对方可以选择适用违约金或者定金条款。

定金不足以弥补一方违约造成的损失的，对方可以请求赔偿超过定金数额的损失。

3. 因借款合同利息约定不合法引发的合同纠纷

案情经过

孙某是某镇养鸡专业户，前些年靠养鸡挣了不少钱。近几年，由于经济萧条，再加上养鸡户越来越多，孙某的收入明显减少，甚至难以维持鸡场开支。为了在激烈的市场竞争中生存，孙某决定引进最新的高科技养鸡技术，扩大经营范围，但资金却有些紧张。后来在朋友的介绍下，孙某向邻村的刘某借款 10 万元，双方约定借款时间为一年，月利率为 2%，孙某给刘某打了借条。后经过半年时间，在孙某的努力筹备下，鸡场如期改建成功，开始正式运营。但由于新技术对饲养人员及鸡的品种要求较为严格，孙某的养鸡场一时难以达到各项技术指标，因此，改建后的鸡场不但没有盈利，反而亏得血本无归。到刘某上门讨要借款时，孙某无钱可还。起初，孙某还好言相求，希望刘某再宽限一段时间，等鸡场好转后还钱。后来孙某从一个在法院工作的亲戚那儿得知他和刘某借款时约定的利息违法，孙某遂起了歪念，打算以此为由不还刘某钱。在以后的几个月里，刘某也时不时地向孙某要账，但都被孙某以借款利息违法为由回绝。考虑到乡里乡亲的，刘某不愿和孙某对簿公堂，无奈之下，便向当地的调解委员会诉苦，希望通过调解的方式要求孙某偿还本金、利息，以及逾期利息。

依法调解

调解员小胡受理了此案后，走访了孙某所在的养鸡场，向工作人员了解了一些养鸡场的经营情况，而后又分别走访了当事人孙某和刘某，两人对借款的事实、借款金额、借款期限、借款利息的描述完全一致。弄清事实后，小胡通知二人到调委会进行调解。

小胡问孙某："既然你对借款的事实无异议，只是因为利息违法，那本金为什么不还刘某?"孙某辩称："借款利息过高违法，因而这个借款合同无效，那我就没有还款的理由了，再者说了，我怎么还呢?"小胡笑了笑说："那你的意思是刘某把钱借给你，帮了你的忙，反而白借了？我已经去过你的养鸡场了，现在你的经营的确困难，但没钱还归没钱还，也不能做出抵赖的行为啊。我们要讲诚信！你想想，刘某的钱也来之不易啊，他借给你钱已经是帮了你的忙，你要是不还钱他能这样算了吗?"孙某听了小胡的话后，觉得很是惭愧，坦言自己是一时糊涂不想给刘某还账，但这利息确实是违法，再加上自己根本没那么多钱还刘某。小胡看出孙某的顾虑是在这利息上，便搬出我国相关的法律规定，告诉两人，他们之间约定的利息确实高于国家规定的上限，是违法的，高出上限的部分不受法律保护，但这不影响这份合同其他合法的约定。也就是说，孙某必须要还刘某本金 10 万元，但利息不能按照月利率 2% 来计算，而应按照国家规定的合法利息算。刘某起初还惦记高利息，后来看孙某连本金都不想还，再加上调解员说自己约定的利息违法，便答应与孙某和解。最后调解员建议按银行同期利率来解决利息问题，双方对此都没有异议。

调解方法

在本起借款纠纷的调解过程中，调解员小胡主要运用了法律与道德相结合的方法。借款人孙某得知他与刘某约定的利息违法时，在利益驱使下的他丧失道德，企图以此为由不还钱，而刘某出借钱只是为了获得高息，但却不懂法，差点使得本金都收不回来。最后通过调解员的调解与法律知识宣传，当事人都认识到自己的错误，和平地解决了这起纠纷，同时也使邻里关系得以维护。

其实，老百姓虽然可能弄不清楚道德和法律一样都是社会关系的调整器，弄不清楚道德和法律之间的互相补充、互相促进的关系，但在他们朴素的思想意识里，“欠债还钱”是天经地义的事，是一个正直善良的人应该做的事。调解员小胡对孙某的劝说就是从做人的基本道理说起，使孙某逐渐认识到做人要讲诚信，不能只为自己着想，从而最终使刘某的合法权益得到维护。

适用法律

《中华人民共和国民法典》

第五百零九条 当事人应当按照约定全面履行自己的义务。

当事人应当遵循诚信原则，根据合同的性质、目的和交易习惯履行通知、协助、保密等义务。

当事人在履行合同过程中，应当避免浪费资源、污染环境和破坏生态。

第六百七十九条 自然人之间的借款合同，自贷款人提供借款时成立。

第六百八十条 禁止高利放贷，借款的利率不得违反国家有关规定。

借款合同对支付利息没有约定的，视为没有利息。

借款合同对支付利息约定不明确，当事人不能达成补充协议的，按照当地或者当事人的交易方式、交易习惯、市场利率等因素确定利息；自然人之间借款的，视为没有利息。

《最高人民法院关于审理民间借贷案件适用法律若干问题的规定》

第二十五条 出借人请求借款人按照合同约定利率支付利息的，人民法院应予支持，但是双方约定的利率超过合同成立时一年期贷款市场报价利率四倍的除外。

前款所称"一年期贷款市场报价利率"，是指中国人民银行授权全国银行间同业拆借中心自2019年8月20日起每月发布的一年期贷款市场报价利率。

4. 因赠与无法实现引发的赠与合同纠纷

案情经过

杨某是某中学教师，父母在他还很小的时候因意外不幸去世，杨某从小便在舅舅家长大。后来杨某长大成人，参加了工作，还谈了对象。眼看就要结婚了，但女方要求杨某购买婚房。两人看中了某小区一套80平方米的房子，但首付款要25万元。由于杨某刚参加工作，手头上没有多少积蓄，根本付不起首付，无奈之下，杨某提出向舅舅借款。舅舅是某工厂的工人，家庭也不是很富裕，但考虑到结婚是孩子的大事，更何况杨某是自己看着长大的，便打算将自己父母留下的一处老房子赠给杨某，双方办理了公证，并打算于一周以后办理过户手续。对于舅舅的做法杨某分外感激，也打消了购买新房的念头。后来，舅舅的儿子高某知道此事后，坚决不同意，认为这套房子父亲应该留给自己。但在舅舅眼里，他俩都是自己的孩子，一样亲，便坚持要把房子给杨某。高某在劝说无用后，第二天便偷了父亲的房产证和身份证等相关证明，通过中介把房子卖了出去，并办理了过户手续。后在杨某与舅舅约定的过户时间到来时，舅舅无法履行赠与，只能抹着泪对杨某说，孩子对不起。杨某明白这不是舅舅的错，但婚期将至，婚房如何解决？况且当初他看中的那个小区的房子也涨价不少，首付比之前要贵 5 万元。无奈之下，杨某找到人民调解委员会，要求舅舅履行赠与义务。

依法调解

听了杨某的诉说后，调解员小赵随后走访了杨某的舅舅，了解案情后，通知杨某和舅舅到调委会进行调解。

舅舅一直把杨某当亲生孩子看待，谁料杨某却通过找外人调解这种方式向自己要房，于是很生气，声称房子是自己的，自己愿意给就给，不愿给就可以收回，谁也管不着。小赵看杨某的舅舅很激动，便倒了杯水，上前劝老人家先别生气，说调委会就是专门为咱老百姓服务的，会通过和平的方式主持公道，化解百姓间的纠纷，不要把我们当外人看。看杨某舅舅情绪平复后，小赵便对舅舅说："杨某一直都把您当最亲的人看，很尊敬您，也很感激您。您也知道杨某刚参加工作没啥积蓄，而结婚又是人生大事，您肯定更希望孩子能早些成家立业，是不是？"这些话说到了舅舅的心坎里，舅舅毫不犹豫地说："那是当然了，要不然我也不会主动提出把老房子赠给孩子，只是我那不争气的儿子把房子给提前卖了，我现在是没房子给杨某，不是我不给。"小赵又对舅舅说："那现在老房子是没了，但孩子还得结婚，如果新买房子的话，你还愿意给孩子帮帮忙吗?”舅舅不吱声。这时小赵觉得时机成熟了，便拿出《民法典》的相关规定，对他们说：“其实你们之间发生的这个纠纷在法律上来讲是赠与纠纷，一般来说，赠与人在赠与财产交付前可以撤销赠与，但是要是经过公证后的赠与就不能撤销了。如果赠与人无法履行赠与，给受赠人造成损失的，是要承担法律责任的。舅舅本来是好意将房子赠与杨某，为杨某节省一大笔购房开支，但现在却无法履行承诺，如果杨某购买新房首付要比当时贵 5 万元，从法律上讲，这 5 万元应当是由舅舅承担的。”听完调解员的分析后，舅舅意识到自己的行为已经给杨某造成损害了，其实自己为了给杨某结婚也早就准备了 8 万元的礼金，便答应这 5 万元的损失自己赔偿，另外再给杨某 8 万元用作结婚费用。杨某听后非常感动，他知道舅舅生活也不富裕，便说不要舅舅赔偿，只希望舅舅把这 8 万元借给自己，等以后有钱了再还给舅舅。这起纠纷就这样和平解决了。

调解方法

这起纠纷主要是由于高某提前卖房导致杨某的舅舅无法实现赠与引起的。杨某舅舅本来好心赠房，不料房子被儿子私自卖了，自己无法履行承诺，又被杨某把这事闹到调解委员会处理，觉得杨某把这事让外人处理，不念亲情，伤了自己对杨某的心意，便声称房子是自己的，愿意赠就赠，不愿意赠就不赠，却不知自己的这种行为已经违反了法律。

本案中调解员运用了解决思想问题同时解决实际问题的方法。调解员小赵首先解开了杨某舅舅的思想问题，让他明白杨某不是不念亲情，而且调委会是主持正义、服务百姓的地方。然后，调解员为舅舅讲解了法律上因不履行赠与义务而给受赠人造成损失的相关赔偿责任，舅舅立刻表示不仅补偿给杨某 5 万元，还给付 8 万元礼金。这个实际问题的解决使杨某既可以如期购买到新房结婚，又维护了和舅舅之间的亲情，可谓两全其美。

适用法律

《中华人民共和国民法典》

第六百五十八条 赠与人在赠与财产的权利转移之前可以撤销赠与。

经过公证的赠与合同或者依法不得撤销的具有救灾、扶贫、助残等公益、道德义务性质的赠与合同，不适用前款规定。

第六百五十九条 赠与的财产依法需要办理登记或者其他手续的，应当办理有关手续。

第六百六十条 经过公证的赠与合同或者依法不得撤销的具有救灾、扶贫、助残等公益、道德义务性质的赠与合同，赠与人不交付赠与财产的，受赠人可以请求交付。

依据前款规定应当交付的赠与财产因赠与人故意或者重大过失致使毁损、灭失的，赠与人应当承担赔偿责任。

5. 因保管不当引发的保管合同纠纷

案情经过

罗某一直在外打工，攒了不少钱，就和妻子商量着这个夏天就不出去打工了，抽时间把自己的老房子翻新一下。随后，罗某便买齐了各种建筑材料，院前院后都堆满了沙子水泥。夫妻二人也忙前忙后指挥工人，每天都忙得不可开交。罗某考虑到自己翻新屋子，一天两天弄不好，老院墙也拆了，担心自己的摩托车丢失，便和邻居魏某商量，把摩托车暂时放到魏某家中。魏某为人热情，爽快地答应了罗某的要求。罗某随后把摩托车停放到魏某家中，并提醒魏某多操点心帮自己照看着。同时为表示感谢，罗某还特意买了10斤鸡蛋送给魏某。魏某是个热心肠的人，再加上都是邻居，便拒绝了罗某送来的鸡蛋，并满口答应：车放我这你放心，一定给你保管好了。后魏某对自家门户非常谨慎，出入都随手锁门。但百密一疏，一天中午魏某到距离家门口不到100米的菜摊上买菜，几分钟的工夫，摩托车就被人偷走了。罗某很生气，要求魏某赔偿摩托车。魏某感到自己很无辜，好心替别人保管东西，到最后反而要赔辆摩托车。双方协商不成，于是找到人民调解委员会申请调解。

依法调解

受理此案后，调解员小田分别走访了罗某和魏某，了解了事情的原委。然后通知二人到调委会调解。

起初，考虑到二人是邻居，以后相处的时间还长，调解员便劝说二人相互退让一步，和平处理这件事。但是好话说了一大堆，罗某就是听不进去，还是坚持让魏某赔他一辆新车。无奈之下，田某只好搬出法律，给他们讲法律上这件事情的处理方式：“你们这个纠纷在法律上来讲属于保管不当引起的纠纷，如果这个保管是有偿的，那么保管不当造成保管物毁损、灭失的，保管人要承担责任；要是保管是无偿的，那么，在保管人没有重大过失的情况下，是不需要承担责任的。”听了调解员的分析后，罗某表示疑惑，声称自己和魏某之间的保管是有偿的，自己存放车时给魏某送了鸡蛋，是魏某自己不要的，所以魏某必须要赔自己的车。看到罗某还是疑惑，田某便反问他：“那你说说魏某为什么不收你的鸡蛋？”罗某回答：“那还不是因为乡里乡亲的，帮这点小忙怎么还好意思收人家东西。”小田对着罗某笑着说：“既然这其中的道理你都明白就好，你想想魏某并非以保管经营为生，你送给她鸡蛋，只能算作赠与，不能和存车混在一起。再说了，自从你把车子放她家后，她是时时刻刻都小心，却什么都不图你的，完全是出于好心帮你的忙。”听了田某的分析，罗某感到非常惭愧，将心比心，魏某确实是为自己帮忙，什么好处都没得到，反而让人家赔车，于情于理都说不过去，便答应和魏某和解，由自己承担损失。

调解方法

这起保管合同纠纷的成功调解是调解员运用法律威慑方法促成的。

虽然调解员耐心地给双方讲道理促进和解，可是罗某就是听不进去，坚持让魏某赔车。在这种情况下，调解员果断地改变调解策略，对罗某晓之以法、动之以情，首先让他知晓他委托魏某保管摩托车是无偿的，保管人证明自己没有重大过失的，不承担损害赔偿责任，所以他要求魏某赔偿是没有法律依据的；而后让罗某换位思考一下魏某的付出与回报，使其自己掂量如何解决问题会更加妥善。罗某经过调解员的引导，认识到魏某为了保管好自己的摩托车已经加倍谨慎了，这样敞亮帮助自己的邻居，让人家赔车，真是良心过不去，于是放弃了赔偿请求。

适用法律

《中华人民共和国民法典》

第八百八十九条 寄存人应当按照约定向保管人支付保管费。

当事人对保管费没有约定或者约定不明确，依据本法第五百一十条的规定仍不能确定的，视为无偿保管。

第八百九十七条 保管期内，因保管人保管不善造成保管物毁损、灭失的，保管人应当承担赔偿责任。但是，无偿保管人证明自己没有故意或者重大过失的，不承担赔偿责任。

第八章

物业纠纷的调解

物业纠纷又称物业管理纠纷，是指物业管理各主体之间在物业管理的民事、经济、行政活动中，因对与物业、物业管理服务或具体行政行为有关的权利和义务有相互矛盾的主张或请求，而发生的具有财产性质的争执。

随着经济的快速发展，城镇居民的生活条件和住房条件得到了很大的改善，但是住宅管理方面的法律法规仍相对滞后，居民和物业公司之间存在着大量的矛盾和纠纷，很容易影响小区的正常生活秩序。因此，加强物业纠纷的调处是人民调解工作的重要内容。

现阶段，物业管理纠纷主要具有以下特征：(1) 在属性上具有多重性；(2) 涉及的法律关系具有复杂性；(3) 在表现形式上具有多样性。

1. 因小区垃圾无人处理引发的物业管理纠纷

案情经过

红旗村位于某市的郊区，市政府为推进城镇化进程，依法对该村进行了改造。改造后的红旗村更名为红旗小区，高楼林立，绿树、草坪、广场等样样俱全。村民们过上了向往的城市生活，但却一时无法适应处处交费的管理制度。这不，近一个月来，小区居民和物业因垃圾费问题一直僵持着。由于部分居民一直拖欠物业费，因此物业公司暂停垃圾清洁，使得小区脏乱不堪，垃圾随处可见，臭味熏人，闹得人心惶惶，业主怨声载道。交了物业费的业主认为物业公司不清理垃圾违反了物业服务合同约定，侵犯了自己的合法权益，找物业公司理论，要求物业给个说法。物业公司则声称，红旗小区是回迁房，物业收费一直很低，部分业主不交物业费，使得物业公司入不敷出，根本无法拿出钱雇清洁人员清理垃圾，要怪就怪那些没交物业费的业主，除非大家都把欠交的物业费补齐，否则这垃圾没法处理。双方在多次交涉未果的情况下，找到调委会请求调解。

依法调解

调委会受理此案后，调解员小吴分别走访了物业公司和部分住户，经调查发现该小区 85% 的住户都已交清了物业管理费用，15% 左右的住户仍有拖欠。拖欠的这部分住户多是年龄较大的中老年业主，他们多习惯了以前农村的生活，对小区里这个收费、那个收费的项目多持抵触态度。

了解了情况后，小吴看到小区垃圾已经影响到居民的正常生活，决定先找物业沟通，希望物业先把垃圾处理了，但任凭小吴苦口婆心，物业态度强硬，声称不交齐物业费坚决不清理垃圾。无奈之下，调解员小吴严厉说道："告诉你们，你们这种做法已经违反了《民法典》和《物业管理条例》规定的物业公司应该履行的义务，也就是你们必须按照合同约定为业主服务，如果你们继续僵持不清理垃圾，给业主造成人身、财产损害的，依法要承担相应的法律责任。如果有业主投诉到主管部门或者起诉到法院，你们不仅要面临赔偿，而且还可能受到罚款等其他处罚。"

听了小吴的分析，物业相关人员才意识到自己行为不妥，表示愿意尽快清理垃圾，但对欠交的物业费仍耿耿于怀。看到这种情况，小吴便对他们说："部分业主欠交物业费确实不对，但当前大部分业主都已交清，如果垃圾不处理，那交了物业费的业主还会受害，对他们而言既不公平，也会影响到下次缴费的积极性。欠交费用的业主我负责去说服，一定尽快让他们补齐。"听完调解员的这番话，物业吃了定心丸，便着手清理垃圾。

随后，小吴经过调查，在没有缴纳费用的家庭中，住在五号楼的李阿姨年龄虽大但性格外向很会与老年人沟通，大家都熟悉她。于是小吴决定先做好李阿姨的思想工作，其他各户便容易解决了。小吴一进门便高兴地对李阿姨说："物业已经把您家窗户旁边的垃圾清理了，您看看清理得是否满意?"李阿姨连连点头。接着小吴言归正传，表明了来意："我知道咱老一辈人都习惯了以前农村各管各家的生活，但咱这小区不比农村独门独院，除了自己打扫自己屋子外，楼道、电梯、小区道路、垃圾桶、绿化带等这些公共区域也需要有人清理，哪一项不达标都会直接影响到居民的正常生活。而这些公共卫生不可能让咱住户轮流去做吧，这就需要用大伙缴纳的物业费去聘用专门的清洁人员去做。所以咱这物业费是给物业代替咱住户去雇用清洁、维修等人员来为居民服务的。”听了调解员的分析后，李阿姨才恍然大悟，明白了物业费的真正用途，遂表示会补齐所欠费用。同时，在李阿姨的宣传与鼓励下，其他欠缴费用的住户也都相继补交了费用。这起纠纷就这样和平地解决了。

调解方法

对于这起因小区垃圾无人处理而产生的物业纠纷，调解员小吴主要运用了法治与德治相结合和模糊处理的方法进行了调解。本案中部分住户习惯了以前农村的生活，住进小区后一时难以适应缴纳物业费的管理模式，并对物业费的用途产生误会，因此拒绝缴纳物业费。而物业公司在一小部分住户没有缴纳物业费的情况下，采取了极端的处理方式，没有意识到自己工作的目的就是为住户服务，自己不履行义务不仅违反了物业服务合同约定，而且对已缴清物业费用的住户也是不公平的。因此调解员在给双方调解时，分别采用了讲道理和讲法律的方法，让双方当事人都认识到自己行为的不足。此外，调解员还运用了模糊处理法进行调解，对没有缴纳物业费用的住户，没有上门就指责他们，更没有以法律震慑、指出他们不缴纳物业费违反合同约定及需要承担法律责任，而是采用了先帮他们解决实际问题，把垃圾清理干净，而后再帮他们解决思想中的疑虑，明白物业费的真实用途是取之于民，用之于民，使他们自觉意识到缴费的必要性，矛盾迎刃而解。

适用法律

《中华人民共和国民法典》

第二百七十三条第一款 业主对建筑物专有部分以外的共有部分，享有权利，承担义务；不得以放弃权利为由不履行义务。

第九百四十二条 物业服务人应当按照约定和物业的使用性

质，妥善维修、养护、清洁、绿化和经营管理物业服务区域内的业主共有部分，维护物业服务区域内的基本秩序，采取合理措施保护业主的人身、财产安全。

对物业服务区域内违反有关治安、环保、消防等法律法规的行为，物业服务人应当及时采取合理措施制止、向有关行政主管部门报告并协助处理。

第九百四十四条 业主应当按照约定向物业服务人支付物业费。物业服务人已经按照约定和有关规定提供服务的，业主不得以未接受或者无需接受相关物业服务为由拒绝支付物业费。

业主违反约定逾期不支付物业费的，物业服务人可以催告其在合理期限内支付；合理期限届满仍不支付的，物业服务人可以提起诉讼或者申请仲裁。

物业服务人不得采取停止供电、供水、供热、供燃气等方式催交物业费。

《物业管理条例》

第三十五条 物业服务企业应当按照物业服务合同的约定，提供相应的服务。

物业服务企业未能履行物业服务合同的约定，导致业主人身、财产安全受到损害的，应当依法承担相应的法律责任。

第四十一条 业主应当根据物业服务合同的约定交纳物业服务费用。业主与物业使用人约定由物业使用人交纳物业服务费用的，从其约定，业主负连带交纳责任。

已竣工但尚未出售或者尚未交给物业买受人的物业，物业服务费用由建设单位交纳。

2. 因物业迟迟不维修电梯引发的物业管理纠纷

案情经过

李先生和妻子都是下岗职工，为了孩子上学便利，两人商量在学校附近购买一套二手房。在中介的推荐下，李先生夫妇看中了一个物业收费比较规范且费用很低的老小区。入住后，李先生全家人都对这个小区很满意。但就在上周，物业突然贴出通知，要求每户缴纳300元钱，说是电梯维修费。住在12层的李先生起初不以为然，想着自己年轻，爬楼梯就当是锻炼，总会有人出头解决问题的。可是转眼半个月过去了，大家议论纷纷，但电梯一直处于停运状态。况且爬楼梯得花费不少时间，下班后回家还好，不着急，可是早上上班时风风火火的，真是不便。无奈之下，李先生去物业问情况，物业告诉李先生，说是电梯在例行检查时发现电机有严重故障，存在重大安全隐患，现已停运等待维修，但专业维修费用报价12万元，因此按照入住用户数计算，每户需要付300元维修费。对于物业的回答，李先生很是气愤，一方面抱怨电梯停运给生活带来了诸多不便，另一方面又抱怨物业只知道收费，而不注重服务，小区路灯坏了没人修、草坪干死无人浇、财物失窃没人管，这次电梯坏了还得业主另外交费修。小区里有很多和李先生一样对物业不满的业主，于是大家就集中起来一起去找物业理论，但物业坚称此次维修电梯另行收费是合理的。双方僵持不下，还差点起冲突，最后物业打电话到调委会，请求调委会进行处理。

依法调解

调委会小孙接到物业的电话后，立即赶赴现场，先稳住了双方的情绪，避免发生大规模冲突。然后考虑到现场聚集人员太多，不利于处理问题，小孙便告诉双方，调委会会调查处理好这件事，并好言相劝让大家都先回去。

疏散了人群后，小孙先是调查走访了电梯维修人员，了解了电梯存在的故障及维修费用，而后又走访了部分住户，了解到不少业主对物业服务确实不满，尤其是对此次收费维修电梯十分抵触。同时小孙又查看了业主与物业签订的物业服务合同，发现合同没有就电梯维修事项的费用进行约定。弄清了事情的原委后，小孙通知业主代表和物业人员到调委会进行调解。

人都到齐后，小孙就电梯维修费该由谁出的问题征求了双方的意见，业主方面认为电梯维修费应该包括在物业费内，应从物业费用中支出；物业方面认为电梯维修费用很大，物业费不足以支付这么多开支，要求业主另行交费。听完双方的意见后，小孙拿出业主与物业签订的服务合同，指着上面关于电梯维修资金的条款说："你们看看，合同上约定的是电梯大修费用由业主与物业协商处理，具体该怎么分担没有说。"紧接着，小孙又搬出了相关法律规定，告诉双方，物业服务合同是业主与物业公司双方权利义务的重要依据，合同中应当就专项维修资金的管理与使用等内容进行明确约定。看到这个服务合同后，业主和物业都大吃一惊，原来业主们只顾着和物业争执，忽视了还有合同作为依据，可惜合同关于此项约定不明。此时，小孙又说："虽然合同约定不明，但这个问题我们还得解决。电梯维修费用确实比较大，但一直不修也影响业主的正常生活，为了公平起见，由双方分摊。"最后在小孙的协调下，双方达成协议，由物业从大修基金中拿出 5 万元，业主分摊 7 万元，共同维修电梯。同时，物业要对小区的服务提高质量，把路灯、草坪、垃圾等问题解决好。

调解方法

事物的演变，总有一个从萌芽、发展到扩大的过程，矛盾纠纷也是如此。本案中小区的业主们对物业平时的服务本就不满，正好又赶上电梯维修要分摊费用，更让业主愤怒；而物业公司坚持要业主承担电梯维修费用，双方矛盾由此骤然升级，面对一触即发的局势，调解员小孙运用苗头预测的方法成功地解决了这起即将激化的纠纷。面对火爆的双方对峙场景，调解员首先分散了人群，紧接着的调查取证工作又使得接下来对双方的调解一语破的，即拿出业主与物业签订的服务合同，终止了双方相互扯皮的局面，大胆做主提出双方平摊费用，再巧妙地依据物业服务合同及相关法律规定，不仅化解了维修电梯的纠纷，而且还把长久以来积压的改善物业服务质量问题也提上了物业管理的日程。

适用法律

《中华人民共和国民法典》

第九百三十八条 物业服务合同的内容一般包括服务事项、服务质量、服务费用的标准和收取办法、维修资金的使用、服务用房的管理和使用、服务期限、服务交接等条款。

物业服务人公开作出的有利于业主的服务承诺，为物业服务合同的组成部分。

物业服务合同应当采用书面形式。

3. 因绿地改建收费停车场引发的物业纠纷

案情经过

张良和李玲在大学期间就是恋人，毕业后打算结婚。结婚前双方看中了某小区的一套房子，该房子窗前是一大片草坪，每天醒来站在窗户边就可以瞭望到绿油油的草海，那是李玲一直梦想的生活，于是二人便决定以此作为婚房。结婚后，两人工作努力，手中有了些积蓄，想到小区停车位对业主都是免费的，小两口又买了一辆轿车，日子过得红红火火的。但是最近，张良时常为停车犯难，有时下班晚了回来车都要停路边，根本找不到车位了。原来随着小区入住率的提高，住户越来越多，汽车的数量也急剧增加，原来规划的停车位远远赶不上停车需求。有些业主就抱怨小区的停车环境。后物业了解到该问题后，决定借此机会扩建一些车位，同时也能增加一些收入，便发出通知，说是为了方便业主停车，要把张良房前的那片草坪改建成停车场，改建后车位可以私人购买，5 万元/个，或者按月租，300 元/月，让有需要的业主提前登记预定。看完通知后，业主们很是不满，部分业主认为物业无权把草坪改建成停车场，这破坏了小区环境，有些业主虽然乐意改建，但坚决反对车位收费。为此，不少业主还拒缴物业费以示抗议，业主和物业之间的纠纷再度升级，对此双方互不退让。最终来到调委会要求进行调解。

依法调解

调委会的石主任受理此案后，向业主们进行了调查，发现有

50%的业主都不同意破坏草坪，另外有30%的业主同意改建但不同意收费。了解了业主们的想法后，石主任又走访了物业相关人员，发现物业改建的目的一方面是缓解小区停车难的问题，另一方面是希望通过收费停车取得一些收入。弄清双方的想法后，石主任通知业主和物业人员到调委会进行调解。

人员到齐后，石主任对物业相关人员说："停车难是小区面临的实际问题，绿化的保护是环境问题，说到底都是民生问题。但从法律的层面来说，根据我国《民法典》和《物业管理条例》的相关规定，小区的绿地属全体业主共有财产，任何人不得占用。再加上小区内的公共设施都是按照规划建设的，需要改变用途应该经过审批，因此物业无权私自决定将草坪改建成停车场。"听完石主任的话，物业表示不服，说停车难是业主反映的问题，改建停车场符合业主的意思。石主任接过话问："那有多少业主同意把绿地改建为停车场？又有多少业主同意把绿地改建为'收费'的停车场？我已经调查过了，过半数业主都要求保护草坪，另外有30%的业主不同意停车场收费。"看到石主任对此事调查得如此清楚，物业认识到石主任是有备而来的，又拿出必须解决业主停车难的问题做理由。考虑到确实需要为业主解决实际问题，在征求了业主的意见后，石主任主持双方达成和解，由物业把草坪改建为镂空停车场，即用砖对草坪进行分块围挡，车可以停在砖上，草可以在空隙里生长，这样既不完全破坏草坪，又可以停车，改建的费用从停车费中扣除，但收取的费用只能是成本价，按2元/天计算，双方均很满意。这起纠纷的和解真是一举两得，既为小区业主解决了实际问题，又没有破坏环境。

调解方法

思想问题的解决需要实际问题的解决来加强，只有切实解决当事人的实际问题，才能最终彻底地解决矛盾纠纷。本案中调解员石主任就是运用解决思想问题与解决实际问题相结合的方法成功地调解了该起纠纷。由于入住率提高，小区居住人数增加，停车位紧张，业主们想让物业解决这一难题，但又不愿破坏环境，更不愿支付高额的停车费用。石主任在了解业主的实际问题与想法后，把讲道理与讲法律结合起来对物业公司进行说服，最终使双方达成了和解，不仅解决了业主停车难的问题，还兼顾了环境与物业的利益，在各方利益之间找到了平衡点，使各方对处理结果都欣然接受，为今后物业与业主和平相处打好了基础。

适用法律

《物业管理条例》

第四十九条 物业管理区域内按照规划建设的公共建筑和共用设施，不得改变用途。

业主依法确需改变公共建筑和共用设施用途的，应当在依法办理有关手续后告知物业服务企业；物业服务企业确需改变公共建筑和共用设施用途的，应当提请业主大会讨论决定同意后，由业主依法办理有关手续。

《中华人民共和国民法典》

第二百七十四条 建筑区划内的道路，属于业主共有，但是属于城镇公共道路的除外。建筑区划内的绿地，属于业主共有，但是属于城镇公共绿地或者明示属于个人的除外。建筑区划内的其他公共场所、公用设施和物业服务用房，属于业主共有。

4. 因拖欠物业费引发的物业管理纠纷

案情经过

长城小区的业主与开发商因规划变更、房屋质量、房屋面积缩水等问题一直纠纷不断，之前就经过多次调解，虽然总体上业主与开发商矛盾逐渐平息了，但仍然存在一些遗留问题。某天一大早，调解员小武刚到方圆街道调委会就听见电话响个不停，他接起电话一听，原来是他们辖区内长城小区的业主打过来的，该业主说："物业公司给我们停水，已经三天了，现在我们忍无可忍了，如果你们不管，我们业主就集体去政府游行！"

接到电话后，小武心情十分焦急，立刻把情况汇报给了范主任，范主任立即派人分别找到小区物业公司和被停水的业主们，了解了事情的起因和情况。原来，小区物业管理公司是开发商聘用的，在人事、资金等方面与开发商存在很多联系。业主们对开发商很有意见，由于物业公司与开发商的关系，业主们便把对开发商的不满都怪罪到物业公司身上。有的业主为了报复开发商，一直拖欠物业管理费、水费、电费。物业公司一直为业主垫付水费、电费，他们多次催促业主交纳拖欠的费用，但是拖欠的业主找出各种理由继续拖延。物业公司为了让长期拖欠的 8 户业主尽快交齐各项费用，就对这 8 户业主实施停水的办法。物业公司认为他们只是为了保护自己的权益，并无什么不妥；而业主则认为，物业公司提供的管理服务很不到位，物业服务价格也很不合理，经常抗议没有结果，所以才拖欠物业费。物业公司给业主停水后，几名业主准备交纳拖欠的水费，但物业公司要求业主必须连同物业管理费一齐交纳，否则继续停水。

依法调解

了解了情况后，范主任和小武首先找到物业公司经理，给他讲解了相关法律规定。物业公司与业主之间签订的是物业服务合同，业主与自来水公司之间签订的是供水合同，这是两个相互独立的合同。根据我国《民法典》的规定，经催告用水人在合理期限内仍不交付水费和违约金的，自来水公司可以按照国家规定的程序中止供水。但是，应当事先通知用水人。此外，《民法典》中还规定，物业服务人不得采取停止供电、供水、供热、供燃气等方式催交物业费。因此，物业公司是无权停止供水的，它只是对供水设备进行维修和保养，并不是水的供应方。如果物业公司继续停水，它则要承担因此给业主造成的损失。如果业主无故拖欠物业管理费，物业公司尚可依据双方签订的物业管理合同通过诉讼或仲裁解决纠纷。物业公司经理听后，认识到物业公司的行为不当，同意收取业主所交纳的水费后立即恢复供水。

随后，范主任和小武又与 8 户被停水业主见面，告诉他们经过调解，物业公司已经同意立即恢复供水。同时，范主任还给他们宣讲了《民法典》第 944 条第 1 款和《物业管理条例》第 41 条第 1 款的规定，告诉他们，业主长期拖欠水费、物业费的行为是违法的，如果业主对物业公司提供的管理服务不满意，可以依据双方签订的物业管理协议与物业公司协商或通过诉讼等合法途径解决，长期拖欠物业管理费对小区管理不利，也将最终影响小区业主的正常生活。他还从道德方面对其进行教育，劝导业主们要发扬中华民族的善良风俗。业主们听了范主任的话，也认识到自己的错误，表示会主动补齐所欠费用。就这样，一触即发的矛盾纠纷在范主任的调解下得到解决，小区又恢复了往日的平静。

调解方法

本起纠纷的成功调解，人民调解员首先抓住了主要矛盾，范主任和小武对该起物业纠纷进行了调查，了解了事情的起因和详细情况，通过分析，查明了纠纷的原因，找出了该起纠纷的重点，即先解决业主们的用水问题，这就解决了主要矛盾，纠纷中所有棘手的问题都会由难变易。调解员还运用了讲解法律规定与公民道德相结合的方法，在本纠纷中，业主和物业公司对纠纷所适用的法律并不了解，甚至可能对法律存在着错误的认识和理解，因此，调解员在调解过程中要正确地引用和讲解法律，物业公司和业主双方才能正确地认识到自己在纠纷中的行为的性质以及可能面对的法律后果，从而心悦诚服地接受调解。在使双方了解法律的同时，范主任还对双方进行了道德教育，使业主和物业管理公司都明白，自己的权利应该在法律与道德规范之内行使。通过范主任入情入理、道德与法律相结合的调解，纠纷双方终于认识到了自己的错误，一起因拖欠物业费而引起的物业纠纷就成功地被化解了。

适用法律

《中华人民共和国民法典》

第六百四十八条 供用电合同是供电人向用电人供电，用电人支付电费的合同。

向社会公众供电的供电人，不得拒绝用电人合理的订立合同要求。

第六百五十四条 用电人应当按照国家有关规定和当事人的约定及时支付电费。用电人逾期不支付电费的，应当按照约定支付违约金。经催告用电人在合理期限内仍不支付电费和违约金的，供电人可以按照国家规定的程序中止供电。

供电人依据前款规定中止供电的，应当事先通知用电人。

第六百五十六条 供用水、供用气、供用热力合同，参照适用供用电合同的有关规定。

第九百四十四条 业主应当按照约定向物业服务人支付物业费。物业服务人已经按照约定和有关规定提供服务的，业主不得以未接受或者无需接受相关物业服务为由拒绝支付物业费。

业主违反约定逾期不支付物业费的，物业服务人可以催告其在合理期限内支付；合理期限届满仍不支付的，物业服务人可以提起诉讼或者申请仲裁。

物业服务人不得采取停止供电、供水、供热、供燃气等方式催交物业费。

《物业管理条例》

第四十一条第一款 业主应当根据物业服务合同的约定交纳物业服务费用。业主与物业使用人约定由物业使用人交纳物业服务费用的，从其约定，业主负连带交纳责任。

5. 因小区安保工作不足引发的物业纠纷

案情经过

翠园小区6号楼一单元502室的住户曲先生因工作的原因准备搬家。在他搬家时遭遇了该小区宏利物业管理公司工作人员及保安的阻拦，双方发生了激烈的争吵，并在小区大门口对峙了起来，小区及附近路过的居民都跑来围观，因人太多而把小区附近的道路堵塞了。这可把该小区的上班族们急坏了，路被人群给堵死了，车根本开不出去，照这样堵下去，上班非得迟到了不可。于是就有人打电话给社区调委会，要求调解员出面协调。

依法调解

在接到电话后，崔主任立即带领两名调解员赶到现场疏导交通，控制住了混乱的局面。在事态得到短暂控制后，崔主任将双方当事人请进了调解办公室，详细询问了事情发生的原因。原来，曲先生在翠园小区居住期间，因放在门口的物品多次被盗，对小区的管理非常不满，因此这一年多来从未交过物业管理费。这次搬家，对小区安全保卫工作不满也是其中的一个原因。而物业公司工作人员则对曲先生说，小区保安负责的是整个小区内的安保工作，对于业主放在门外的物品，并不负责，物业人员还说，如果曲先生对小区安保工作不满，可以向有关部门进行投诉，但是不能不交物业管理费，谈话气氛一度再次陷入僵局。

崔主任在认真听取了双方的陈述后，首先给曲先生讲解了相关法律法规，根据《民法典》和《物业管理条例》的规定，业主有缴纳物业费的义务，虽然物业公司的安保工作存在许多不足，但是作为小区的业主，在小区居住，就必须缴纳物业费，否则，物业公司将难以维持日常费用及相关开支，小区管理工作可能会出现更多的不足，因此，曲先生不交物业费就搬走，是不合法也不合情理的。曲先生听崔主任这么说，没再说什么。崔主任又跟物业公司的经理商议，由于曲先生居住在翠园小区期间，确实有物品遗失的事情，不管曲先生的物品是不是在室内，物业保安都负有不可推卸的责任。我国《物业管理条例》第 35 条规定，物业服务企业应当按照物业服务合同的约定，提供相应的服务。物业服务企业未能履行物业服务合同的约定，导致业主人身、财产安全受到损害的，应当依法承担相应的法律责任。同时，我国《民法典》第 942 条也明确规定物业服务人应依法履行义务。因此，宏利物业管理公司应该考虑适当减免曲先生的物业费以抵销其承担的损害赔偿责任。然后，崔主任还就小区内安保措施的具体实施和曲先生提出的小区绿化环境不佳等问题向物业公司作了质询，经过一上午的调解，在崔主任及其他调解人员的努力下，双方最终达成了调解协议，曲先生应向物业公司缴纳拖欠的一年零三个月的物业管理费，而物业公司由于安保工作存在不足，免去曲先生三个月的物业管理费。

调解方法

业主接受物业公司的服务就应该缴纳物业费，这不仅是道德诚信的要求也是法律的规定，尽管宏利物业管理公司在物业管理中存在着许多问题，但是作为业主的曲先生不能以此为由拒交物业费并一走了之。崔主任给曲先生讲解了《民法典》和《物业管理条例》的相关规定，使他认识到自己行为的性质所需负担的法律义务，从道德方面自我检讨。法律的震慑作用也使物业公司做了自我检讨，听从崔主任的建议减免曲先生部分物业费。这就是运用法律与道德相结合方法取得的结果。

对于本案的调解，维护公平、主持正义的调解方法也功不可没。维护公平、主持正义的调解方法是指人民调解员在进行调解工作时，要以事实为根据，以法律为准绳，平等对待双方当事人，反对偏私，反对特权。在具体纠纷解决中，还要充分考虑当事人的实际能力，在过错的基础上，参照实际履行能力的大小来分配义务，化解纠纷。崔主任在这起纠纷的调解中，以事实为根据，以法律为准绳，公平、公正地对双方当事人在这起纠纷中的过错进行了指责批评，并且提出了解决纠纷的意见。他首先指出曲先生拒缴物业费的行为是不对的，这样做不利于物业管理公司的服务工作；又指出物业公司应对业主曲先生在小区内物品屡次丢失的损失承担安保责任，最终双方达成了调解协议。

适用法律

《中华人民共和国民法典》

第九百四十二条 物业服务人应当按照约定和物业的使用性质，妥善维修、养护、清洁、绿化和经营管理物业服务区域内的业主共有部分，维护物业服务区域内的基本秩序，采取合理措施保护业主的人身、财产安全。

对物业服务区域内违反有关治安、环保、消防等法律法规的行为，物业服务人应当及时采取合理措施制止、向有关行政主管部门报告并协助处理。

第九百四十四条 业主应当按照约定向物业服务人支付物业费。物业服务人已经按照约定和有关规定提供服务的，业主不得以未接受或者无需接受相关物业服务为由拒绝支付物业费。

业主违反约定逾期不支付物业费的，物业服务人可以催告其在合理期限内支付；合理期限届满仍不支付的，物业服务人可以提起诉讼或者申请仲裁。

物业服务人不得采取停止供电、供水、供热、供燃气等方式催交物业费。

《物业管理条例》

第七条 业主在物业管理活动中，履行下列义务：

……

（五）按时交纳物业服务费用；

……

第三十五条 物业服务企业应当按照物业服务合同的约定，提供相应的服务。

物业服务企业未能履行物业服务合同的约定，导致业主人身、财产安全受到损害的，应当依法承担相应的法律责任。

第四十一条第一款 业主应当根据物业服务合同的约定交纳物

业服务费用。业主与物业使用人约定由物业使用人交纳物业服务费用的，从其约定，业主负连带交纳责任。

6. 因小区道路失修导致行人摔伤引发的纠纷

案情经过

陶某居住的小区某天下水道出现故障，物业公司请来的修理人员为修理下水道在路面上挖开了大约3米长的坑。解决完故障后，修理人员只随意地将地面填了填就走了。正巧，傍晚陶某骑电动车回家，路过这一段路，因路面有凸起的石头，导致躲闪不及连人带车摔倒了。陶某被电动车压在下面，感觉到胸部疼痛，想要报警，结果发现手机被摔坏了，只好请求路人帮忙拨打了报警电话，派出所民警接警后勘查了现场。看到陶某的情况便让陶某的家人将其送去医院。随后，民警到小区物业查看了监控，确认陶某摔倒是因路面上的石头所致。

陶某经过医院检查，诊断为两根肋骨骨折，听从医生的建议在医院住院治疗了一个月。出院后，陶某找到物业，要求物业对自己的损失承担赔偿责任。物业公司认为是陶某自己不小心摔倒，不同意赔付，陶某多次提出赔偿要求都被物业拒绝，于是来到调解委员会寻求调解。

依法调解

调委会接到调解申请后，派经验丰富的调解员王某负责本案的调解工作。调解员首先找到陶某询问她的诉求。陶某向调解员解释到，自己因被路面石头绊倒而受伤，物业是存在过错的，她在医院治疗产生了医疗费、营养费、误工费、交通费等费用，且因摔倒，手机、电动车都损坏了，物业公司也应赔偿。因此，陶某要求物业公司支付各项赔偿共计 35000 元。

在了解了陶某的诉求后，调解员来到了小区物业办公室。调解员首先向物业经理指出，在本次事故中，物业公司存在过错。通过监控显示，小区物业没有及时维修路面，也没有在涉事地点放置警示标志，调解员说，《物业管理条例》第 35 条规定：“物业服务企业应当按照物业服务合同的约定，提供相应的服务。物业服务企业未能履行物业服务合同的约定，导致业主人身、财产安全受到损害的，应当依法承担相应的法律责任。”依据条文规定可知，小区物业应该对遭受人身财产损失的陶某承担赔偿责任。

小区物业面对监控事实和法律规定，对调解员的说法无力反驳，表示同意赔偿，但赔偿数额过高，希望调解员能够说服陶某拿出正规医院出具的发票，并且降低赔偿数额。至于陶某手机的损坏属于间接损失，小区物业不应赔偿。在小区物业同意赔偿后，调解员及时回复了陶某。

回到调委会后，调解员组织召开了调解方案会，为本次调解制定调解方案。两天后，调解员将双方召集到调委会，在告知了调解相关的权利与义务后，双方表示接受。调解会开始后，陶某将案件经过和诉求重新陈述了一遍，然后将赔偿明细列出一张明细单随同相关票据，一起交给调解委员会和小区物业，同意将赔偿数额降低为 28000 元，不再要求小区物业赔偿电动车修复的费用和手机的损失。但小区物业依然觉得赔偿数额过高。见状，调解员便将物业经理请到了另一间调解室，对物业经理说，如果不同意调解的赔偿数额，陶某会以最初的赔偿数额起诉到法院，获得胜诉的概率很大，到时候他们会承担比调解数额更高的赔偿，希望物业经理能够慎重考虑。物业经理听后，表示要向公司领导请示。此时调解员又劝解陶某，说如果小区物业对赔偿数额不认可，那陶某只能走诉讼程序，耗时又费力，不如适当降低数额，顺利拿到赔偿款后了结此事。

最终，在调解员的努力下，小区物业同意赔偿陶某 25000 元，陶某表示接受。

调解方法

这起纠纷案件事实比较简单，争议的焦点在于双方对赔偿数额的认定上。陶某作为遭受损失的一方，希望能多拿到些赔偿款，而小区物业则主张少赔或者不赔。调解员的调解经验非常丰富，能够准确把握双方的想法，运用抓住主要矛盾进行调解的方法，寻找调解的突破口。当然，一个调解员即使在调解前准备工作做得再充分，调解时情况也可能发生变化。本案当双方在调委会接受调解时，物业表露出反悔意向，调解员则果断根据事情的发展变化重新确定了调解方案，既向物业经理说明了陶某起诉的想法与物业败诉的可能性，又劝解陶某诉讼耗时又费力，不如适当降低数额……调解员因为及时转变策略，又重新把握了调解方向。所以，处于纠纷中的当事人在解决问题的过程中，难免会因诉求达不到理想状态而变得急躁，这就要求调解员要有较强的应变能力和说服力。而本案调解员具有丰富经验，准确把握各方当事人的诉求，针对双方的态度变化，及时提出合理化的调解方案背对背进行调解，在法律规定讲解和赔偿数额谈判上都把握得十分得当。

适用法律

《物业管理条例》

第三十五条 物业服务企业应当按照物业服务合同的约定，提供相应的服务。

物业服务企业未能履行物业服务合同的约定，导致业主人身、财产安全受到损害的，应当依法承担相应的法律责任。

第九章

村务管理纠纷的调解

村务管理纠纷，是指因村务管理如耕地管理、户口管理等原因引发的纠纷。村务管理纠纷的特点为：（1）纠纷种类具有多样性；（2）矛盾纠纷主体具有群体性；（3）矛盾纠纷调处具有复杂性。

1. 因不合理村规引发的村务管理纠纷

案情经过

某村民小组在村委会的主持下制定了村规民约，其中有一条规定："牛、马、猪、羊等牲畜到庄稼地里吃青苗、破坏庄稼，对饲养的主人罚款 100 元；并且，被发现的牲畜打死不用赔偿。"

碰巧，某日洪某家的一头母猪从猪圈里逃出，跑到田地里吃青苗，本村护青员孙某看见后，在驱赶不成的情况下将母猪打死。洪某听说自己家的猪是被护青员打死的，就找到村委会要求赔偿。村主任王某对他说："孙某打死你的猪是执行公务，不应该赔偿。并且，他这样做完全符合村规的约定。”洪某对村主任说：“我的猪破坏别人的青苗，那我会赔钱，为什么一定要打死它呢！这母猪还怀着崽了！不管怎么说，你们都得赔偿！”双方不欢而散。此后，洪某又屡次去村委会吵闹，村主任便向镇调解委员会申请了调解。

依法调解

镇调解委员会在接到王某的电话后，立即派调解员前去调解。调解员在了解情况后，得知纠纷产生的根本原因是村规的规定。根据我国《村民委员会组织法》第 27 条第 2 款的规定，村民自治章程、村规民约以及村民会议或者村民代表会议的决定不得与宪法、法律、法规和国家的政策相抵触，不得有侵犯村民的人身权利、民主权利和合法财产权利的内容。我国《宪法》第 13 条第 1 款规定，公民的合法的私有财产不受侵犯。该村的村规中关于可以打死破坏青苗的牲畜的条款是与法律的内容相违背的，是对公民合法权利的侵犯。因为破坏青苗完全不必要去杀害牲畜，这也是违背法律公平原则的。所以村民委员会应对洪某的损失承担主要赔偿责任。

村主任王某听了调解员的讲解才认识到他们制定的村规违背了法律，表示将开会修改村规。调解员又从情理角度请王某站在洪某的角度上想一想：“自己辛苦养大的猪，眼看就要产崽了，居然这时候被打死了，能不心疼吗！”听到调解员的这些话，王某感同身受，主动向洪某道歉。后来，双方签订了调解协议：村民委员会一次性赔偿洪某人民币 1760 元（包括猪肉和猪崽的价格）；洪某以后管好自家其他的牲畜和家禽，防止给他人造成损害。

调解方法

在这起村务管理纠纷中，调解员综合运用了法治宣传教育和换位思考的方法。调解员先是指出了村委会制定的村规民约与现行法律存在相违背的情况，村民自治章程、村规民约以及村民会议或者村民代表会议的决定不得有侵犯村民的人身权利、民主权利和合法财产权利的内容。通过法治宣传，村主任王某认识到他们制定的村规违背了法律，表示事后将开会修改村规。调解员又让村主任站在洪某的立场上考虑辛苦饲养的猪被打死带来的损失，这种换位思考的方法，可以为当事人营造相互融通的心理氛围，促使村主任诚心主动向洪某道歉。可见，在人民调解工作过程中，调解员要引导当事人从对方的角度看问题，给当事人描述对方的处境，讲述当事人不了解的对方的苦衷，通过“如果你是对方，会怎么办”的假设问题引导当事人思考对方的感受。

适用法律

《中华人民共和国村民委员会组织法》

第二十七条第二款 村民自治章程、村规民约以及村民会议或者村民代表会议的决定不得与宪法、法律、法规和国家的政策相抵触，不得有侵犯村民的人身权利、民主权利和合法财产权利的内容。

《中华人民共和国宪法》

第十三条第一款 公民的合法的私有财产不受侵犯。

2. 因村民不配合整治村容环境引发的村务管理纠纷

案情经过

陈汉天是大柳树村的村主任，为响应乡政府“建设新农村，展现新农貌”的号召，他积极带领村民落实美化环境，修整村貌的工作。其中，一项比较棘手的工作就是要求各家各户把柴草堆放在自己家的院内，不得堆放在院墙外的街道旁。由于农户将柴草堆放在院墙外已经是多年的惯例，因此，对于这样的要求有不少人拒不执行。村民董天顺，无论怎样做工作就是坚决不干。于是，村主任陈汉天带领村会计李小宝，强行把董天顺家的柴草搬进了院内。董天顺不服，与两人争吵起来，甚至，董天顺还与李小宝动起手来。乡调解委员会得知此纠纷后，主动进行了调解。

依法调解

在对此案的调解过程中，调解员在尊重法律的基础上对三方当事人进行了耐心讲解：当前，我国正处在全面建设小康社会、加快推进社会主义现代化的新的发展阶段，农村改革、发展和稳定的任务十分繁重。村务管理工作作为村干部在村内的日常工作，操作的时候一定要注重民心所向，不能只重形式、要结果，而不把村民的心理情况考虑进去。陈汉天作为村主任，在处理村内环境清理工作时，应该充分考虑村民的心情，友好互谅地与村民进行协商，了解村民的困难，帮助村民及时解决困难，而不能一味地强行解决问题。村民董天顺，在执行村内任务时，也应当积极配合，其怠于执行任务，怠于配合村内工作的行为也是不可取的。况且，《中共中央、国务院关于推进社会主义新农村建设的若干意见》中特别强调“加强村庄规划和人居环境治理”，对于村内的环境规划，村民积极响应和配合也是顺应我国政策的表现。此外，会计李小宝作为村委会班子成员，也应该和和气气地帮助领导搞好村内的工作，而不应该与董天顺动手。

最后，三方达成调解协议：陈汉天、李小宝就强行将董天顺家的柴草搬进其院内的行为向董天顺道歉；董天顺表示自己愿就怠于执行村内工作要求事项做出口头检讨。董天顺与李小宝就动手打架事件相互道歉，握手言和。后经人民调解委员会回访得知，调解协议履行良好。

调解方法

对于该起村务管理纠纷，调解员主要运用了法治与德治相结合的调解方法。调解员在肯定农村工作重要性的基础上，强调了村务管理工作的注意事项，要重民主、得民心，而不能一味地追求结果，并就村主任和会计的行为做出了指正。

在调解工作中，调解员应注重疏导当事人的消极思想，在解决实际问题的同时要教育当事人认识自己的思想错误。对村民董天顺，调解员运用了我国的相关政策法规规定，从法治的高度上讲明村容村貌的整洁是政策法规内容所要求的，作为村民应当对村里的清洁工作予以配合，解决他的思想问题，这是人民调解的预防功能的体现，也是预防矛盾发生的重要要求。

适用法律

《中共中央、国务院关于推进社会主义新农村建设的若干意见》

(17) 加强村庄规划和人居环境治理。随着生活水平提高和全面建设小康社会的推进，农民迫切要求改善农村生活环境和村容村貌。……引导和帮助农民切实解决住宅与畜禽圈舍混杂问题，搞好农村污水、垃圾治理，改善农村环境卫生。……

第十章

山林土地纠纷的调解

山林土地纠纷，是指因山林、土地等的承包、经营、利用等场景下发生权利冲突所产生的纠纷。山林土地纠纷的特点为：(1) 矛盾纠纷具有季节性；(2) 矛盾纠纷具有涉法性；(3) 矛盾纠纷具有对抗性。

1. 因改迁坟地不慎占用他人承包地引发的土地纠纷

案情经过

姚家寨村是乡蔬菜保护地重点开发单位。今年春季，因建蔬菜大棚的需要，这个村的姚姓家族准备将对建棚有影响的祖坟迁走。为此，姚家看好同村林家承包的一块山地。经与林家协商同意后，姚家便做了迁坟的准备。迁坟当中，由于姚家的疏忽大意，在迁坟前没有要求林家到现场实地指点具体位置，姚家误把祖坟修建在了与林家相邻的陈家承包地里。第二天，陈家发现自己的承包地里突然出现一座坟墓，一股无名火立时蹿上心头。经打听得知是姚家新迁的祖坟，就找到姚家理论。姚家得知来意后，知道自家有错，连连道歉、好话说了一大堆，并愿以自家地段的二倍来赔偿，可陈家就是不答应。不仅如此，当天下午，陈家还把姚家新砌的祖坟刨开。姚家得知此事后，怒不可遏，认为陈家掘开祖坟，不仅走了风水，还让他们失了面子，怒火难压。姚家一气之下，便召集家族众人，手持家伙要与陈家人拼命，以解掘坟之恨。眼看一场流血事件不可避免，这时，姚家的一位长辈害怕闹出人命，在稳定了众人情绪后，便向调解员老王求助。

依法调解

调解员老王一听事态严重，马上与公安干警联系后赶到现场。他劝阻姚家人不可乱来，厉声告诉姚家众人，根据《土地管理法》第 37 条第 2 款的规定以及《治安管理处罚法》第 9 条的规定，未经许可批准，在他人所承包的耕地修建坟墓，是违法和违规的。如再与对方发生械斗，将构成更严重的违法行为，造成人身伤害的话还会罪上加罪。随后，老王耐心地讲解了具体的法律知识。

听完王调解员讲解后，姚家本来想跟陈家人拼命的人立刻清醒了许多，在法律和理智面前，放弃了与陈家“火拼”的念头。但姚家有人说：“你说得很有道理，可我们家的祖坟也不能随便被刨了啊！”听后，老王向大家保证一定会合理地解决这件事。

安抚了姚家人激愤的情绪后，调解员老王又马不停蹄地找到陈家，对陈家讲述了刚才发生的事。陈家人一听也感到后怕，老王见状马上说：“姚家做事的确太不冷静了，但也情有可原，毕竟你们把人家的祖坟刨了，这在咱们这里可是走风水，没面子的事啊！说句不中听的话，这事如果搁在你们身上，你们说不定会干出更出格的事啊！你们说呢?”陈家人听完这番话，表示愿意向姚家赔礼道歉，并帮助他们移走祖坟。一场纠纷终于这样解决了。

调解方法

调解员老王在劝阻姚家不要采取过激行为时，主要利用了法律的震慑力。他首先清楚地指出姚家未经许可批准，在别人所承包的耕地修建坟墓，已经构成违法行为。然后告知姚家的人，械斗是严重的违法行为，将会受到法律的严惩。即明确了械斗的原因行为就是违法的，械斗所维护的利益也是非法利益。在严重的法律后果面前，当事人终于摆脱了偏激的想法，恢复了理智，放弃了与陈家“火拼”的念头。

而怎样平息姚家人被刨了自家祖坟的怨气呢？在接下来做陈家人的工作时，调解员主要使用了道德教化和换位思考的方法。老王通过当地风俗对刨坟这件事的认识，批评和谴责陈家人的这种做法不道德。法律只是起码的道德，道德才是高尚的法律，所以道德教化是惩恶扬善的无形力量。陈家人听完调解员的劝说，表示愿意向姚家赔礼道歉，并帮助他们移走祖坟，一场纷争得以落幕。

适用法律

《中华人民共和国土地管理法》

第三十七条第二款 禁止占用耕地建窑、建坟或者擅自在耕地上建房、挖砂、采石、采矿、取土等。

《中华人民共和国治安管理处罚法》

第九条 对于因民间纠纷引起的打架斗殴或者损毁他人财物等违反治安管理行为，情节较轻的，公安机关可以调解处理。经公安机关调解，当事人达成协议的，不予处罚。经调解未达成协议或者达成协议后不履行的，公安机关应当依照本法的规定对违反治安管理行为人给予处罚，并告知当事人可以就民事争议依法向人民法院提起民事诉讼。

2. 因抢种他人承包地引发的土地纠纷

案情经过

王家窑的王某某和罗某是亲戚，王某某的妻子是罗某的妹妹，两家承包地只隔一条田间路。罗家的地在东边，王家的地在西边。但罗家的地内有一块地由王某某种了二年多，他在这块地上种了五颗红枣树。后来罗某突然向王某某提出归还土地的要求，王某某说什么也不同意，他认为，当时种地的时候罗某不反对，现在果树成材有了收益就找他要地，根本就是不怀好意，两家人因此闹得很不愉快，见面就吵。

依法调解

罗某找到村调解委员会要求调解。调解员小马在充分听取了双方的陈述后，首先对两家没有发生毁坏树木的事件，没有继续扩大纠纷冲突的行为给予了充分的肯定，并对罗某选择以正当方式解决纠纷提出了表扬。我国《农村土地承包经营纠纷调解仲裁法》第3条规定，发生农村土地承包经营纠纷的，当事人可以自行和解，也可以请求村民委员会、乡（镇）人民政府等调解。由此可见，罗某要求调解解决，是正确的选择。

在双方激动的情绪得到了控制后，小马又帮他们分析了各自的过错：王某某在知道这块地被罗某承包后，私自在这块地内种植果树，侵害了罗某的利益，存在过错；罗某在王某某种果树过程中没有制止，而在果树成材并有收益时提出归还，给王某某造成经济损失，也有过错。经过小马的一番劝说，双方还是争执不下。于是，小马及时地转换了调解思路，开始和他们唠起了家常，问了一些两家过去与现在的情况，然后说："为了几颗枣树，你们两家闹成这样，让别人笑不笑话你们!"这时两人都不说话了。小马抓住时机，提出了调解方案：果树归王某某所有，享有管理和收益权；土地使用权归罗某所有，罗某可以在这块地内自主经营，但罗某不得人为造成这些果树的死亡；果树死亡后，王某某不得补种。双方均同意该调解协议。

调解方法

调解员应在调解过程中向当事人正确地讲解法律，对当事人的正确思想、合理意见和合法行为与要求予以支持。本案调解员小马首先对两家没有发生毁坏树木的事件、没有继续扩大纠纷冲突的行为给予了充分的肯定，并表扬了罗某选择以正当方式解决纠纷的做法，运用了褒扬激励与宣传法律的方法充分肯定了双方的守法行为，赢得了当事人的信任，也稳定了当事人的情绪，为当事人自愿接受调解员的建议打下了基础。

很多情况下，道德伦理教育更容易使当事人心悦诚服接受调解意见，可以减少抵触心理主动履行义务，在这类土地承包类型的纠纷中，感情因素和道德因素起着相对决定性的作用。本案在小马依法分析当事人的过错时出现僵局，他及时转换调解思路，以拉家常的方式，从道德与情感角度引导双方考虑由此带来的不良影响后，问题迎刃而解，调解员提出了调解方案，经回访双方履行非常好。

适用法律

《中华人民共和国农村土地承包经营纠纷调解仲裁法》

第三条 发生农村土地承包经营纠纷的，当事人可以自行和解，也可以请求村民委员会、乡（镇）人民政府等调解。

第十一章

征地拆迁纠纷的调解

征地拆迁纠纷，是指行政机关与公民之间因土地征收、城镇房屋拆迁等原因引发的纠纷，既有民事纠纷也有行政纠纷，在出现暴力事件的情况下还可能演化为刑事案件。

征地拆迁，是工业化、城镇化、现代化过程中不可避免的社会活动。由于涉及利益调整，矛盾在所难免。征地拆迁纠纷的主要原因有：(1) 拆迁补偿标准太低，市场评估价格不客观，对被拆迁人安置方法考虑不周全，措施简单；(2) 拆迁人有权申请行政裁决和强制执行，被拆迁人处于不利地位；(3) 房屋拆迁时，房屋所属土地不能给予合理补偿；(4) 在房屋土地补偿中存在漏洞；(5) 拆迁补偿或安置协议签订后，一方不按协议履行义务或对协议反悔。

1. 因妇女出嫁得不到征地补偿款引发的纠纷

案情经过

陈卫和陈红是亲兄妹。小红出嫁后，在婆家没有分到承包土地，她把娘家的承包田地及山林交由哥哥管理、耕种，没有从哥哥那里收取任何费用。不久，县人民政府准备建一个垃圾处理站，决定征用陈卫、陈红家的全部承包田地及山林，为此支付了一大笔征地费用给陈卫。陈卫在收到征地款后一直没有告诉小红此事。后来，小红听说此事就去找哥哥要自己的那份钱，但陈卫不承认这征地款有妹妹的份。他说，全部承包土地山林都是自己的，无论小红怎么说都不给。小红又气又急，眼看着征地款一分都没有，干脆去被征用的自家土地上吵闹，阻止工程的施工。无奈，双方向镇司法所申请调解。

依法调解

镇司法所同村委会一起去村里进行调查了解，在详细听取双方陈述后，镇司法所及村委会的同志开始做双方的思想工作，刚开始，陈卫理直气壮地说，承包田地及山林是他自己的，有延包合同可以作证，不同意分征地费用给妹妹；而小红一口咬定自己是承包人，只是自己的承包田地及山林一直由哥哥代管着，自己有权利分割征地费。双方互不相让，致使调解陷入僵局。

面对这种局面，调解员潘某并没有灰心，而是耐心细致地做陈卫的思想工作，劝他看在亲情的分上好好考虑考虑，不要伤了妹妹的心。见陈卫不为所动，他又给他讲解了《农村土地承包法》。该法第 6 条规定："农村土地承包，妇女与男子享有平等的权利。承包中应当保护妇女的合法权益，任何组织和个人不得剥夺、侵害妇女应当享有的土地承包经营权。"由此可见，虽然小红已经出嫁，但是因为其在婆家没有分到承包地，所以在娘家的村子还具有承包经营权。也就是说，小红的承包经营权受法律保护，不因出嫁而改变。并且，农村土地的承包是以户为单位的，并非是谁持证或谁签订延包合同，经营权就是谁的。陈卫作为延包户主，其延包合同中的延包土地包含小红的份额。因此，陈卫应把妹妹份额的承包土地的征地补偿款分给妹妹。经过几个小时的耐心说服教育，陈卫终于同意把妹妹份额的征地补偿款分给她，双方签订了调解协议书，后经过回访协议已履行。

调解方法

法治要求人民调解工作从内容到形式、从过程到结果都要坚持法律的要求，以保证调解工作的社会公信力。本起纠纷中，哥哥陈卫对法律的认识不足，认为妹妹出嫁后就不再是田地和山林的承包人，不肯将征地款分给妹妹。调解员潘某耐心细致地给陈卫讲解法律知识，告诉他妹妹同样具有承包权，也受法律保护。调解工作只有依法进行才能使纠纷得到正确解决，必须分清谁是谁非，要让当事人清楚，判断是非的标准不是当事人的意愿，也不是调解员的主观想象，更不是旧的风俗，小红虽已出嫁，但国家法律规定她对于土地承包依然享有与男子平等的权利。调解员公正依法的调解能力最终使陈卫认识到了自己的主观认知是违法的，并同意把妹妹应得的征地补偿款分给妹妹，由此成功地调解了一起因征地引发的纠纷。

适用法律

《中华人民共和国农村土地承包法》

第六条 农村土地承包，妇女与男子享有平等的权利。承包中应当保护妇女的合法权益，任何组织和个人不得剥夺、侵害妇女应当享有的土地承包经营权。

2. 因征地补偿款分配问题引发的拆迁纠纷

案情经过

某县修路需要征用某村的地和一些村民的房屋。修路工作组与征地拆迁村民达成协议后，村民们纷纷领取了补偿款，只有潘静家不去领。原来潘静的丈夫在三年前已经去世，现在她和儿子以及婆婆陈云一起生活。潘静家被征用的房屋所在的土地都登记在潘静一人户头上，在有关部门丈量土地和房屋时，潘静声称自己在丈夫死后与儿子共同赡养老人陈云多年，土地补偿费和房屋安置费等应全部归她所有，婆婆陈云不应该分得征用费和安置房屋；老人陈云则认为这房子是她儿子的，所以土地征用费和安置房屋都有她的份。就这样，婆媳俩因征地补偿款分割发生纠纷，征地工作组人员多次调解，始终没能达成协议，最后导致征地补偿款无法领取，影响了拆迁工作的进行。

依法调解

镇司法所得知此事后，主动召集调委会工作人员介入此事中来。为了防止纠纷扩大，营造和谐的调解氛围，调委会工作人员召集潘静的亲友共同参与调解工作。大家都劝潘静以亲情为重，丈夫去世了，她和儿子、婆婆相依为命，彼此更应该多多照应才是，不能因为金钱而伤了和气。潘静听大家这么说，态度平和了许多，调解员又给她讲解了我国《民法典》中的相关规定，劝她分一部分征地补偿款给婆婆。根据《民法典》第1127条的规定，配偶、子女、父母是同一顺序的继承人，也就是说，潘静的丈夫死后，其遗产在没有立遗嘱的情况下，应该由其妻子潘静、儿子和母亲陈云平分。因此，对于此次拆迁的补偿款，也应该有婆婆陈云的份。在分法上，按照夫妻财产一分为二的情况下除去潘静的部分，剩余的部分为已去世的丈夫的，然后就此部分潘静三人再进行平分，在法律规定和众人共同劝说下，潘静终于同意调解。随后，调解员又找到婆婆陈云，她表示不想跟儿媳闹僵，只是儿媳的做法让她很生气，听说儿媳同意调解了她自然愿意。在调解员的帮助下，双方签订协议，随即在征地组结账处各自领取了应得的征地补偿款。

调解方法

有的时候，如果有调解组织以外的力量参与调解，能起到出其不意的效果。本案中的纠纷当事人双方是婆媳关系，调解员在调解有亲属关系的纠纷时必须牢牢把握人是有感情的这一点，以情动人，力争让知根知底的家人、知心信任的朋友和尊敬有威望的长者参与调解，他们更了解当事人的内心想法，说出的话更能被当事人采纳。本案中调委会工作人员召集潘静的亲友共同参与调解工作的做法就起到了安抚当事人的效果。亲友们劝潘静以亲情为重，不要因为金钱而跟婆婆伤了和气，听得潘静态度平和了许多。

此外，调解员还运用了模糊处理法调处此纠纷。本案中的婆媳纠纷涉及的矛盾并不是什么原则问题，因此调解员在面对婆婆时并没有过多提及媳妇的不是，而是采取一种弥合矛盾、小事化了的方法，说明媳妇已经愿意接受调解，也就是说媳妇已经认错，其他具体事由不再提及，其目的是恢复双方和睦的家庭关系。因为在矛盾纠纷中，双方一般都会有或多或少的错误，对于那些生活中的琐事，调解员应注意运用模糊处理法，以便加快纠纷的调解过程。

适用法律

《中华人民共和国民法典》

第一千一百二十七条第一款 遗产按照下列顺序继承：

（一）第一顺序：配偶、子女、父母；

（二）第二顺序：兄弟姐妹、祖父母、外祖父母。

第二款 继承开始后，由第一顺序继承人继承，第二顺序继承人不继承；没有第一顺序继承人继承的，由第二顺序继承人继承。

3. 因房屋被强行拆迁引发的纠纷

案情经过

顺城房地产开发公司因建设新楼盘的需要，经上级主管部门批准，决定对某居民区进行拆迁，并委托隆昌房屋拆迁有限公司具体实施。在拆迁过程中，拆迁人与大部分居民就安置补偿达成了协议，唯独与宫某没有达成协议。拆迁工作组多次派人与宫某商议，但都没有结果。宫某成了钉子户。某日，宫某下班回家后发现自己的房屋被强拆了，非常气愤，嚷着要去市政府上访。这时，顺城房地产开发公司找到宫某，要求宫某立即签订拆迁协议，否则，公司原来答应的安置补偿条件，即一处两居室回迁房、20 万元补偿款就不兑现了。宫某无奈之下找到街道办事处调解委员会寻求帮助，他说如果不能妥善解决此事，就去市政府上访。

依法调解

接到调解申请后，调委会靳主任立即组织调解员制定调解方案。靳主任亲自带领两名工作人员去顺城房地产开发公司了解情况。公司代表说："对于宫某这样的钉子户，我们做了很多工作，拆迁补偿费用也从原来的15万元逐渐涨到20万元，可是他们仍不满意，坚决要求200万元拆迁补偿费，否则他们就是不搬。我们是迫不得已把他的房子拆掉的。现在既然房子都拆了，我们肯定会给他们相应的补偿。"靳主任见他们愿意接受调解，就把双方叫到了一起。

宫某见了拆迁公司的人就怒不可遏，认为不管当初怎样，但现在是拆迁公司在没经过他同意的情况下就强行把他的房子拆了，这种行为是不能容忍的，坚决让顺城房地产开发公司给他补偿200万元。靳主任见宫某情绪激动，就把宫某叫到隔壁办公室，劝他冷静一下，这样僵持下去，事情永远也解决不了……见宫某态度有所缓和，靳主任开始从法律角度帮他分析了此事调解的利弊，他给宫某找出法律条文，说："根据《国有土地上房屋征收与补偿条例》第26条的规定，房屋征收部门与被征收人在征收补偿方案确定的签约期限内达不成补偿协议的，由房屋征收部门报请作出房屋征收决定的市、县级人民政府依照本条例的规定，按照征收补偿方案作出补偿决定，并在房屋征收范围内予以公告。当然，被征收人对补偿决定不服的，可以依法申请行政复议，也可以依法提起行政诉讼。由此可见，不是说拆迁人就拿钉子户没有办法，拆迁人完全可以依据法律提请人民政府作出决定。"宫某听后，终于不再那么坚持了。

与此同时，在另一间调解办公室，调解员们也在给拆迁公司的代表做思想工作：根据《国有土地上房屋征收与补偿条例》第 27 条的规定，实施房屋征收应当先补偿、后搬迁。任何单位和个人不得采取暴力、威胁或者违反规定中断供水、供热、供气、供电和道路通行等非法方式迫使被征收人搬迁。这说明，你们的强拆行为是违法行为，是要负法律责任的。调解员劝拆迁公司认真考虑此事。其实调解员在做调解方案时是确定了调解工作的重点的，认为主要矛盾就是宫某的诉求的合理性，经过权衡，拆迁公司同意适当满足宫某的要求。于是，双方再次坐到了一起，这次大家都比较理性。最后在调解员的撮合下达成协议：由顺城房地产开发公司给付宫某 35 万元补偿款，一套一居、一套两居的回迁房。

调解方法

在纠纷中经常可能出现下面的情况，当事人之间因为剧烈冲突而引发激动情绪，就像本案宫某一见强拆他房子的拆迁公司的人，就暴跳如雷，人一激动，就常夸大冲突的性质，诉求不够理性。面对这种情况，调解员首先不能被冲突双方的情绪所左右，要在纷乱中快速厘清来龙去脉，抓住事情的关键。本案中靳主任就做到了这点，他及时分开纠纷双方，并引导当事人摆脱事情枝节的困扰，告诉宫某如果深陷情绪当中永远解决不了问题。那么这起纠纷的主要矛盾是什么呢？只有对纠纷的全面情况了然于胸才有可能找准主要矛盾，本案的起因和激化都在补偿条件上，这才是牵一发而动全身的所在，因此本案调解员就集中精力精心设计，通过讲解相关法律知识、分析调解的利弊，使得双方经过背对背分开调解回来又坐到一起时，顺利地在调解协议上签了字，化解了一起因强拆而引起的纠纷。

适用法律

《国有土地上房屋征收与补偿条例》

第二十六条 房屋征收部门与被征收人在征收补偿方案确定的签约期限内达不成补偿协议，或者被征收房屋所有权人不明确的，由房屋征收部门报请作出房屋征收决定的市、县级人民政府依照本条例的规定，按照征收补偿方案作出补偿决定，并在房屋征收范围内予以公告。

补偿决定应当公平，包括本条例第二十五条第一款规定的有关补偿协议的事项。

被征收人对补偿决定不服的，可以依法申请行政复议，也可以依法提起行政诉讼。

第二十七条 实施房屋征收应当先补偿、后搬迁。

作出房屋征收决定的市、县级人民政府对被征收人给予补偿后，被征收人应当在补偿协议约定或者补偿决定确定的搬迁期限内完成搬迁。

任何单位和个人不得采取暴力、威胁或者违反规定中断供水、供热、供气、供电和道路通行等非法方式迫使被征收人搬迁。禁止建设单位参与搬迁活动。

第十二章

道路交通事故纠纷的调解

道路交通事故纠纷是由于车辆在道路上因过错或者意外造成人身伤亡或者财产损失的事件所引起的纠纷。

道路交通事故纠纷具有如下特征：（1）受案数量逐年增加；（2）受案数量全年、全天不均衡分布；（3）经济发达地区较不发达地区纠纷更多；（4）农村人口、进城农民工及城市个体劳动者是道路交通事故纠纷的主要主体。

1. 因交通肇事责任方逃避赔偿引发的纠纷

案情经过

这天是王芳和丈夫结婚两周年纪念日，王芳兴高采烈地出去给丈夫买礼物，想要给他一个惊喜。不幸的是，在一个丁字路口转弯的时候，王芳被右侧驶来的一辆轿车撞倒在地，全身多处骨折。路人帮王芳拦住了肇事车辆，并找来了交警。交警当场出具了交通事故认定书，认定肇事车辆驾驶人李丹负全责。王芳的丈夫得到消息后赶到医院，陪王芳治疗伤势。保险公司在保险范围内代替肇事者进行了部分赔偿，但远不足以支付全部的医疗费用。为了减少不必要的花销，王芳住院两个月后便出院回家休养。这次受伤导致王芳很长一段时间内不能工作，而王芳的丈夫也必须经常请假在家照顾王芳，因此对二人造成了很大的经济损失，也带来了前所未有的经济压力。

在王芳出院之后，王芳的丈夫就一直忙着向交通肇事者主张赔偿，然而每次催要时，肇事者李丹都以各种理由推脱拒绝赔偿。拿着交通部门出具的事故认定书，对方负全责自己却拿不到一分钱，王芳夫妻二人因为交通事故加上经济负担的压力，身心俱疲，火气也难以抑制。王芳的丈夫再一次索要赔偿未果之后，实在难以抑制愤怒，对李丹破口大骂，将心中的压抑发泄了出来，李丹也不是个善茬，两人你一言我一语吵了起来。二人的争吵惊动邻居，邻居报警后找来派出所民警平息了争吵。但是此后，王芳丈夫一有时间就跑去李丹家中闹事，双方生活都被搅得一团糟。然而李丹却一直不肯向王芳进行赔偿。这件事情久拖未决，无奈之下，王芳准备向法院起诉，然而起诉就涉及诉讼费用，这又是王芳家庭不愿承受的，听说调解委员会可以处理这样的纠纷而且调解纠纷不收费，王芳就抱着试试看的心态找到了调解委员会。调解委员会委员张琦收到这起案件之后，展开了一系列的调解工作。

依法调解

在受理此案后，张琦向王芳夫妻具体了解了事情的经过，并且查看了该起事故的各项证明以及交通事故认定书等证据，确认王芳拥有索赔的权利后，张琦对王芳夫妻二人进行了安抚，表明这样的纠纷很常见，除非李丹没有钱，否则最后肯定能够要回赔偿，最后的救济方法就是向法院起诉，这样的案件比较简单，证据齐全一般都可以胜诉，请王芳夫妻二人放心。张琦表示要先去和李丹谈谈，这种事情能够协商解决是最好不过的，王芳的丈夫苦笑一声，能够和解的话也不至于到这步田地，不过张琦还是决定尝试调解。

张琦以调解员的身份和肇事者李丹约好进行谈话，来到李丹家中之后，张琦对肇事赔偿闭口不谈，因为他知道之前王芳二人经过多次讨要都未能成功，所以只能采取迂回的方式智取。张琦与李丹的聊天围绕平常生活进行，在谈话中了解到，李丹的家庭情况还算可以，只是已经离婚，自己带着6岁的女儿生活。女儿已经上了小学，但李丹并不满意那所小学，希望攒一些钱能够让女儿换一所更好的小学。清楚李丹的弱点在其女儿身上，张琦便与李丹谈起了教育问题，在这个话题上两人之间的交流无比顺畅，也无形中拉近了两人之间的距离。张琦感受到李丹对于孩子教育的重视，真诚地表示十分钦佩李丹的长远目光，对李丹进行了适度的夸奖，称她这种坚强的品质和对孩子付出一切的决心让自己很受感动。这些话语使得李丹慢慢放下了戒心。看到时机成熟，张琦便顺水推舟，说明孩子的教育不仅靠学校，家长其实有着更重要的作用，而且对于孩子来讲，思想道德上的教育是更重要的。在得到李丹的认同之后，张琦一步一步引导李丹，问李丹关于王芳的丈夫来闹事的时候女儿是什么反应，女儿是否知道王芳的丈夫为什么来闹事，李丹没有向王芳进行赔偿是否会教坏孩子，等等。最后，张琦说虽然你为孩子付出这么多，这种伟大的母爱令人钦佩，可是在肇事赔偿问题上应该更适当地处理才能让孩子真正健康成长。李丹默默思考着，她清楚张琦来的目的，但是仔细想想，张琦说得确实很有道理，自己一切都是为了孩子，如果孩子不能健康成长，付出那么多又有什么用呢。自己也不应该再拖着这件事情，早点解决问题女儿才能不被打扰，并且也能对女儿起到教育作用。张琦看到李丹思想有所转变，没有进一步跟进，而是稍微缓和了一下，称相信李丹一定能给其一个满意的答复。

张琦走后，李丹经过一番思想斗争，终于想通了，主动给张琦发微信表示接受调解，会尽力赔偿。最终，在张琦的协调下，李丹向王芳夫妻二人赔礼道歉并进行了赔偿，这场纠纷得以顺利解决。

调解方法

在这起交通肇事赔偿纠纷中，调解员张琦在调解中灵活地运用了褒扬激励的调解方法，避免了一场矛盾的激化。

在纠纷中，张琦先避开肇事赔偿问题，与李丹就日常生活问题进行交流，从中发现李丹对女儿无微不至以及重视女儿教育的优点，通过夸赞李丹的伟大母爱，从而拉近与李丹的内心距离，能够更好地劝服李丹。在拉近距离之后，张琦一步步提出了自己的看法，这种方法使得提出赔偿并不显得突兀，并且能够在谈话中充分说明道理，给李丹充足的思考空间，最终使得李丹醒悟过来，愿意接受赔偿。这件事情既使李丹受到了教育，对李丹的女儿也是一种教育。

在调解过程中，这种褒扬激励的方法在实践中能够有效地促进调解工作，依靠拉近调解人员与被调解人员的距离来调动当事人对于交流的积极性，从而更加有效地向被调解人讲明道理，使其能够转变想法，促进调解成功。

适用法律

《中华人民共和国民法典》

第一千二百零八条 机动车发生交通事故造成损害的，依照道路交通安全法律和本法的有关规定承担赔偿责任。

《中华人民共和国道路交通安全法》

第七十六条 机动车发生交通事故造成人身伤亡、财产损失的，由保险公司在机动车第三者责任强制保险责任限额范围内予以赔偿；不足的部分，按照下列规定承担赔偿责任：

……

（二）机动车与非机动车驾驶人、行人之间发生交通事故，非机动车驾驶人、行人没有过错的，由机动车一方承担赔偿责任；有证据证明非机动车驾驶人、行人有过错的，根据过错程度适当减轻机动车一方的赔偿责任；机动车一方没有过错的，承担不超过百分之十的赔偿责任。

……

2. 因无证驾驶他人农用车辆碾轧牲畜引发的纠纷

案情经过

某乡胜利村王某酒后无证驾驶王兆屯段某的农用三轮车，在倒车时将王兆屯村民孟某家的驴碾轧致死。孟某看王某把自己的驴给轧死了，非常生气，抓住王某要其赔偿损失。王某说他身上没带钱，先把车压在孟某那里，改天拿着钱再来赔偿，从此便无音讯。十几天后，同村的段某找到孟某要车，孟某正愁找不到人赔偿，提出段某想要车就先赔自己的驴。段某声称自己并不知道此事，只是要求孟某还车，孟某坚决不肯，双方就此争执起来，围观群众打电话给村调解委员会要求调解。

依法调解

村调委会在接到群众的电话后，立即派调解员程某到现场调解。程某耐心地询问了双方当事人事情的原委。由于造成事故的当事人王某住在邻村胜利村，程某决定去胜利村找王某核实情况。

多方打听后，调解员终于找到了王某的家，可是王某一听来意立刻谎称有事回避了。见此情况，调解员找到了胜利村派出所民警张某，邀请他共同参与调解。当天下午，程某和张某再次来到王某家里，王某依然避而不见，程某就让王某的妻子转达了他的来意，张警官还跟王某的妻子讲解了我国法律的相关规定，并着重讲解了我国《道路交通安全法》第 19 条第 1 款、第 91 条以及第 99 条的规定，说明驾驶机动车应该取得驾照，更不能酒后开车。张警官还告诉王某的妻子，如果王某继续躲避的话，孟某可以采用法律手段来维护自己的权利，到时候王某需承担相应的法律责任。说完他们就离开了。王某在听到民警的话后感到害怕了，马上打电话给调解员程某说愿意协商解决此事。第二天，调解员在村调委会对王某、段某、孟某的交通事故纠纷进行了调解。

因王某无证且酒后驾车，轧死孟某家的驴，赔偿孟某人民币 6000 元；段某明知王某无证并是酒后驾车的情况下仍把车借给他，对该起事故也负有一定的责任，赔偿孟某人民币 500 元。这样，一起因酒后无证驾驶他人车辆而引发的道路交通事故纠纷被成功地调解了。

调解方法

对于那些没有依法解决纠纷意识或任性固执的当事人，调解员应严肃地晓以利害，讲明当事人胆敢以身试法将会受到相应的处罚，轻者承担民事责任，重者承担刑事责任。这起道路交通事故纠纷的调解，调解员程某主要运用了法律威慑的方法。调解员上门的情况下王某居然避而不见，说明此当事人十分固执己见。见此情况，调解员果断地转换了调解方式，动员胜利村的派出所民警共同参与调解。派出所民警威信较高，对王某形成了威慑，尽管王某仍然选择不露面，但是民警所说的话他都听到了。张警官着重讲解了我国《道路交通安全法》的规定，说明驾驶机动车应该取得驾照，更不能酒后开车，如果王某继续躲避的话，孟某可以采用法律手段来维护自己的权利，到时候他就要承担相应的法律责任。这种震慑使得王某感到害怕，从而打开了调解的局面。

适用法律

《中华人民共和国道路交通安全法》

第十九条第一款 驾驶机动车，应当依法取得机动车驾驶证。

第九十一条 饮酒后驾驶机动车的，处暂扣六个月机动车驾驶证，并处一千元以上二千元以下罚款。因饮酒后驾驶机动车被处罚，再次饮酒后驾驶机动车的，处十日以下拘留，并处一千元以上二千元以下罚款，吊销机动车驾驶证。

醉酒驾驶机动车的，由公安机关交通管理部门约束至酒醒，吊销机动车驾驶证，依法追究刑事责任；五年内不得重新取得机动车驾驶证。

……

饮酒后或者醉酒驾驶机动车发生重大交通事故，构成犯罪的，依法追究刑事责任，并由公安机关交通管理部门吊销机动车驾驶证，终生不得重新取得机动车驾驶证。

第九十九条 有下列行为之一的，由公安机关交通管理部门处二百元以上二千元以下罚款：

（一）未取得机动车驾驶证、机动车驾驶证被吊销或者机动车驾驶证被暂扣期间驾驶机动车的；

……

3. 因搭便车发生交通事故引发的纠纷

案情经过

孙某是某国企的职工，单位给职工发放了4张外地某游乐场的门票，作为假期福利。孙某的朋友白某知道后，想与孙某一起外出游玩，孙某同意了。出发当天，孙某开着自己的车，载着自己的女朋友、姐姐以及白某。车辆行驶至某段高速公路时，因孙某车速过快导致三车连撞。车祸发生时，白某坐在副驾驶的位置上，在事故中死亡。白某是独生子，他的父母没有工作，这起事故无疑使白某家庭的经济支柱倒塌，白某父母伤心欲绝，向孙某提出100万元的赔偿。孙某认为，是白某主动提出参与此次游玩，自己好心搭载且提供免费门票是出于好意，如今自己却面临如此巨额赔偿，觉得很委屈。孙某认为白某父母提出的赔偿数额过高，就该问题不能与白某父母达成一致，遂请求事故发生地道路交通事故人民调解委员会介入调解。

依法调解

经调查，调委会得知是某县公安分局交通警察大队赶赴现场处理的该起事故，当时通过现场勘查并依据《道路交通安全法》和《道路交通安全法实施条例》的规定，对事故进行了认定，确认孙某对此次事故承担全部责任。孙某曾提出复议申请，但某市公安局作出维持的复议决定。现白某父母要求孙某赔偿100万元，而孙某觉得自己不该承担责任。调委会了解了事情的来龙去脉后，开始展开本案的调解工作。

调解员首先安抚了白某的父母，老年人很难从丧子的悲伤中缓和过来。调解员劝慰到，事故已经发生，逝去的生命已经无法挽回，现在能做的就是依法请求民事损害赔偿，为老两口以后的日子做打算。调解员建议白某的父母到司法所的法律援助中心处咨询一下律师，询问类似情况可以主张的赔偿数额，以便与孙某进行调解。毕竟白某生前与孙某是朋友，两家不至于对簿公堂。白某父母悲伤之余，听从了调解员的建议，到司法所咨询了律师。

劝慰完白某的父母后，调解员又找到孙某。向孙某讲解到，依据交警大队出具的交通事故责任认定书，孙某承担本起交通事故的全部责任，理应承担相应的赔偿责任。而孙某在收到复议决定书后也表示愿意承担赔偿责任，只是觉得数额太高超过自身承受能力。另外，他的车辆在保险公司投保了交强险和 80 万元额度的商业险，保险公司应对事故承担赔偿责任，调解员提议请保险公司参与到调解中。孙某于是打电话联系，承保交强险的 A 保险公司称交强险赔偿范围是在责任限额范围内对第三方损失的赔偿，而白某是本车人，在车内死亡，所以不属于交强险赔偿的范围；承保商业险的 B 保险公司称孙某的车辆超过保期两天，不在保险赔偿范围内，所以不予赔偿。孙某得知只能由他自己承担赔偿责任时立刻呆住了，说自己无力承担。

见孙某在赔偿方面确实存在困难，调解员便邀请了提供法律援助的冯律师一起到白某父母家中，对白某父母做思想工作。调解员和冯律师对白某父母的心情表示理解，也向他们表达自己会尽最大努力为他们争取合法权益，让白某父母充分信任他们。同时，调解员和冯律师劝解白某父母，希望能降低赔偿数额，因为孙某确实存在困难，如果因赔偿数额双方没有达成一致而到法院提起诉讼，即使白某父母获得胜诉判决，也存在执行上的困难，不如达成调解，适当降低一些数额，顺利拿到赔偿款。对于孙某，调解员明确他承担事故全部责任，如果白某父母起诉，孙某承担的赔偿数额肯定会更多，希望孙某能够竭尽全力赔偿，让无助的老两口在失去儿子以后能够在生活方面有足够的保障。调解员的每一步调解方案都非常奏效，双方终于各让一步，在赔偿数额上达成了一致，由孙某赔偿白某父母 68 万元，本案得以调解成功。

调解方法

本案事实非常清楚，调解难度主要在于数额的认定上，调解员对当事人运用不同的调解方法，促使双方让步是本案调解成功的关键。

本案中，首先，调解员运用了动员多种力量协调解决的方法，动员法律援助中心的律师冯某参与本案调解，这使得白某父母对赔偿数额有了法律规制，不能随意要价，而律师的参与也使老人家明白如果因赔偿数额没有达成一致而到法院起诉，即使获得胜诉判决也存在执行上的困难，不如适当降低一些数额，这些都给成功调解做好了铺垫。其次，调解员还运用了情与法相结合的调解方法，依据交通事故认定书及我国法律规定指出孙某应承担赔偿责任，得知孙某确实存在困难时则积极建议他联系保险公司承担赔偿，虽然孙某的事故不在交强险赔偿范围内，而商业险也失效了，调解员还是成功说服了白某父母，使双方接受了调解。

适用法律

《中华人民共和国道路交通安全法》

第四十二条 机动车上道路行驶，不得超过限速标志标明的最高时速。在没有限速标志的路段，应当保持安全车速。

夜间行驶或者在容易发生危险的路段行驶，以及遇有沙尘、冰雹、雨、雪、雾、结冰等气象条件时，应当降低行驶速度。

《中华人民共和国道路交通安全法实施条例》

第九十一条 公安机关交通管理部门应当根据交通事故当事人的行为对发生交通事故所起的作用以及过错的严重程度，确定当事人的责任。

《道路交通事故处理程序规定》

第六十条 公安机关交通管理部门应当根据当事人的行为对发生道路交通事故所起的作用以及过错的严重程度，确定当事人的责任。

（一）因一方当事人的过错导致道路交通事故的，承担全部责任；

（二）因两方或者两方以上当事人的过错发生道路交通事故的，根据其行为对事故发生的作用以及过错的严重程度，分别承担主要责任、同等责任和次要责任；

（三）各方均无导致道路交通事故的过错，属于交通意外事故的，各方均无责任。

一方当事人故意造成道路交通事故的，他方无责任。

《中华人民共和国民法典》

第一千一百七十九条 侵害他人造成人身损害的，应当赔偿医疗费、护理费、交通费、营养费、住院伙食补助费等为治疗和康复支出的合理费用，以及因误工减少的收入。造成残疾的，还应当赔偿辅助器具费和残疾赔偿金；造成死亡的，还应当赔偿丧葬费和死亡赔偿金。

第十三章

医疗纠纷的调解

医疗纠纷是指患者在就医过程中，由于医疗机构及其工作人员在医疗活动中违反医疗卫生管理法律、行政法规、部门规章和诊疗护理规范、常规或者存在过错而造成患者人身、财产、精神的损害，患者与医疗机构、卫生行政主管部门或医疗事故鉴定机构之间发生的纠纷。

医疗纠纷通常是由医疗过失和医疗过错引起的。医疗过失是指医务人员在诊断护理过程中所存在的失误。医疗过错是指医务人员在诊疗护理等医疗活动中的过错。这些过错往往导致病人的不满意或造成对病人的伤害，从而引发医疗纠纷。

1. 因乡村行医致人死亡引发的医疗纠纷

案情经过

下界村村民何某的老母亲80多岁了，某天得了重感冒，吃药吃了一个星期都不见好，于是他找到村卫生所的医生邓某上门为老母亲输液。邓某给何某的母亲输上液后，因为接了一个电话，说有事就走了，临走前交代何某为其母亲拔针。半个多小时后，何某发现母亲出现异常，给邓某打电话，邓某说他赶不过来，情急之下何某拨打了120急救电话。不幸的是，市第一人民医院急救车到达何某家后，诊断老人心跳、呼吸骤停已经死亡。何某伤心不已，立即来到派出所报案，要求追究邓某的刑事责任并赔偿经济损失，还说如果此事处理得不合理，就把老人的尸体抬到邓某家，让他守着自己治死的患者，日夜不得安宁。派出所经调查得知，邓某是经注册的乡村医生，手续合法，并不属于无证行医，于是建议他们到卫生部门处理。

依法调解

当地司法所得知这一情况后，主动申请解决此事，由司法所万主任直接负责。万主任首先对事情发生的经过以及市第一人民医院的抢救情况和诊断结果进行了调查，同时向村里的群众和村干部打听了邓某平时的医疗水平和执业情况，了解情况后制定了调解方案。

一开始，双方就赔偿费争议很大，死者的家属坚决要求邓某赔偿20万元，而邓某的确拿不出这么多钱，调解不欢而散。事后万主任找到何某，说："我理解你们受到的心灵和情感上的伤害，但是邓医生一定也不想出这样的事，他也很难过。"何某没有说话。万主任继续说："你们在这种情况下如果能体谅他人的困难，降低赔偿金，就充分表现了你们的谦让风格！"何某及家属见万主任这么说，态度明显好转。

接着，万主任又设身处地地为他们分析调解与诉讼的利弊："如果起诉的话必须先进行医疗事故鉴定，医疗事故鉴定的过程比较复杂，医疗事故鉴定结果出来后，如果一方不服的，还需要重新鉴定，医疗事故鉴定之后，才能进入诉讼程序，但诉讼过程也比较长。再说，如果鉴定后应由邓某承担全部赔偿责任，按我国有关法律规定的赔偿标准计算，各种赔偿和补偿费用加起来也就 8 万元左右。此外，根据我国《执业医师法》第 40 条和《民法典》第 1228 条的规定，如果你把老人的尸体抬到邓某家聚众闹事的话也是违法的，也要负法律责任，并且还会受到治安管理处罚。”

经过万主任全面的分析，何某及家人都冷静了下来，同意再次调解。

随后，司法所万主任会同村里德高望重的老支书以及村委会的工作人员，组成一个专门的调解小组，找双方谈心、算细账、做工作，在司法所的主持下，双方最终达成协议：由邓某一次性支付死者家属丧葬费、被抚养人生活费、误工费等各种费用 9 万元。在签订人民调解协议书的同时，邓某即支付了 5 万元，剩余款项约定于一个月内付清。

调解方法

司法所在处理这起纠纷时，主要运用了模糊处理和法律与道德相结合的方法。由于该案事实当时难以查清，无法判断何某的老母亲是因什么原因死亡的，但又不能排除乡村医生邓某的嫌疑，如果申请医疗事故鉴定又费时费力。在此种特殊案情下，经调解人员“撮合”，让当事人双方自愿作出让步，不再去追究邓某的行为对老人的死亡到底负多大的责任，提出一个双方都能接受的折中赔偿数额，这就是“模糊处理法”。在对何某的劝解过程中，万主任穿插运用了法律与道德相结合的调解方法，从法律和道德两方面做何某的工作，设身处地地为其分析，使他同意调解。

同时本案也运用了动员多种力量协助调解和褒扬奖励的方法。一方面，司法所邀请双方都信任的老支书以及与村委会的工作人员一起组成一个专门的调解小组，这些人在当地都具有一定的影响力，他们说的话对当事人有很大的作用，最终在调解小组的努力下，双方达成赔偿协议。另一方面，人的思想活动是有目的性的，适时适度的激励就会激发人们的自豪感，万主任面对死者家属索要高额赔偿金时，实时运用了褒扬激励的方法，称赞家属的谦让风格，在赔偿协议的达成上也起到了关键作用。

适用法律

《中华人民共和国执业医师法》

第四十条 阻碍医师依法执业，侮辱、诽谤、威胁、殴打医师或者侵犯医师人身自由、干扰医师正常工作、生活的，依照治安管理处罚法的规定处罚；构成犯罪的，依法追究刑事责任。

《中华人民共和国民法典》

第一千二百一十八条 患者在诊疗活动中受到损害，医疗机构或者其医务人员有过错的，由医疗机构承担赔偿责任。

第一千二百二十八条 医疗机构及其医务人员的合法权益受法律保护。

干扰医疗秩序，妨碍医务人员工作、生活，侵害医务人员合法权益的，应当依法承担法律责任。

2. 因医院误诊引发的医疗纠纷

案情经过

一天下午，东坡乡杨庄村的戚燕搭同村金某的摩托车回家。途中，金某违章超速驾驶摩托车，在一个转弯处将戚燕从车上甩了下来，擦伤了四肢。金某立即将她送往乡卫生院治疗。戚燕按医生的要求拍了透视胸部正、斜位片及腹部平片后，拿到了“未见移位性骨折征象，建议进一步复查”的报告单。她反复咨询医生，得知自己的伤势并无大碍，清理过外伤后，拿了一些跌打损伤的药就回家了。途中，戚燕和金某签订私了协议，约定金某一次性赔偿500元给戚燕，戚燕自己在家休养。

戚燕回家后在村卫生所连续治疗了8天，擦伤逐渐结痂，但是胸部依旧疼痛，不见好转，医生建议她去县医院复查。县医院医生让她拍X光片，结果诊断出“右胸部第2–4根肋骨骨折，双下肺渗出性病变”，诊断结果出来后，戚燕跑到乡卫生院去理论，可是院方却说已经提示过她，她很生气，找到给她看病的大夫索要了上次在卫生院拍的片子。她认为医院一定是收取了金某的好处故意弄虚作假，于是在医院大吵大闹，并扬言要将医院告上法庭。

依法调解

东坡乡司法所在得知情况后，马上进行走访调查，确认戚燕在这段时间内没有受过伤，她的伤的确是乘坐金某摩托车时摔伤所致。于是司法所召集金某、戚燕以及卫生院代表作为纠纷当事人参加调解。

戚燕认为，由于卫生院的误诊，使她大伤当作小病治，延误了病情，也是因为该次误诊，她才同意金某赔偿500元私了，自己损失了5000多元，因此她要求卫生院赔偿她医药费、误工费、交通费等共计21800元。而卫生院方认为，戚燕受伤不是由卫生院造成的，所以应该承担赔偿责任的是金某。在医学上，影像学的误差是难免的，卫生院在检验报告单上也写清建议患者做进一步复查，戚燕疏于考虑和金某签订赔偿协议，这个后果应由她自己承担。金某则认为戚燕的损失应该由卫生院承担，因为自己的车上了保险，如果当日知道戚燕受伤骨折需要住院治疗的话，保险公司可以报80%，当天他通知了保险公司的人来看戚燕的诊断结果，正是因为卫生院误诊戚燕没有大伤，保险公司才没有赔偿，所以应由院方承担赔偿责任。他们各执一词，互不相让，第一次调解以失败告终。

随后，司法所的工作人员、村支书和卫生院负责人一起陪同戚燕拿着在卫生院拍的X光片去县里的医院找专家、主任诊断。多家医院的内科、骨科权威人士仔细看过片子，都肯定地说："有骨折，不过片子比较模糊，需要仔细看才能看得出来骨折。"有了专家的证明，他们再次召开了调解会。

这一次，卫生院的态度明显改变，主动承认院方确实存在医疗过失，同意赔偿戚燕的损失，但戚燕索要的赔偿数额他们不能接受，医院最多赔偿5000元。为防止矛盾再次激化，司法所的工作人员重点给卫生院的负责人讲道理，他们说，戚燕的伤是金某造成的，可是损失却是卫生院造成的，院方确实存在医疗过失，戚燕曾经多次询问自己的伤情，医生都告诉她伤情不重，因此，医院对戚燕的损失是负有责任的。至于戚燕，她因为此事在医院大吵大闹，并扬言赵院长与金某串通、故意弄虚作假等的行为，冤枉了院长，院长却没有跟她计较，所以调解员劝她应该协商解决此事，不能固执己见。

最终，通过充分地调解协商，三方当事人最终参照《民法典》第1218条的规定达成一致意见：由卫生院赔偿戚燕各项损失共计8500元整。

调解方法

医疗纠纷发生的原因错综复杂，情况不断变化，调解存在一定难度，本案从戚燕在乡卫生院就诊被告知无大碍再到确认误诊的过程颇为复杂，要求调解员在调解时全面了解纠纷情况，掌握纠纷发展变化规律，只有这样才能集中精力把握调解工作重点。

这起医疗纠纷主要是因为医院的误诊引发的，因此证明根据卫生院拍的 X 光片得出戚燕胸部无骨折的结论系误诊是调解工作的重点，通过县医院的医生及权威专家证明，卫生院终于承认自己的医疗失误，并主动提出赔偿，扭转了调解陷入僵局的局面，这是抓住主要矛盾进行调解的成果。

此外，抓住主要矛盾进行调解作为一种有效的工作方法，不仅能推动调解工作顺利进行，而且有利于提高调解工作效率。

适用法律

《中华人民共和国民法典》

第一千二百一十八条 患者在诊疗活动中受到损害，医疗机构或者其医务人员有过错的，由医疗机构承担赔偿责任。

第十四章

环境污染纠纷的调解

环境污染侵权纠纷，是指因产业活动或其他人为原因，致自然生态环境遭受污染或破坏并因此对他人人身权、财产权、环境权益或公共财产造成损害或有造成损害之虞的事实而引起的纠纷。环境污染侵权纠纷不同于一般的侵权纠纷，它具有纠纷主体的不平等性、侵权行为方式的间接性、侵权行为过程的缓慢性、潜伏性以及损害后果的公害性等特点。该侵权责任的成立必须具备下列四个要件：（1）原告遭受环境污染侵权损害；（2）被告有污染环境的行为；（3）原告所遭受的损害与被告的污染行为之间有因果关系；（4）被告的污染行为具有违法性，根据现有法律规定，在过错方面，须以违法性过错为前提。

环境污染纠纷主要有以下类型：大气污染纠纷、水污染纠纷、噪声污染纠纷、放射性污染纠纷、土壤污染纠纷、电子废物污染纠纷、固体废物污染纠纷等。

1. 因夜间施工扰民引发的纠纷

案情经过

某市一建筑公司正在新建一个楼盘，此时正值酷暑时节，白天天气十分炎热，根据规定工人们无法继续施工，但因为工期将至，建筑公司为了按期完工便决定在夜间施工。施工几日后，附近的小区居民感到他们的生活受到了严重的影响——有些窗户面向施工工地的住户即使每晚拉上双层的厚窗帘都挡不住工地照明的强烈灯光，叮叮咚咚响个不停的机器声更是让所有的居民们难以入睡。

忍无可忍的居民们便不断前往工地反映问题，而工地负责人却一直在敷衍。双方互相扯皮，难以解决问题。居民们看清了工地负责人并没有停止施工的意思，为了维护自己的权益，计划组成志愿者队伍前往工地强行阻止施工。工地负责人了解到情况后，聚集民工队伍准备抵挡居民对施工的阻挠。眼看双方矛盾即将扩大，社区调解委员会紧急介入其中，约谈居民代表和工地负责人。

依法调解

此次调解由调解委员会张主任负责，张主任将居民代表和工地负责人约到一起后，双方又发生了冲突，张主任连忙将双方分开，决定分别谈话。他先与居民代表沟通了解施工扰民的情况，将居民代表提到的例如强光照射和噪声严重影响睡眠等问题一一记下来，并且安抚居民称，我国法律现已非常完备，必然保护人民群众的合法权益，而自己作为人民调解委员会的人员，调解矛盾、化解纠纷是自己的职责所在，自己也必然会帮助居民解决严重影响生活的各类问题，请居民们放心。并劝阻居民千万不要自行纠结队伍前往工地阻止施工，以防引起身体上的冲突，将沟通工作交给调解员来进行。张主任的劝说动情在理，居民代表此时也平静了下来，称他们都相信张主任会出面主持公道。

待居民代表离开后，张主任又与工地负责人见面，他直入主题，问工地负责人是否清楚并承认夜间施工对居民造成的影响，工地负责人点头默认了。看到工地负责人并非不讲理的人，张主任便问："为何工地还继续施工，只是为了经济效益吗？还是有什么其他的苦衷？"负责人无奈地说道："夜间施工也是没有办法的，施工所用的大型车辆不允许在白天进入市区，而且又十分炎热，工人们身体吃不消，只能夜间施工。如果停止施工，来打工的农民工拿的钱肯定少，他们毕竟要养家糊口的，而夜间施工农民工都是十分愿意的。"工地负责人还称自己拥有合法的施工文件，不违反法律，打扰到居民休息也是出于无奈。

清楚了原因之后，张主任明白这并非不可调和的矛盾，便开始做工地负责人的工作。首先从夜间施工的违法性方面向工地负责人耐心讲解，引用了《环境噪声污染防治法》第 30 条的规定，向工地负责人说明：在城市市区噪声敏感建筑物集中区域内，禁止夜间进行产生环境噪声污染的建筑施工作业，但抢修、抢险作业和因生产工艺上要求或者特殊需要必须连续作业的除外。因特殊需要必须连续作业的，必须有县级以上人民政府或者其有关主管部门的证明。前款规定的夜间作业，必须公告附近居民。这明确了工地负责人认为施工合法的观点是错误的，应当停止违法施工。另外，张主任还从现实的角度分析了如果不顾及居民的感受继续夜间施工可能发生的后果。只有站在居民的角度考虑问题，解决矛盾后才能更好地进行施工。在张主任的建议下，工地决定给予居民一定数额的补偿金以弥补这些天对居民造成的影响，此外，将噪声大的工程安排到晚上8点至11点，在施工的周围设立隔音墙，改进灯光照射技术防止照射居民区，把对居民的影响减到最小。

张主任又找到居民代表，先表明了工地认错的态度和实际行动，然后又向居民叙述了工地的苦衷，居民听后也表示理解，同意了调解方案。终于，这起因夜间施工扰民引发的纠纷顺利解决了。

调解方法

这是夜间施工扰民纠纷的典型案件，该起纠纷的关键在于施工队夜间施工的行为是否合法。要判断其行为是否合法必须参照相关的法律规定，施工方不仅要遵循建筑行业相关的法律法规，其行为还要符合保护居民合法权益的《环境噪声污染防治法》规定，只有全部符合这些法律规定才算是合法行为。张主任在调处这起纠纷时就清楚了双方存在的分歧，所以他引用《环境噪声污染防治法》的条文，明确指出工地夜间施工属于违法行为，侵害了居民的合法权益，这才使得矛盾双方有了共同的认知，为调解奠定了基础。

调解员调解民间纠纷应当遵照合法性原则，对纠纷的解决没有具体法律规定可循时要依照道德的要求处理，张主任在纠纷的调解中，既讲法理，又讲情理，通过法治与德治相结合的方法调解了纠纷。本案中，施工方夜间施工影响了居民的正常生活，违反了公序良俗，同时也触犯了法律。张主任在对工地负责人进行劝说时，首先明确了夜间施工的违法性，又从个人感情的角度，请工地负责人考虑居民的感受，使得施工方能够下定决心补偿居民损失并给出解决问题方案，最终赢得了居民的谅解。

适用法律

《中华人民共和国环境噪声污染防治法》

第二十七条　本法所称建筑施工噪声，是指在建筑施工过程中产生的干扰周围生活环境的声音。

第三十条 在城市市区噪声敏感建筑物集中区域内，禁止夜间进行产生环境噪声污染的建筑施工作业，但抢修、抢险作业和因生产工艺上要求或者特殊需要必须连续作业的除外。

因特殊需要必须连续作业的，必须有县级以上人民政府或者其有关主管部门的证明。

前款规定的夜间作业，必须公告附近居民。

第六十一条第一款 受到环境噪声污染危害的单位和个人，有权要求加害人排除危害；造成损失的，依法赔偿损失。

2. 因排放有毒气体导致大气污染引发的纠纷

案情经过

在某城市的边缘，某村村民大都以务农为生，生活虽不富裕，但也能凭借自己的劳动自给自足。直到市里进行规划，决定在该村子附近建设工业开发区，村民们才发现生活发生了巨大的变化。工业开发区设立以来，给村民带来不少好处，许多村民可以前往开发区的工厂打工挣钱，收入较以前提升了很多。但好景不长，工业开发区成立以来，大量工业毒废气排到大气中，尤其是某火电厂规模极大，大气污染主要由它造成。开发区的管委会为了发展经济，对于污染控制力度不强，环境急速恶化。在这段时间内，许多村民还出现了呼吸道疾病，去医院检查之后发现，有毒气体排放是导致村民身体患病的主要原因。

因此，村民们陆续找到火电厂，要求停止有毒气体污染物的排放，并且赔偿因此引起的呼吸道感染治疗费用以及对村民生活环境恶化的精神损失。火电厂负责人认为村民要求极不合理，政府部门都没有要求自己停止生产，村民有什么权利阻止生产，村民自己生病还要火电厂来赔偿吗？火电厂负责人认为村民的行为属于敲诈勒索，便不予理会，并多次将前往火电厂理论的村民赶出厂区。双方因此产生了极大的矛盾，村民便找到管委会进行解决。管委会多次协商无法解决，村民们甚至堵到门口进行抗议，这对管委会的正常工作和声誉都造成了很大的影响。没有办法，管委会主任便找到村调解委员会对该纠纷进行调解。调委会决定由极具亲和力的调解员小张对此事进行调解。

依法调解

迫于事态紧急，小张接到通知后连忙赶到管委会大院，看到数名村民堵在门口。小张上前与村民一一打过招呼，问清楚村民来这儿的原因后，小张向村民主动请缨，说把这事交到自己身上，请求村民们派出代表前往调解室，与火电厂负责人再次进行交涉。村民们答应后选出了代表与小张一同前往。与此同时，小张利用管委会的名义，将火电厂的负责人请到了调解室。

来到调解室，由于双方多次的接触冲突，村民代表与火电厂负责人一见面便吵了起来，情绪都相当激动，眼看着就要打起来了，小张赶忙将火电厂负责人带走，并请其他调解员把村民代表的情绪稳定下来。小张在与火电厂负责人的谈话中了解到火电厂方面认为自己的生产经营是被批准的，不能因为村民认为污染空气就停止生产，并且自己并没有触犯法律的违法行为，不应当赔偿村民所要求的费用。小张明白问题的主要方面在于火电厂负责人不认可该厂造成空气污染以及污染导致的村民损害，于是与火电厂负责人约定由第三方检测机构进行检测，如果检测结果确认火电厂排污超标再行协商赔偿。

几日后，小张收到检测结果，显示排污确实存在超标情况，小张再次约见火电厂负责人，将检测结果向其进行了解释，说明他们的生产排污确实存在问题，并且向其普及相关的法律知识，取得排污许可证不代表排污行为就不会违法，与排污相关的法律都是应当遵守的。小张把《大气污染防治法》第41条和第99条第2项向火电厂负责人进行了解释说明，其中第41条规定："燃煤电厂和其他燃煤单位应当采用清洁生产工艺，配套建设除尘、脱硫、脱硝等装置，或者采取技术改造等其他控制大气污染物排放的措施。国家鼓励燃煤单位采用先进的除尘、脱硫、脱硝、脱汞等大气污染物协同控制的技术和装置，减少大气污染物的排放。"第99条第2项规定："违反本法规定，有下列行为之一的，由县级以上人民政府生态环境主管部门责令改正或者限制生产、停产整治，并处十万元以上一百万元以下的罚款；情节严重的，报经有批准权的人民政府批准，责令停业、关闭：……（二）超过大气污染物排放标准或者超过重点大气污染物排放总量控制指标排放大气污染物的；……"小张还语重心长地说，根据以上法律规定，如果火电厂被村民起诉后，其不仅要承担相应的赔偿，还要承担诉讼费用以及因此带来的声誉上的损失，只有积极与村民进行协商，才能保证自身的最大利益，同时获得村民的认可，对企业日后的长远发展也是非常有利的。

在调解员摆事实、讲道理的劝解下，火电厂负责人决定与村民代表进行协商和解。

看到火电厂态度的转变，小张内心十分欣喜，急忙通知村民代表，说明火电厂已有赔偿和解的意愿，请村民代表前往调解室调解。村民代表得知火电厂愿意赔偿，态度也有所好转。在调解室中，由于小张的努力主持和引导，双方顺利地就此事达成和解。最终，火电厂方面承诺在一个月内解决村民因空气污染导致疾病的赔偿费用，村民可以持医院的有效证明前往火电厂财务室领取赔偿金。同时，火电厂决定在政府环保部门检查之前，完成自身技术上的改进，使得大气污染物的排放符合国家以及地方的排放标准。

此后，根据回访调查，火电厂确实履行了自己的承诺，村民们也取得了相应的赔偿，这起因为排放有毒气体导致大气污染而引发的纠纷得以顺利解决。

调解方法

这是一起因工业开发区排放有毒气体引起大气污染而产生的纠纷，调解员小张在处理该纠纷时实质上运用了两种调解方法，这两种方法有效地阻止了矛盾的扩大，促进了调解的达成。

第一种方法是抓住主要矛盾。这是调解活动中最主要的方法，调解员小张正是把握了该起纠纷的主要矛盾，即火电厂排污行为是否符合标准这一问题。在这种情况之下，解决的关键就是拿出一份权威的检测报告，确认其污染排放是否符合标准。所以，在检测报告出来之后，小张对火电厂负责人稍加劝说，便使其明确了调解的态度。

第二种方法是背对背分开调解。双方在调解室见面之后，因为曾经多次协商未果，双方矛盾十分尖锐，导致再次见面后难以和平协商，小张及时将双方分开，分别接触进行调解工作，将矛盾分开化解。在这种背对背分开调解的方法下，双方都能够有冷静思考的空间，为积极解决问题奠定了基础。

适用法律

《中华人民共和国大气污染防治法》

第十八条 企业事业单位和其他生产经营者建设对大气环境有影响的项目，应当依法进行环境影响评价、公开环境影响评价文件；向大气排放污染物的，应当符合大气污染物排放标准，遵守重点大气污染物排放总量控制要求。

第四十一条 燃煤电厂和其他燃煤单位应当采用清洁生产工艺，配套建设除尘、脱硫、脱硝等装置，或者采取技术改造等其他控制大气污染物排放的措施。

国家鼓励燃煤单位采用先进的除尘、脱硫、脱硝、脱汞等大气污染物协同控制的技术和装置，减少大气污染物的排放。

第九十九条 违反本法规定，有下列行为之一的，由县级以上人民政府生态环境主管部门责令改正或者限制生产、停产整治，并处十万元以上一百万元以下的罚款；情节严重的，报经有批准权的人民政府批准，责令停业、关闭：

（一）未依法取得排污许可证排放大气污染物的；

（二）超过大气污染物排放标准或者超过重点大气污染物排放总量控制指标排放大气污染物的；

（三）通过逃避监管的方式排放大气污染物的。

3. 因村民遭受电力公司电磁辐射污染引发的纠纷

案情经过

某电力公司计划在某村搭设铁塔通过一条特高压直流线路，该公司按照国家规定将高压线7米以内的房屋搬迁并补偿。村民为了支持国家工程，并未提出异议，还在高压线路建设期间，为施工单位的工作提供了许多帮助，村民与电力公司之间一直保持着互相尊重的和谐关系。

但高压线路建成之后，对村民的影响完全超过预期，高压线经常会发出响声，而且线路附近的很多村民晚上睡觉都会心慌头晕，静电特别强烈，有时甚至有触电的感觉。受高压线路的影响，村民的电视无法接收信号，正常生活受到了极大的影响。村民因此多次与电力公司进行交涉，但电力公司始终在推脱责任，辩解电力输送是符合国家规定的，不能够任意停止输电，村民如果有问题的话应该去找政府相关部门。但村民又不知道哪个部门负责此事，多次被电力公司敷衍，家人生命健康无法保证，令许多村民非常愤怒。

某天，派出所接到报案，称一名男子爬上高压铁塔，要求电力公司停止输电。清楚事情真相后，派出所找来调解委员会的主任赵刚，希望赵主任出面调解并解决此事。

依法调解

赵刚赶到现场后，看到村民郑某某攀爬悬挂在高压铁塔的中间，不断喊叫着要求电力公司停止输电。原来郑某某家离线塔最近，受高压线路影响也最严重，很长一段时间都没有睡过好觉，家里有个 1 岁大的孩子，每天夜里都啼哭不止，郑某某压力巨大，精神崩溃又投诉无门，才有了爬铁塔的举动。

赵刚打听清楚郑某某的情况后，急忙说道："高压线危险，如果你死了你的家人该怎么办，你下来才有解决的希望，我会帮助大家一起与电力公司进行协商。一定能够解决问题。"在赵刚的劝说下，郑某某爬下了铁塔。

之后，为了彻底解决矛盾，赵刚集合所有受影响的村民，听取村民的意见，准备与电力公司进行交涉。通过村民的集体表态，大家明确表示必须要求电力公司停止输电，停止高压线的使用。虽然感到困难，但赵刚还是带着村民的意见来到电力公司。

在与电力公司的交涉中，赵刚了解到，该条电力线路输送涉及许多城市用电，如果停止，造成的损失是巨大的，所以只能想别的办法进行解决。一筹莫展的赵刚回到村里向村民说明情况，村民群情激愤，声称还要爬铁塔把高压线烧掉。这让赵刚十分着急，突然想到一位老党员在村民中的威信极高，自己无法劝服村民，可以去求助他帮忙。老党员痛快地答应了赵刚的要求，先将村民的情绪稳定下来，防止意外事件发生。

赵刚翻阅相关法律规定之后，再次前往电力公司就此事进行协商解决。赵刚这次是有备而来，他向电力公司负责人详细说明了有关法律规定，例如我国《环境保护法》第 42 条第 1 款、第 2 款的规定："排放污染物的企业事业单位和其他生产经营者，应当采取措施，防治在生产建设或者其他活动中产生的废气、废水、废渣、医疗废物、粉尘、恶臭气体、放射性物质以及噪声、振动、光辐射、电磁辐射等对环境的污染和危害。排放污染物的企业事业单位，应当建立环境保护责任制度，明确单位负责人和相关人员的责任。"同时还讲解了法律关于环境污染案件的举证责任问题，使电力公司负责人明白自己必须积极解决问题，否则将遭受更严重的损失。

与电力公司协商之后，电力公司答应作出经济上的补偿，于是赵刚便将双方约到一起，在老党员和自己的主持下，组织村民与电力公司就搬迁补偿和赔偿问题达成一致。最终，村民们同意在一定距离内搬迁以不影响正常生活，电力公司对搬迁费用进行补偿并对村民已经遭受的损失进行赔偿。

双方在几天的谈判后最终达成一致，该起因村民遭受电磁辐射而引发的纠纷终于顺利解决。

调解方法

有时对于正在发生的民间纠纷，要调解员自己处理是件困难的事。而调解员的任务之一就是尽早调解，防止矛盾进一步恶化，本案中，在赵主任第二次接触电力公司却没有取得明显进展时，村民的情绪即将失控，这时赵主任果断地请来了村里的老党员帮助稳定村民情绪；在之后组织村民与电力公司谈判的过程中，赵主任又依靠村民对老党员的信任为谈判保驾护航，使村民最终同意不停止输电，通过搬出受影响区域的方法解决纠纷。这就是对动员多种力量参与调解方法的良好运用。

除此之外，赵主任对电力公司采取法律震慑的方法也是纠纷得以解决的关键，只有电力公司认识到电磁辐射侵权的法律后果才能转变态度，为之后的顺利调解作铺垫。运用法律震慑是调解员非常重要的一种业务素质，往往也是抓主要矛盾的前提，只有抓住纠纷的主要矛盾，才能突出调解工作的重点，分清工作的轻重缓急。

适用法律

《中华人民共和国环境保护法》

第四十二条第一款 排放污染物的企业事业单位和其他生产经营者，应当采取措施，防治在生产建设或者其他活动中产生的废气、废水、废渣、医疗废物、粉尘、恶臭气体、放射性物质以及噪声、振动、光辐射、电磁辐射等对环境的污染和危害。

第二款 排放污染物的企业事业单位，应当建立环境保护责任制度，明确单位负责人和相关人员的责任。

《中华人民共和国民法典》

第一千二百三十条 因污染环境、破坏生态发生纠纷，行为人应当就法律规定的不承担责任或者减轻责任的情形及其行为与损害之间不存在因果关系承担举证责任。

下篇

人民调解工作必备知识

第十五章

人民调解概论

1. 人民调解的三项原则指什么？

答： 人民调解，是指人民调解委员会通过说服、疏导等方法，促使当事人在平等协商基础上自愿达成调解协议，解决民间纠纷的活动。人民调解是我国《宪法》规定的基层民主自治的重要内容，具有鲜明的自治性、群众性、民间性。人民调解的这一本质特征突出地体现在人民调解的三项原则中：

一是“在当事人自愿、平等的基础上进行调解”的原则，要求在调解过程中尊重和保障当事人的意愿，这是人民调解的基础。

二是“不违背法律、法规和国家政策”的原则，要求在不违背法律法规政策的前提下，可以根据社会公德、村规民约等道德习惯规范进行调解，这是人民调解的依据。

三是“尊重当事人权利”的原则，不得因调解而阻止当事人依法通过仲裁、行政、司法等途径维护自己的权利，这既是平等自愿原则的延伸，又畅通了人民调解与其他权利救济方式的衔接配合渠道，最终达到化解矛盾纠纷、维护社会和谐稳定的目的。

人民调解的三项原则是在人民调解制度发展完善过程中逐步总

结形成的，符合人民调解性质、功能的定位，是人民调解工作健康发展、充分发挥作用的保证。

2. “平等自愿”的调解工作原则指什么?

答：平等自愿原则包括平等原则和自愿原则两个方面，体现了人民调解委员会是人民群众自治组织的本质特征。

平等自愿原则是指人民调解委员会开展调解工作、处理民间纠纷应当尊重当事人，在平等自愿的基础上进行，不得将自己的意志强加于当事人，也不得压制、强迫当事人。具体体现在三个方面：

一是纠纷的提出和受理必须基于当事人自愿，如果当事人不愿意接受调解，或者不愿意接受某个组织和个人的调解，均不能强行调解。

二是人民调解委员会在调解过程中应当细致地劝解、开导，不允许采取歧视、强迫的方法。

三是调解协议的达成必须出于当事人自愿，人民调解委员会不得把调解意见强加于当事人。

平等自愿原则不禁止人民调解组织主动上门调解纠纷，法律赋予人民调解组织主动进行调解工作的权利。另外，平等自愿原则不排除人民调解员对纠纷当事人的错误行为进行教育，也不意味着纠纷当事人可以违反法律、法规、规章、政策和社会主义道德，随心所欲地订立调解协议，人民调解委员应当对这些违法行为及时纠正，维护法律和人民调解组织的威严。

3. “合理合法”的调解工作原则指什么?

答：合理合法原则包括合理原则与合法原则两个方面，以合法原则为基础，兼顾合理原则。合理合法原则有以下三点要求：

一是人民调解委员会受理和调解的矛盾纠纷的范围要符合法律、法规和规章等规定。

二是人民调解委员会的工作首先要依据法律、法规、规章的规定，在没有法律、法规、规章明确规定的情况下，以政策、社会主义道德为标准，合情合理地处理纠纷。

三是达成调解协议的内容要符合法律、法规、规章、政策的规定，不得违背法律、法规、规章、政策和道德的要求。

4. “不限制当事人权利”的调解工作原则指什么?

答：不限制当事人权利的原则，是指不得因人民调解而阻止当事人依法通过仲裁、行政、司法等途径维护自己的权利，是尊重当事人权利的保障。运用人民调解，采用劝导、说服、协商等方法，及时、就地解决争议，在化解矛盾、预防纠纷、增进团结、促进和谐等方面发挥了重要的作用。但是，人民调解不是所有纠纷的解决机制，也不是其他纠纷解决方式的前置程序。调解、仲裁、行政或司法途径，都是当事人维护自身合法权益的途径，各具优势。选择何种途径是当事人的权利。

第一，民间纠纷发生后，当事人有权径行采取行政、司法、仲裁等纠纷解决方式，不得因未经调解而限制其权利。不得因未经调解或者调解不成而阻止当事人向人民法院起诉等。

第二，在人民调解解决纠纷的过程中，当事人可以中断调解，采取向人民法院提起诉讼等纠纷解决方式。对调解达成的协议，当事人还有权利提起诉讼，请求人民法院对纠纷及其协议进行裁判。

第三，人民调解委员会对不能处理或者达不成调解协议的民间纠纷，不但不能阻止当事人提起诉讼，还应当告知当事人通过行政、仲裁、诉讼等程序来保障自身权益，并给当事人适当的帮助。

5. 人民调解调解民间纠纷的范围是什么?

答: 人民调解的范围，即明确哪些民间纠纷是由人民调解组织解决的，从而确定人民调解组织解决纠纷的职责界限。司法部颁布的《人民调解工作若干规定》第 20 条对此进行了明确的说明:“人民调解委员会调解的民间纠纷，包括发生在公民与公民之间、公民与法人和其他社会组织之间涉及民事权利义务争议的各种纠纷。”

民间纠纷是一个特定的概念，是对于那些具有普遍性、多发性、广泛性，情节比较简单，法律后果比较轻微等特点的多种纠纷的概括。某些轻微刑事违法行为引起的纠纷，虽然属于刑事范畴，但其性质是人民内部矛盾，法律规定起诉才处理，可以由受害人自诉，也可以不起诉或起诉后又撤回起诉，由人民调解委员会予以调解。

所以，民间纠纷就其性质来说，属于人民内部的非对抗性矛盾。

2010 年 12 月 24 日，司法部《关于贯彻实施〈中华人民共和国人民调解法〉的意见》第 9 条又进一步规定，努力拓展人民调解工作领域。主动适应新时期社会矛盾纠纷发展变化的新趋势，在做好婚姻家庭、相邻关系、损害赔偿等常见性、多发性矛盾纠纷调解工作的同时，积极在征地拆迁、教育医疗、道路交通、劳动争议、物业管理、环境保护等领域开展人民调解工作，扩大人民调解覆盖面。

《人民调解法》和《人民调解委员会组织条例》均在第 1 条开宗明义地规定，人民调解的目的为及时解决民间纠纷。实际上，人民调解组织、人民法院、国家行政机关、仲裁机构等均承担着解决一定范围内民间纠纷的任务。

6. 人民调解与司法调解的区别是什么?

答: 在人们的一般意识中，人民调解易与法院的司法调解相混淆，其实人民调解和司法调解是两种不同类型的调解，二者之间有很大的区别：

第一，调解机构的性质不同。人民调解的机构是人民调解委员会。人民调解委员会是基层群众自我教育、自我管理、自我服务、自我解决纠纷的群众性自治组织，而司法调解的调解机构是人民法院，人民法院是国家的审判机关。

第二，调解本身的性质不同。人民调解没有进入诉讼程序，是非诉讼纠纷解决方式，而司法调解是进入了诉讼程序，是人民法院审理民事案件的一种形式和方法，是诉讼活动。

第三，调解的范围不同。人民调解是民间纠纷的“第一道防线”。凡是发生在公民与公民之间、公民与法人或者其他组织之间，涉及当事人有权处分的人身、财产权益的纠纷，都属于民间纠纷，都可以通过人民调解来处理，但法律、行政法规规定应当由专门机关管辖处理的纠纷或者禁止采用调解方式解决的纠纷除外。司法作为处理各类纠纷，进而实现社会正义的“最后一道防线”，而司法调解则是在案件进入诉讼之后作出判决之前的诉讼过程中，对案件的先行调解。法律对诉讼提起之后可以先行借助司法调解的案件作出了专门的规定，总体来讲，民事诉讼中所有案件都可以进行调解，一些特定的案件必须调解。刑事诉讼中公诉案件原则上不能进行调解，但自诉案件中的大部分案件可以进行调解。行政诉讼中不适用调解，但是，行政赔偿案件是个例外。

第四，调解协议的性质和效力不同。人民调解达成的协议或制作的调解书具有合同的效力，主要靠纠纷当事人自觉履行；而司法调解达成的协议和制作的调解书与判决书具有同等的法律效力，是一种具有强制执行力的依据。

7. 人民调解与行政调解的区别是什么？

答：两者之间的区别主要体现在：

第一，调解机构的性质不同。人民调解委员会是调解民间纠纷的基层群众性自治组织；而行政调解机构是国家行政机关、法律法规授权的组织、行政机关委托的组织。

第二，调解人员的地位不同。人民调解的调解人员是经推选或者聘任产生的人民调解员，其与被调解人员是平行关系；而行政调解的调解人员是依法享有国家行政权的行政机关或法律法规授权的组织、行政机关委托的组织的工作人员。他们居于领导、管理地位，同被调解人之间一般存在着一定行政性质的上下级隶属关系。

第三，调解本身的性质不同。人民调解是一种群众性的自治活动，属于民间调解；而行政调解是基于行政职责的一种行政活动，属于官方调解。

第四，调解权的来源与性质不同。人民调解的调解权是一定范围群众直接授予的民主自治权；而行政调解的调解权是行政权的一种表现形式，是国家赋予的。

8. 人民调解与仲裁有什么不同?

答：人民调解和仲裁都是有非司法机构的第三方参与的、民间的纠纷解决方式，但二者也有许多不同，表现在：

第一，解决争议的基础不同。人民调解的基础是双方当事人平等自愿，互谅互让，一致同意接受某种方案从而解决争议，这种方案是一种妥协的、和解的方案，当然应是合法的。而仲裁的基础是案件的事实、应适用的法律规则和公平正义原则。

第二，解决争议机构的权限不同。人民调解只能在双方自愿和合法的基础上达成协议，解决纠纷。如果达不成协议，人民调解组织无权对当事人的争议事项作出处理决定。而仲裁机构在调解无效的情况下，应当及时作出裁决。裁决一经作出，则对双方当事人都有拘束力。

第三，侧重解决的民间纠纷类型不同。人民调解的民间纠纷范围非常广泛，实践中，除法律、行政法规规定应当由专业机关管辖处理的纠纷或者禁止采用调解方式解决的纠纷外，都可以由人民调解解决，尤其是婚姻家庭、相邻关系、损害赔偿等常见的、多发的矛盾纠纷；而仲裁则不解决婚姻、收养、监护、扶养、继承纠纷以及依法应当由行政机关处理的行政争议。

第四，解决争议的程序、规则不同。人民调解一般没有固定的程序，更没有固定的规则，而仲裁一般都有严格而固定的程序和规范的仲裁规则。

第五，解决争议的法律后果不同。人民调解组织对争议调解后，一般应制作《人民调解协议书》，当事人认为无需制作调解协议书的，可以采取口头方式，由人民调解员填写《人民调解口头协议登记表》。如果一方当事人对调解协议反悔，仍可以向人民法院起诉。而在仲裁程序中，仲裁庭在作出裁决前，可以先行调解。当事人自愿调解的，仲裁庭应当调解。调解不成的，应当及时作出裁决。调解达成协议的，仲裁庭应当制作调解书或者根据协议的结果制作裁决书。调解书与裁决书具有同等法律效力。经仲裁调解或裁决以后，当事人不能就同一纠纷再申请仲裁或者向人民法院起诉。

9. 人民调解与司法调解、行政调解怎样衔接?

答：为了充分利用人民调解工作的特点和优势，推进人民调解与司法调解、行政调解的衔接联动机制的具体做法有：

一是通过在基层人民法院设立人民调解工作室，实现司法调解与人民调解的衔接。当事人起诉至法院的案件，大多属于婚姻家庭、邻里、小额债务等简单的普通民事纠纷，通过诉讼程序处理不仅耗费大量的诉讼成本，而且需要的时间长，占用当事人的精力多，对簿公堂还有人情成本。法院受理这些案件后，其中很大一部分也是通过司法调解方式结案的。如果人民调解能化解这些矛盾纠纷，不仅大大节约司法资源，对当事人而言也是十分有益的。因此，基层人民法院与人民调解委员会联合探索发展了诉前人民调解机制。即基层人民法院在立案接待时，对于适宜通过人民调解解决的纠纷，向当事人宣传人民调解的优势，并告知其诉讼风险，在征得当事人同意后，暂缓立案，先由纠纷当事人所在地（所在单位）或者纠纷发生地人民调解委员会进行调解。调解不成的，由人民法院审查立案。为方便当事人申请调解，很多地方的基层人民法院设立了人民调解工作室，由当地的人民调解委员会将人民调解员派驻到人民调解工作室，专门负责诉前人民调解工作。

二是通过在公安派出所或交警队设立人民调解工作室，实现行政调解与人民调解的衔接。与基层人民法院设立的人民调解工作室类似，有的公安派出所或交警队也设立了人民调解工作室，专门负责调解诉诸公安机关解决的纠纷。公安派出所或交警队在处理矛盾纠纷时，对部分不属于治安案件、轻微伤害案件或交通事故案件，认为适宜通过人民调解方式解决，双方当事人也接受调解的，公安派出所或交警队即可将该纠纷交由驻所人民调解工作室进行调解。

10. 人民调解和法院司法活动有什么区别?

答：人民调解是指纠纷双方当事人就争议事项就近向人民调解委员会提出调解申请，或者人民调解委员会主动介入，由人民调解委员会根据平等自愿等原则进行调解的活动。法院司法活动是指人民法院及其工作人员依照法定职权和法定程序，具体运用法律处理案件的专门活动。二者是不同的纠纷解决方式。

第一，人民调解是非诉讼的纠纷解决方式，其不是司法活动。人民调解的启动可以依申请，也可以由人民调解委员会主动介入。人民法院的司法程序的启动，实行“不告不理”原则，需要当事人先向有管辖权的人民法院提交诉状，符合立案标准的案件才会受理。

第二，法院审理有立案标准，需要提交形式合格的材料，而且要有适格的原告、被告和诉讼请求，而人民调解案件的受理要求则相对较低。

第三，法院的审理过程有审查是否立案，立案后通知当事人，提交答辩状，提交证据，然后开庭，进行质证，辩论，然后结案。而人民调解的程序性不是很强，解决纠纷的方式很灵活。

第四，人民调解活动不收取任何费用，人民法院的诉讼活动依法收取诉讼费用。

第十六章

人民调解委员会相关知识

1. 人民调解委员会的性质是什么?

答: 我国法律对人民调解委员会的性质有明确的规定。

《宪法》第 111 条规定:“城市和农村按居民居住地区设立的居民委员会或者村民委员会是基层群众性自治组织。……居民委员会、村民委员会设人民调解、治安保卫、公共卫生等委员会,办理本居住地区的公共事务和公益事业,调解民间纠纷,协助维护社会治安,并且向人民政府反映群众的意见、要求和提出建议。”

1989 年 6 月发布的《人民调解委员会组织条例》第 2 条规定:“人民调解委员会是村民委员会和居民委员会下设的调解民间纠纷的群众性组织……”

《人民调解法》第 7 条规定:“人民调解委员会是依法设立的调解民间纠纷的群众性组织。”

在这些规定中,《宪法》从国家的根本法的高度明确了人民调解委员会基层群众性自治组织的性质。《人民调解委员会组织条例》规定人民调解委员会是在村委会或居委会下设立的,自然也具有群众性自治组织的特点。《人民调解法》则对人民调解委员会的性质进行了高度概括，重申其群众性和自治性的特点。各个法律文件虽然表述不同，但都表明了人民调解委员会的性质是群众性和自治性的组织，而非国家机关。

2. 人民调解委员会的类型有哪些？免费调解吗？

答：《人民调解法》第8条第1款规定："村民委员会、居民委员会设立人民调解委员会。企业事业单位根据需要设立人民调解委员会。"第34条规定："乡镇、街道以及社会团体或者其他组织根据需要可以参照本法有关规定设立人民调解委员会，调解民间纠纷。"

具体来说，人民调解委员会有四种类型：

一是村民委员会或居民委员会设立的人民调解委员会；

二是企业事业单位设立的人民调解委员会；

三是乡镇、街道人民调解委员会；

四是区域性、行业性的人民调解委员会。

《人民调解法》第4条规定："人民调解委员会调解民间纠纷，不收取任何费用。"据此，人民调解委员会调解纠纷是免费的。

3. 人民调解委员会的组成是怎样规定的？

答：根据《人民调解法》第8条的规定，人民调解委员会由委员三至九人组成，设主任一人，必要时，可以设副主任若干人。人民调解委员会应当有妇女成员，多民族居住的地区应当有人数较少民族的成员。

《人民调解法》第9条第1款规定："村民委员会、居民委员会的人民调解委员会委员由村民会议或者村民代表会议、居民会议推选产生；企业事业单位设立的人民调解委员会委员由职工大会、职工代表大会或者工会组织推选产生。”第 2 款规定：“人民调解委员会委员每届任期三年，可以连选连任。”

4. 村民委员会、居民委员会的人民调解委员会如何组建？

答：村民委员会、居民委员会的人民调解委员会是人民调解组织的基本形式，其深入基层、贴近群众，是农村或城镇居民中处理民间纠纷的主力军，在处理民间纠纷上具有其他处理机制所不具备的优势。

根据《人民调解法》第 9 条规定，村民委员会、居民委员会的人民调解委员会委员由村民会议或者村民代表会议、居民会议推选产生。

据此，村民委员会的人民调解委员会委员由村民会议或者村民代表会议推选产生。关于村民会议，《村民委员会组织法》规定，村民会议由本村 18 周岁以上的村民组成。村民会议由村民委员会召集。有十分之一以上的村民或者三分之一以上的村民代表提议，应当召集村民会议。召集村民会议，应当提前十天通知村民。召开村民会议应当有本村 18 周岁以上村民的过半数，或者本村三分之二以上的户的代表参加，村民会议所作决定，除另有规定的，应当经到会人员的过半数通过。关于村民代表会议，《村民委员会组织法》规定，人数较多或者居住分散的村，可以设立村民代表会议，讨论决定村民会议授权的事项。村民代表会议由村民委员会成员和村民代表组成，村民代表应当占村民代表会议组成人员的五分之四以上，妇女村民代表应当占村民代表会议组成人员的三分之一以上。村民代表会议有三分之二以上的组成人员参加方可召开，所作决定应当经到会人员的过半数同意。

同时，居民委员会的人民调解委员会委员由居民会议推选产生。根据《城市居民委员会组织法》第 9 条的规定，居民会议由

18周岁以上的居民组成。居民会议必须有全体18周岁以上的居民、户的代表或者居民小组选举的代表的过半数出席，才能举行。会议的决定，由出席人的过半数通过。

5. 企业、事业单位的人民调解委员会如何组建？

答：企业事业单位的人民调解组织可以化解职工在生产、生活中的矛盾纠纷，解决企业事业单位与周边群众的矛盾纠纷，有利于维护企业事业单位职工的合法权益，是人民调解组织的重要组成形式。

根据《人民调解法》第9条的规定，企业事业单位设立的人民调解委员会委员由职工大会、职工代表大会或者工会组织推选产生。即企业事业单位人民调解委员会委员可以有三种产生方式，一是由职工大会推选产生，二是由职工代表大会推选产生，三是由工会组织推选产生。

企业事业单位的人民调解委员会不是必须设立的，而是“根据需要设立”的。一般认为，企业事业单位规模较大、职工较多、纠纷多发的，即需要设立人民调解委员会；企业事业单位规模较小、人数较少、纠纷不多，并能够及时通过其他合法途径有效化解矛盾纠纷的，可以不设立人民调解委员会。

6. 乡镇、街道如何设立人民调解委员会？

答：乡镇、街道根据需要设立人民调解委员会，调解民间纠纷，应当参照《人民调解法》的相关规定，遵守《人民调解法》的相关原则和制度。

根据《人民调解工作若干规定》的规定，乡镇、街道人民调解委员会委员应当具备高中以上文化程度，符合条件的下列人员可以担任乡镇、街道人民调解委员会委员：

（1）本乡镇、街道辖区内设立的村民委员会、居民委员会、企业事业单位的人民调解委员会主任；

（2）本乡镇、街道的司法助理员；

（3）在本乡镇、街道辖区内居住的懂法律、有专长、热心人民调解工作的社会志愿人员。

实践中，有的乡镇、街道人民调解委员会聘请本辖区内热心人民调解工作的，公道正派、业务能力强、群众威信高的退休法官、检察官、法学学者、律师等担任人民调解委员会委员。

7. 区域性、行业性的人民调解委员会如何组建？

答：根据《人民调解法》第 34 条规定："乡镇、街道以及社会团体或者其他组织根据需要可以参照本法有关规定设立人民调解委员会，调解民间纠纷。"一些社会团体或者其他社会组织等由于具有相关的专业知识和资源，可以根据实际需要依法设立人民调解委员会。

社会团体或者其他组织依法设立的人民调解委员会，主要指社会团体或者其他组织为了调解民间纠纷而依法设立的区域性、行业性等类型的人民调解委员会，主要包括：妇联、残联、消协、行业协会等社会团体依法设立的人民调解委员会；为了解决特定类型纠纷，如医疗纠纷、劳动纠纷等设立的专业性人民调解委员会；外来务工人口居住区、集贸市场、经济开发区等特定区域设立的区域性人民调解委员会等。

《人民调解工作若干规定》第 15 条第 3 款规定，区域性、行业性的人民调解委员会委员，由设立该人民调解委员会的组织聘任。实践中，这些人民调解委员会的人民调解员多由具有相关专业知识、熟悉相关纠纷特点的人员担任。社会团体或者其他组织依法设立的人民调解委员会，与其他类型的人民调解委员会没有隶属关系。

8. 人民调解委员会应有哪些工作制度？

答：《人民调解法》第 11 条规定，人民调解委员会应当建立健全各项调解工作制度，听取群众意见，接受群众监督。《人民调解工作若干规定》第 19 条规定，人民调解委员会应当建立健全岗位责任制、例会、学习、考评、业务登记、统计和档案等各项规章制度，不断加强组织、队伍和业务建设。《关于贯彻实施〈中华人民共和国人民调解法〉的意见》第 15 条进一步规定，健全人民调解委员会工作制度。人民调解委员会要建立完善学习培训、社情民意分析、重大纠纷集体讨论、重大疑难纠纷报告及档案管理等制度，逐步形成有效预防和化解矛盾纠纷的人民调解工作制度体系。

为保障人民调解工作的开展，在长期的实践中人民调解工作已经逐步形成了一整套行之有效的制度，主要包括岗位责任制度、纠纷登记制度、统计制度、文书档案管理制度、回访制度、纠纷排查制度、纠纷信息传递与反馈制度，等等。

此外，人民调解委员会根据工作的开展和实际需要，还可以建立其他工作制度，以保障人民调解工作的顺利开展。

9. 岗位责任制度的作用是什么？

答：人民调解委员会的岗位责任制度是通过明确人民调解员的责任，确定具体任务，并根据任务完成情况进行考核奖惩。即对人民调解组织中的每个部门、每个岗位在调解过程中的工作内容、职责、程序等，都应当有具体明确的规定，权责明确，落实到人。

岗位责任制是人民调解委员会各项工作制度建设的核心，通过明确人民调解员的责任，确定具体的工作任务，使得权力与责任相结合，防止出现工作死角，提高工作效率和调解人员的责任意识。岗位责任制内容很多，形式也很多样，人民调解委员会可以根据自身的实际情况进行具体的设计。

10. 纠纷登记制度的作用是什么？

答：纠纷登记制度是指人民调解委员会在受理民间纠纷时，应当对当事人的情况、申请时间、纠纷的种类、纠纷的内容等相关事项登记备案的制度。根据《关于贯彻实施〈中华人民共和国人民调解法〉的意见》第16条的规定，要全面、及时地对人民调解工作情况进行登记和统计。人民调解员调解每一件纠纷，都应当填写《人民调解员调解案件登记单》。人民调解委员会应当按期填写《人民调解委员会调解案件汇总登记表》。纠纷登记是人民调解委员会调解民间纠纷的直接依据，纠纷登记应当载明当事人的姓名、性别、年龄、工作单位、家庭住址、事由、记录人姓名或签章、登记日期。人民调解委员会和调解小组应当设置专门的纠纷登记簿，人民调解委员会每季度汇总后报司法所或司法助理员备案。

对纠纷登记后，人民调解员应当对纠纷进行审查，对不属于人民调解委员会调解范围的纠纷，应及时告知当事人到有关部门处理。对于属于人民调解委员会调解范围的纠纷，应当通知当事人，启动人民调解程序。

11. 回访工作的内容有哪些？

答：回访的对象主要是当事人和知情人，必要时也可以走访当事人所在单位或居所地的组织和群众。回访中既要听取当事人的意见，又要收集群众的反映，以便全面了解情况。回访工作的内容主要有：

第一，了解协议的履行情况，排除影响协议履行的隐患。《关于贯彻实施〈中华人民共和国人民调解法〉的意见》第 14 条规定，人民调解委员会应当对人民调解协议的履行情况，适时进行回访，并填写《人民调解回访记录》。

第二，了解当事人的思想状况、行为有无异常，对调解协议的态度等。

第三，有没有新纠纷产生的苗头。

第四，对调解人员有什么意见、建议等。

回访后，人民调解委员会要对影响正常履行协议的各种隐患、纠纷动向、当事人的思想状况等进行分析研究，提出解决的具体办法。当事人无正当理由不履行人民调解协议的，应当督促其履行。发现人民调解协议内容不当的，在征得各方当事人同意后，可以再次进行调解达成新的调解协议。对有激化苗头的，要果断采取措施，重大险情要及时上报，对阻碍调解工作的问题及时纠正。

12. 统计制度的作用如何？如何做好统计工作？

答：统计制度是人民调解委员会对调解工作、调解纠纷进行的分析、总结、归类，可以借助其了解和掌握调解工作和民间纠纷的特点和规律，为调解工作的顺利开展提供科学依据。统计制度可以检查人民调解工作计划的落实、任务的完成情况，便于研究民间纠纷发生、发展的新情况、新特点，有利于及时发现人民调解工作中存在的问题。《关于贯彻实施〈中华人民共和国人民调解法〉的意见》第 16 条规定，加强人民调解统计报送工作。要全面、及时地对人民调解工作情况进行登记和统计。人民调解员调解每一件纠纷，都应当填写《人民调解员调解案件登记单》。人民调解委员会应当按期填写《人民调解委员会调解案件汇总登记表》，及时向司法行政机关报送《人民调解组织队伍经费保障情况统计表》、《人民调解案件情况统计表》。具体来说，做好统计工作要做到以下几个方面：

第一，应当由专人负责统计工作，分门别类地建立各种工作统计簿册。

第二，建立统计表，包括人民调解委员会组织建设统计表和人民调解委员会工作统计表等类型。

第三，统一统计标准，避免漏报、重复上报，确保统计数字的准确性和真实性。

第四，及时汇总上报。

第五，建立统计档案，设立统计台账，保管备查。

13. 如何理解文书档案管理制度？

答：建立健全文书档案管理制度，可以直观地反映出本区域的纠纷情况，有利于人民调解组织针对纠纷发生的特点和规律进行研究，积累纠纷处理经验。

《人民调解法》第27条规定："人民调解员应当记录调解情况。人民调解委员会应当建立调解工作档案，将调解登记、调解工作记录、调解协议书等材料立卷归档。"《关于贯彻实施〈中华人民共和国人民调解法〉的意见》第17条规定："规范人民调解卷宗。人民调解委员会调解纠纷，一般应当制作调解卷宗，做到一案一卷。调解卷宗主要包括《人民调解申请书》或者《人民调解受理登记表》、人民调解调查（调解、回访）记录、《人民调解协议书》或者《人民调解口头协议登记表》等。纠纷调解过程简单或者达成口头调解协议的，也可以多案一卷，定期集中组卷归档。"建立文书档案管理制度要求设立专门的保管人员，规定必要的调阅、保密管理办法，做好文书的装订、保管等工作。

14. 如何处理获得的信息?

答: 人民调解组织应对获得的信息进行加工处理，按照纠纷的性质、种类、轻重缓急程度进行分类，具体来说:

第一，对可以解决的纠纷提出调解意见并反馈给基层组织。

第二，对带有普遍性、规律性、多发性的纠纷，在调解的同时提出预防、疏导的措施和建议。

第三，对容易激化的纠纷、群体性纠纷、群众性械斗等营造稳定事态发展的基础，及时报告基层人民政府或者公安机关等相关部门处理。

怎样做好纠纷排查工作?

第一，明确排查的目的、意义。

第二，掌握排查的时间、地点、范围、方法。

第三，逐门、逐户、逐人进行摸底排队，掌握纠纷发生的重点户、重点人的信息。

第四，填写排查工作统计表，做好总结。

第五，对应当由人民调解委员会调解的，落实调解人员，及时化解纠纷。对不属于人民调解委员会调解范围的或者调解不了的，及时上报。对排查中揭发出的违法、犯罪线索，应立即移交公安机关等相关部门处理。

15. 怎样落实纠纷信息传递与反馈制度?

答: 纠纷信息传递与反馈制度，是指基层人民政府、相关部门和社会组织通过各种渠道将民间纠纷的征兆或者信息传递到人民调解委员会，由人民调解委员会对纠纷信息进行分析研究和加工处理，并将具体的调解意见反馈给相关单位，为其科学地预防、疏导、化解民间纠纷提供依据。

落实纠纷信息传递与反馈制度的具体要求有：

第一，建立信息传递与反馈组织。一般情况下，由人民调解员兼任纠纷信息员。

第二，做好信息的加工处理，应对收到的信息进行分析，按照纠纷的性质、种类进行分类处理。

第三，及时进行信息反馈，确保信息渠道的畅通，以便使相关部门及时掌握纠纷情况，便于及时疏导、化解矛盾。

第四，组织好信息的传递，传递的方式有口头传递、书面传递、电话传递等。

16. 人民调解委员会有哪三项任务?

答：《人民调解委员会组织条例》规定了人民调解委员会的三项任务："调解民间纠纷；通过调解工作宣传法律、法规、规章和政策，教育公民遵纪守法，尊重社会公德；向村民委员会或者居民委员会反映民间纠纷和调解工作的情况。"《人民调解工作若干规定》将人民调解委员会工作任务修订为："（1）调解民间纠纷，防止民间纠纷激化；（2）通过调解工作宣传法律、法规、规章和政策，教育公民遵纪守法，尊重社会公德，预防民间纠纷发生；（3）向村民委员会、居民委员会、所在单位和基层人民政府反映民间纠纷和调解工作的情况。"

由此可以看出，人民调解委员会主要有以下三项任务：

一是解决民间纠纷，化解社会矛盾；

二是推进法治宣传，普及法治观念；

三是反映社情民意，加强与政府的沟通。

17. 做好反映社情民意工作的作用是什么？

答：人民调解委员会在处理民间纠纷时，掌握大量的第一手信息，对纠纷发生的频率、种类等有最直接的了解。这种纠纷信息，是社情民意的一种表现形式。

第一，人民调解委员会应及时将辖区内民间纠纷的发生、发展情况和调解工作情况向所在单位或基层人民政府汇报，以便取得基层人民政府的重视和支持。这样可以加强人民与政府之间的沟通能力，及时、彻底地处理社会矛盾。

第二，在调解工作中，人民调解委员会还应及时反映群众对现行法律、法规及纠纷调整制度等方面的意见和建议，以促进我国的社会主义民主与法治建设。

第三，人民调解委员会在反映社情民意的同时，必定会进行纠纷信息的调查、收集、分析、总结工作，这样可以更好地了解纠纷发生的规律、原因等重要信息，有利于有针对性地开展人民调解工作。

18. 如何重视开展法治宣传、普及法治观念工作？

答：人民调解委员会深入群众组织，能够直接地向群众传达法治观念，并且从日常生活出发，有利于群众理解和接受。人民调解委员会实践中开展法治宣传主要有三种方法：

一是人民调解组织可以寓法律与道德的宣传教育工作于纠纷解决之中，将法治宣传与调解工作的开展紧密结合起来。可以按照纠纷的种类，结合有关法律、法规，以案释法，起到调解一件、教育一片的作用。

二是人民调解组织可以根据纠纷发生的时间特点或地域特点，有针对性地进行宣传教育，这样针对性强，可以起到事半功倍的效果。

三是人民调解组织可以针对群众最为关心和关注的法律政策问题进行解答，进行普法宣传，从源头上预防纠纷的产生。

第十七章

人民调解员相关知识

1. 担任人民调解员有什么要求?

答:《人民调解法》第14条第1款规定:“人民调解员应当由公道正派、热心人民调解工作,并具有一定文化水平、政策水平和法律知识的成年公民担任。”具体而言,人民调解员应当具备以下条件:

第一,公道正派。《关于加强人民调解员队伍建设的意见》中指出:“人民调解员应由公道正派、廉洁自律、热心人民调解工作,并具有一定文化水平、政策水平和法律知识的成年公民担任。”只有公道正派的人,才能为群众所信任,才能化解矛盾纠纷,加强政府与人民群众的联系。

第二,热心调解工作。民间纠纷的特点是事小、量大、面多、复杂、易反复,因此人民调解员的工作十分繁重,这就要求人民调解员热心调解工作,只有这样,才能完成纷繁复杂的调解工作。

第三,要有一定的文化水平、政策水平和法律知识。具有一定的文化水平,熟悉和掌握一定的政策水平和法律知识是人民调解员进行调解工作的前提,也是坚持合理合法工作原则的要求。人民调解员的业务水平，直接决定了调解结果的合法性、合理性，也决定了人民调解员的权威。《关于加强人民调解员队伍建设的意见》中指出："乡镇（街道）人民调解委员会的调解员一般应具有高中以上学历，行业性、专业性人民调解委员会的调解员一般应具有大专以上学历，并具有相关行业、专业知识或工作经验。"

第四，必须是成年公民。人民调解员工作能力的发挥，其基础是自身能力的健全。成年公民具有相当的生活经验，具有独立分析与解决问题的能力，这样才可以承担民间纠纷的调解工作。

2. 人民调解员如何产生?

答:《人民调解法》第 13 条规定："人民调解员由人民调解委员会委员和人民调解委员会聘任的人员担任。"《人民调解法》第 9 条第 1 款规定："村民委员会、居民委员会的人民调解委员会委员由村民会议或者村民代表会议、居民会议推选产生；企业事业单位设立的人民调解委员会委员由职工大会、职工代表大会或者工会组织推选产生。"据此规定，人民调解员的产生有推选和聘任两种。

此外，《关于加强人民调解员队伍建设的意见》中也规定，人民调解委员会委员通过推选产生。村民委员会、社区居民委员会的人民调解委员会委员由村民会议或者村民代表会议、居民会议或者居民代表会议推选产生。企业事业单位设立的人民调解委员会委员由职工大会、职工代表大会或者工会组织推选产生。乡镇（街道）人民调解委员会委员由行政区域内村（居）民委员会、有关单位、社会团体、其他组织推选产生。行业性、专业性人民调解委员会委员由有关单位、社会团体或者其他组织推选产生。人民调解委员会委员任期届满，应及时改选，可连选连任。任期届满的原人民调解委员会主任应向推选单位报告工作，听取意见。新当选的人民调解委员会委员应及时向社会公布。

3. 人民调解员要遵守哪些工作纪律?

答:《人民调解法》第15条规定:“人民调解员在调解工作中有下列行为之一的,由其所在的人民调解委员会给予批评教育、责令改正,情节严重的,由推选或者聘任单位予以罢免或者解聘:(一)偏袒一方当事人的;(二)侮辱当事人的;(三)索取、收受财物或者牟取其他不正当利益的;(四)泄露当事人的个人隐私、商业秘密的。”具体来说,人民调解员应当遵守以下四个方面的基本工作纪律:

第一,不能偏袒一方当事人。人民调解员在开展调解工作时,应当秉公办理,要公平、公正地对待双方当事人,不得偏袒一方。

第二,不能侮辱当事人。人民调解员在处理纠纷时,应当尊重当事人,在任何情况下都不能对当事人进行侮辱、谩骂。

第三,不能索取、收受财物或者牟取其他不正当利益,这是对人民调解员的廉洁要求。人民调解员只有在廉洁的前提下,才能够秉公处理纠纷,公平公正不偏不倚地解决矛盾。如果人民调解员牟取不正当利益,不仅会损害人民调解委员会的权威和形象,而且极易诱发新的矛盾。

第四,不得泄露当事人的个人隐私、商业秘密。公民享有隐私权,即对其个人的、与公共利益无关的个人信息、私人活动和私有领域进行支配的一种人格权。人民调解员在调解民间纠纷的过程中,特别是调解婚姻、家庭、邻里纠纷的时候,无论当事人是否声明相关事实属于个人隐私,人民调解员均不能对外泄露。近年来,人民调解的工作领域不断拓展,调解的纠纷主体也由自然人拓展到法人和其他组织。这就使人民调解员在调解活动中能够接触到一些商业秘密,人民调解员有保守这些秘密的法定义务。

4. 人民调解员的工作任务有哪些?

答: 根据《关于加强人民调解员队伍建设的意见》中的规定,人民调解员的职责任务为:

第一,积极参与矛盾纠纷排查,对排查发现的矛盾纠纷线索,采取有针对性的措施,预防和减少矛盾纠纷的发生。

第二,认真开展矛盾纠纷调解,在充分听取当事人陈述和调查了解有关情况的基础上,通过说服、教育、规劝、疏导等方式方法,促进当事人平等协商、自愿达成调解协议,督促当事人及时履行协议约定的义务,人民调解员对当事人主动申请调解的,无正当理由不得推诿不受理。

第三,做好法治宣传教育工作,注重通过调解工作宣传法律、法规、规章和政策,教育公民遵纪守法,弘扬社会公德、职业道德和家庭美德。

第四,发现违法犯罪以及影响社会稳定和治安秩序的苗头隐患,及时报告辖区公安机关。

第五,主动向所在的人民调解委员会报告矛盾纠纷排查调解情况,认真做好纠纷登记、调解统计、案例选报和文书档案管理等工作。

第六,自觉接受司法行政部门指导和基层人民法院业务指导,严格遵守人民调解委员会制度规定,积极参加各项政治学习和业务培训。

第七,认真完成司法行政部门和人民调解委员会交办的其他工作任务。

5. 人民调解员应树立怎样的学习意识?

答: 作为化解纠纷矛盾的“第一道防线”,人民调解员必须树立牢固的学习意识，不断加强理论学习和业务学习。否则，将跟不上时代和社会发展的需要，以至于不能及时有效地处理民间纠纷，不能实现人民调解的根本任务。注重学习需要做到以下几方面：

首先，要端正态度，切实增强社会责任感和政治责任感，具有强烈的忧患意识、竞争意识、责任意识。

其次，要统筹安排，具有时间观念。人民调解员要正确处理学习与工作、家庭、生活的关系，静下心，多读书，勤思考。

最后，应该联系实际，学以致用。人民调解员要主动深入基层，深入群众，注重理论的运用，注重现实的研究和理论的探索，用学到的东西指导实践，提高业务水平。

6. 人民调解员怎样提升调解技能?

答：人民调解员调解民间纠纷应当坚持原则。《人民调解法》第 3 条对人民调解委员会调解民间纠纷应当遵循的原则作了规定：在当事人自愿、平等的基础上进行调解；不违背法律、法规和国家政策；尊重当事人的权利，不得因调解而阻止当事人依法通过仲裁、行政、司法等途径维护自己的权利。

关于调解工作的三项原则，我们在开篇人民调解概论中就说到了什么是“平等自愿”“合理合法”“不限制当事人权利”的调解工作三原则，大家可以回看回顾，帮助理解，在这里我们说调解员要做到坚持调解工作的原则、提升调解技能应做到的几点：

一是认真学习法律、法规和国家政策，掌握必要的法律知识和相关的方针政策，认真学习文化知识，特别是学习人民调解的基本理论知识，在基层人民政府和基层人民法院的指导下，围绕党和国家工作大局工作，依法调解。

二是将宏观的原则落实到行动中，从小事着手从身边做起，在工作中总结经验，要向老人民调解员请教提高业务水平，在实际工作中成长。

三是在坚持原则的同时注意实施的方式方法，既坚持原则又方便灵活，在基本原则的指导之下，采取各种灵活方便的措施合情合理地化解民间矛盾。并且要及时总结推广人民调解工作的成功经验和做法，针对新情况、新问题不断研究探索解决方法，要同人民法院密切配合，改进工作。

7. 当事人有权选择人民调解员调解纠纷吗?

答：根据《人民调解法》第 23 条的规定，纠纷当事人有选择或者接受人民调解员的权利。据此，在调解纠纷时，人民调解委员会可以根据需要指定一名或数名人民调解员调解，也可以由当事人选择一名或数名调解员进行调解。所以，当事人可以自主选择人民调解员调解纠纷。

第十八章

人民调解协议相关知识

1. 调解达成的协议有几种形式?

答:《人民调解法》第 28 条规定:“经人民调解委员会调解达成调解协议的,可以制作调解协议书。当事人认为无需制作调解协议书的,可以采取口头协议方式,人民调解员应当记录协议内容。”

《关于贯彻实施〈中华人民共和国人民调解法〉的意见》第 13 条进一步规定规范人民调解协议。经人民调解委员会调解达成调解协议的,可以制作《人民调解协议书》。调解协议有给付内容且非即时履行的,一般应当制作《人民调解协议书》。当事人认为无需制作调解协议书的,可以采取口头协议方式,由人民调解员填写《人民调解口头协议登记表》。

2. 人民调解协议是否具有法律约束力?

答:《人民调解法》第 31 条第 1 款规定:“经人民调解委员会调解达成的调解协议,具有法律约束力,当事人应当按照约定履行。”因此,依法达成的调解协议受到法律的保护,双方当事人必须按照协议来履行自己的义务,不得擅自变更或者解除调解协议。

3. 人民调解协议应当载明哪些内容？

答：根据《人民调解法》第29条第1款，结合《人民调解工作若干规定》第35条的规定，人民调解协议书应当载明下列事项：

（1）当事人的基本情况。包括双方当事人的姓名、性别、民族、年龄、职业、单位或住址等情况。

（2）纠纷简要事实、争议事项及双方责任。即当事人双方产生纠纷的主要原因、过程，所争议的具体事项及内容，以及在该纠纷中双方当事人各自承担什么样的责任。

（3）双方当事人的权利和义务。即通过人民调解委员会的调解，当事人在互谅互让、平等协商的基础上，就如何解决纠纷所达成的一致意见。

（4）履行协议的方式、地点、期限。明确写出调解协议的履行方式、地点、期限，有利于协议的实际履行，保护当事人的权益。

（5）当事人签名、盖章或按指印，人民调解员签名并加盖人民调解委员会印章。这样表明双方当事人对该协议的认可，是双方真实意思的表示，表明该协议是在人民调解委员会的主持下达成的。

调解协议制作完成后，由纠纷当事人各执一份，人民调解委员会留存一份。

4. 书面和口头调解协议的生效时间是怎样规定的？

答：人民调解协议包括书面和口头两种形式。

《人民调解法》第29条第2款规定："调解协议书自各方当事人签名、盖章或者按指印，人民调解员签名并加盖人民调解委员会印章之日起生效。调解协议书由当事人各执一份，人民调解委员会留存一份。"这一款规定了书面调解协议的生效时间。

《人民调解法》第30条规定："口头调解协议自各方当事人达成协议之日起生效。"这是口头协议的生效时间。

5. 人民调解协议部分无效，其他部分也同样无效吗?

答：调解协议部分无效，不影响其他部分效力的，其他部分仍然有效。人民调解协议由若干个部分组成，有效部分和无效部分独立存在，一部分内容无效不影响另一部分的效力。

6. 人民调解协议的履行方式有几种?

答：人民调解协议的履行，是负有义务的当事人按照人民调解协议的约定和法律、法规的规定，全面、正确地履行自己的义务。履行调解协议的方式，可以分为自觉履行、督促履行、强制履行三种。

自觉履行是当事人自觉主动地按照调解协议中确认的义务去履行，这是人民调解协议最主要的履行方式。

督促履行是当事人在达成调解协议后，无正当理由不自觉履行协议，人民调解委员会应当做好当事人的工作，督促其履行。

强制履行是指执行组织和个人，依据法律、法规的规定，强制当事人履行所负的义务。

7. 人民调解协议在什么情况下可强制履行?

答：根据《人民调解法》第33条第2款的规定，经人民法院依法确认调解协议有效，一方当事人拒绝履行或者未全部履行的，对方当事人可以向人民法院申请强制执行。

8. 当事人经督促后仍不履行调解协议的怎么办?

答：《人民调解法》第31条第2款规定："人民调解委员会应

当对调解协议的履行情况进行监督，督促当事人履行约定的义务。”司法部《关于贯彻实施〈中华人民共和国人民调解法〉的意见》第 14 条规定，当事人无正当理由不履行人民调解协议的，人民调解委员会应当督促其履行。

督促是在当事人自愿的前提下履行义务，并非强制其履行。

经督促履行之后，当事人仍拒不履行调解协议的，在人民调解委员会的补救措施无效的情况下，可以请求其他有权机关解决因人民调解协议产生的纠纷。

《人民调解工作若干规定》第 37 条第 3 项规定：“对经督促仍不履行人民调解协议的，应当告知当事人可以请求基层人民政府处理，也可以就调解协议的履行、变更、撤销向人民法院起诉。”

9. 对已达成的调解协议发生争议怎么办？

答：《人民调解法》第 32 条规定：“经人民调解委员会调解达成调解协议后，当事人之间就调解协议的履行或者调解协议的内容发生争议的，一方当事人可以向人民法院提起诉讼。”

10. 对调解协议的履行是否应当进行回访？

答：《人民调解工作若干规定》第 36 条第 2 款规定：“人民调解委员会应当对调解协议的履行情况适时进行回访，并就履行情况做出记录。”《关于贯彻实施〈中华人民共和国人民调解法〉的意见》第 14 条针对督促当事人履行调解协议规定，人民调解委员会应当对人民调解协议的履行情况，适时进行回访，并填写《人民调解回访记录》。

对已经调解的民间纠纷，人民调解员应当进行回访。实行回访制度，可以及时发现调解工作中的不足之处，总结经验，不断改进工作。也可以督促当事人自觉履行调解协议，防止纠纷反复。

11. 达成调解协议后一方反悔的如何处理?

答: 根据《人民调解工作若干规定》第37条和第38条的规定,达成调解协议后,一方当事人反悔的,人民调解委员会可以采取如下处理办法:

第一,当事人无正当理由反悔的,应做好当事人的工作,促使当事人履行人民调解协议。

第二,如当事人提出调解协议内容不当,或者人民调解委员会发现调解协议内容不当的,应当在经双方当事人同意之后,经再次调解变更原协议内容或者撤销原协议,达成新的调解协议。

第三,对经督促仍不履行人民调解协议的,应当告知当事人可以请求基层人民政府处理,也可以就调解协议的履行、变更、撤销向人民法院起诉。

对当事人因对方不履行调解协议或者达成协议后又反悔起诉到人民法院的民事案件,原承办该纠纷调解的人民调解委员会应当配合人民法院对该案件的审判工作。

12. 调解不成,没有达成调解协议怎么办?

答:《人民调解法》第26条规定,人民调解员调解纠纷,调解不成的,应当终止调解,并依据有关法律、法规的规定,告知当事人可以依法通过仲裁、行政、司法等途径维护自己的权利。

实践中,全国各层级的调解组织始终围绕促进社会和谐,进一步完善以人民调解制度为基础,与司法调解、行政调解和行业调解相互衔接、相互配合、相互联动的大调解工作机制,最大限度地把各种矛盾纠纷解决在基层、解决在萌芽状态,实现定分止争、案结事了、息诉罢访。

第十九章

民间纠纷的受理、调解与预防相关知识

1. 民间纠纷的主体指哪些？

答： 民间纠纷的主体就是发生民间纠纷的当事人，一般是双方，也可以是多方。这些当事人有的是公民与公民，有的是公民与法人和其他社会组织，如农村村民与农村合作组织、乡镇企业，企业职工与所在的企业等。

在民间纠纷中，享受权利的一方当事人，称为权利主体，承担义务的一方当事人，称为义务主体。有些民间纠纷的权利义务主体是明确划分的；有些民间纠纷主体间的权利义务是混合的，即双方当事人既享受权利，也承担义务。

2. 什么是民间纠纷的客体？

答： 民间纠纷的客体是纠纷主体间权利义务争议或者是非争议所指向的对象，是和纠纷的主体相对而言的。

由于实际生活的复杂和纠纷争议的多样，民间纠纷的客体也有所区别。在多数民间纠纷中，当事人之间权利和义务所指向的对象是物。例如，在房屋所有权纠纷中，双方当事人权利和义务所指向的是房屋。在某些民间纠纷中，当事人之间权利和义务所指向的是行为，包括作为和不作为。作为是负有义务的一方当事人，应当积极行动完成某项义务；不作为是相对于作为而言的，指行为人负有实施某种积极行为的特定的法律义务，并且能够实行而不实行的行为。

3. 民间纠纷的内容指什么?

答：民间纠纷的内容，主要是指民间纠纷主体间争议的实体权利和义务。在社会的生产、生活中，公民之间、公民与法人或其他社会组织之间由于主观和客观的原因，容易发生各种纠纷。在这些纠纷中，所争议的多是民事实体权利和义务，即谁享有权利，谁承担义务的问题。当事人之间的这些纠纷，国家不强行干预。这种权利和义务只要符合法律、法规、政策，经过人民调解委员会调解，就可能获得实现。这些纠纷当事人争议的实体民事权利和义务，即是民间纠纷的内容。

4. 民间纠纷受理程序如何启动?

答：人民调解的群众自治的性质决定了人民调解从方法到程序，都应有别于处理纠纷案件的行政程序和司法程序，要体现出人民调解不拘形式、灵活便捷、便民利民的特点和优势。《人民调解法》以此作为人民调解程序设计的基本取向，兼顾并处理好人民调解方法的灵活性与规范化之间的关系。根据《人民调解法》第 17 条规定，当事人可以向人民调解委员会申请调解；人民调解委员会也可以主动调解。可见，人民调解的启动方式不像司法程序那样采用不告不理原则，也没有特别严格的管辖程序，同时也摆脱了烦琐的申请、受理程序——既可以由当事人申请受理，也可以由人民调解委员会主动受理。

5.《人民调解法》关于人民调解程序是如何规定的?

答:《人民调解法》将人民调解工作实践中行之有效的经验、措施总结提炼上升为法律制度，用以指导、规范人民调解工作实践。具体表现为以下三点:

一是规定了人民调解的启动方式。当事人可以向人民调解委员会申请调解；人民调解委员会也可以主动调解。一方当事人明确拒绝调解的，不得调解。

二是规定了人民调解员的选择和调解的方式。人民调解委员会根据调解纠纷的需要，可以指定一名或者数名人民调解员进行调解，也可以由当事人自主选择一名或者数名人民调解员进行调解。人民调解员根据调解纠纷的需要，在征得当事人的同意后，可以邀请当事人的亲属、邻里、同事参与调解，也可以邀请具有专门知识、特定经验的人员或者有关社会组织的人员参与调解。人民调解委员会支持群众认可的社会人士参加调解，增加人民调解工作社会参与的意识。人民调解员调解民间纠纷，应当坚持原则，明法析理，明辨是非，主持公道。调解民间纠纷，应当及时、就地进行，防止矛盾激化。人民调解员根据纠纷的不同情况，可以采取多种方式调解民间纠纷，充分听取当事人的陈述，讲解有关法律、法规和国家政策，耐心疏导，在当事人平等协商、互谅互让的基础上，提出纠纷解决方案，帮助当事人自愿达成调解协议。

三是规定了当事人在人民调解中的权利义务。当事人在人民调解活动中享有下列权利：选择或者接受人民调解员，接受调解、拒绝调解或者要求终止调解，要求调解公开或者不公开进行，自主表达意愿，自愿达成调解协议。当事人在人民调解活动中履行下列义务：不得提供虚假情况，遵守调解现场秩序，尊重人民调解员，尊重对方当事人行使权利。

6. 仅一方当事人申请能直接进行调解吗？

答：人民调解委员会受理调解申请，必须以双方当事人自愿调解为前提，一方当事人申请，另一方当事人不愿意调解的，人民调解委员会虽可受理，但不能强制其进行调解。

人民调解委员会不论采取何种方式受理纠纷，必须充分尊重当事人的自愿原则。根据《人民调解法》第 17 条的规定，当事人一方明确拒绝调解的，不得调解。

在调解过程中，一方当事人不愿继续调解的，应当终止调解。当事人申请调解后又撤回的，人民调解委员会应当尊重当事人的选择，不得强制调解。

7. 人民调解委员会不能受理哪些纠纷？

答：《人民调解工作若干规定》第 22 条规定："人民调解委员会不得受理调解下列纠纷：（一）法律、法规规定只能由专门机关管辖处理的，或者法律、法规禁止采用民间调解方式解决的；（二）人民法院、公安机关或者其他行政机关已经受理或者解决的。"

具体来说，不属于人民调解委员会调解的纠纷主要有以下几种：第一，法律、法规明确规定由专门机关管辖的纠纷，如已构成犯罪的行为；第二，其他机关已受理的纠纷；第三，其他机关已处理完毕的纠纷；第四，禁止用民间调解方式解决的纠纷；第五，一方当事人不同意调解的纠纷。

总之，合理合法原则要求人民调解委员会受理和调解矛盾纠纷的范围要符合法律、法规的规定。法律法规规定只能由专门机关管辖处理的或者法律法规禁止采用民间调解方式解决的，人民法院、公安机关或者其他行政机关已经受理或者解决的，如治安案件、刑事犯罪案件、法院审结的民事案件，人民调解委员会不得调解。

8. 如何处理超出范围的纠纷调解申请？

答：人民调解委员会对不符合受理条件的纠纷，应当向当事人作出解释，并且告知当事人到相关部门去要求解决，或主动与相关部门联系、配合，帮助解决问题。如对违反《治安管理处罚法》的行为，应主动与公安机关联系并告知当事人到公安机关去解决；如果是依法应当由人民法院审理的纠纷，应告知当事人向人民法院提起诉讼。人民调解委员会对于可能激化的纠纷，应当及时采取必要的疏导措施，并且向有关部门反映。

9. 什么情况下可以主动受理纠纷？

答：对于排查中主动发现的、群众反映的或者有关部门移送的民间纠纷，人民调解委员会应当主动进行调解。即使当事人未提出调解申请，人民调解委员会也可主动受理进行调解，但要注意的前提是当事人同意调解，不得违背当事人的自愿原则。

10. 核实纠纷该如何调查？调查都有哪些方法和途径？

答：《人民调解工作若干规定》第 26 条规定："人民调解委员会调解纠纷，应当分别向双方当事人询问纠纷的事实和细节，了解双方的要求及其理由，根据需要向有关方面调查核实，做好调解前的准备工作。"调查的内容包括纠纷的性质、争执焦点、纠纷产生的原因、发展过程以及目前处于什么程度，证据和证据的来源，当事人的个性特征和当事人对纠纷的态度，对纠纷当事人起影响或制约作用的各种因素和社会关系等情况。调查核实要尽量做到全面细致，重点要放在查明有助于弄清纠纷症结和事实真相的关键情节上。

调查的方法和途径主要有：

第一，耐心细致地听取各方当事人的陈述，询问纠纷的有关情况，了解和洞察当事人的真实思想和要求。

第二，向纠纷关系人、知情人及周围群众做调查。

第三，对于争执标的属于房屋、宅基地、水利设施、山林等纠纷，需要到现场进行实地调查，以便准确掌握纠纷的第一手材料。

在调查过程中，调解人员应当对调查的情况做出详细的记录，必要时可以请被调查人写出书面材料。在调查核实的基础上，调解委员会还要对材料进行综合全面的分析判断，去伪存真，得出最为接近事实真相的正确结论。

11. 调查中要注意什么？

答：人民调解员进行调查研究的目的是查明纠纷发生、发展的过程，查明双方当事人争执的焦点及对解决纠纷的态度，以明确双方责任的大小。

为了使调查研究收到较好的效果，人民调解员在调查研究中应当注意以下几点：

第一，要全面地看问题。人民调解员在调查研究时，要广泛地听取意见，包括听取纠纷当事人的意见、知情群众的意见和当事人所在单位的意见，等等。这样，可避免认识上的片面性。

第二，要把握客观、公正的原则。调查研究时必须坚持没有调查就没有发言权的原则。人民调解员在调查研究中不应带有任何主观偏见和个人感情。

第三，要深入细致，不可偏听偏信。由于纠纷当事人对纠纷的处理结果有利害关系，可能有意隐瞒事实真相，推卸责任，也可能怕打击报复，存有顾虑，不愿如实陈述。人民调解员要了解纠纷的真实情况，就必须进行深入细致的调查研究，对当事人和证人做耐心细致的思想教育工作，启发他们的觉悟。

第四，要及时取证，拿到第一手材料。纠纷发生后，及时了解情况，收集有关的证据，对于查明纠纷和正确解决纠纷至关重要，否则，时过境迁，就难以查明纠纷的真实情况。

12. 拟订调解方案包括哪些内容?

答：在对纠纷事实进行充分分析的基础上，要善于拟订调解方案。方案主要包括以下内容：

（1）确定调解所要达到的目的；

（2）准备好消除双方当事人争执的可行性方案；

（3）预计调解过程中可能出现的问题和对策；

（4）查明调解具体纠纷所涉及的法律、法规、政策条款；

（5）列出具体的调解方法和工作要点等。

13. 法律关于调解纠纷的调结期限是如何规定的?

答：根据《人民调解工作若干规定》第33条的规定："人民调解委员会调解纠纷，一般在一个月内调结。"因为人民调解委员会调解纠纷不同于人民法院审理民事案件，人民调解多是通过简单的、灵活多样的方式和手段进行，程序较为简易，便利快捷。同时，这样的规定有利于人民调解委员会及时、迅速地调解民间纠纷，防止纠纷久拖不调或久调不决，导致纠纷激化。

14. 预测和控制民间纠纷的方法有哪些?

答：第一，主动控制和被动控制。在纠纷的潜伏、萌芽阶段，采取积极的控制措施，消除纠纷发生的内在原因，改变纠纷的外部条件，创造和谐的环境，把纠纷消灭在萌芽阶段，这是积极的主动控制措施。被动控制是在纠纷发生后所采取的控制措施，它可以把纠纷控制在始发阶段，防止事态扩大，进而解决纠纷，将被动转化为主动。

第二，计划控制和随机控制。计划控制，是对那些形成期较长，变化缓慢，征兆明显的纠纷所采取的预先控制。这种纠纷可能向着和解或激化两个方面发展，应有计划地采取措施，促进和解，防止进一步激化。随机控制，是针对那些事前难以预料的突发性纠纷所采取的应急控制措施。它要求调解人员面临突发事件时做出快速反应，随时应变，从容镇定、机智果断地制止事态发展，避免可能造成的财产损失和人身伤亡。

第三，重点控制和一般控制。对纠纷多发的人、户、事、场所、季节等，可实行重点控制。对纠纷常发户和常闹事的人，要勤教、勤访和勤查，分工到人；对纠纷易发的场所和季节，要加强控制力量，制定控制措施，做到“祸水没来先垒坝”；要抓苗头，注意纠纷迹象，加速信息传递和反馈，力争做到纠纷未发人先知，人民调解员主动上门，及时解决。一般控制是对纠纷的经常性的控制。如做好经常性的法治教育和社会主义道德教育，增强公民的法律意识、道德观念，提高群众对纠纷的自我控制能力和约束力。

第四，直接控制和间接控制。人民调解组织及其成员直接对纠纷采取的控制措施，叫直接控制。如对纠纷当事人的教育、启发、疏导、劝慰或告诫，排除纠纷激化的物质条件，如作为殴斗、自杀的工具。间接控制是在调解组织的倡导下，通过动员当事人的亲友、邻居及所在单位的有关人员，为控制纠纷发展所进行的预防性活动。

总之针对民间纠纷的不同情况，可采用多种形式和不同类别的预防和控制对策。

15. 预防婚姻、家庭纠纷需注意什么？

答：婚姻、家庭纠纷形成的原因是极其复杂的。在婚姻纠纷方面，因草率结婚、夫妻互不信任、喜新厌旧、第三者插足，以及一方不良嗜好等情况容易引起纠纷。这类纠纷发生范围广，发生率高，危害性大，容易激化。家庭中不仅有夫妻关系，还有父母、子女、兄弟姐妹及其他家庭成员间的关系。家庭是社会的缩影，社会上存在的问题必然反映到家庭中来。在家庭生活中，成员之间互相牵制，互相扶助，接触频繁，难免发生矛盾和纠纷。从调解实践看，婚姻、家庭纠纷占民事纠纷的三分之一，主要有赡养老人纠纷、抚养子女纠纷、继承纠纷等。有些地区由于精神文明建设跟不上，一些人在家庭中不尽义务，不讲文明，父母虐待子女，子女虐待老人，或者兄弟妯娌不和睦，等等。

为预防婚姻、家庭纠纷，调解人员要研究当前婚姻、家庭纠纷的新特点、新情况及其发生发展规律，采取预防措施。要深入调查研究，排除纠纷隐患。尤其对“组合家庭”、老弱病残户、大家庭户，调解员要经常和他们串门谈心，了解内情，了解离婚或丧偶后重新组织的家庭人员之间、招郎女婿和其他家庭成员之间的关系如何，老弱病残照顾得怎样，婆媳、妯娌有无矛盾等，做到胸中有数，一旦发现纠纷苗头，便可联系前因后果，及时解决。对因抚养、赡养闹纠纷的，可在加强教育的基础上，组织其家庭成员充分协商，签订协议，使被抚养、赡养的当事人的合法权益得到法律保护，避免纠纷的发生。对因家庭经济收入低，在开支花费上发生矛盾引起纠纷的，人民调解委员会要配合有关部门齐抓共管，积极发展多种经营，积极帮助这些家庭尽快脱贫致富，为低收入家庭安居乐业创造物质条件。

16. 预防房屋宅基地纠纷需注意什么?

答：这类纠纷多因一方当事人自私观念严重，非法侵犯他人或集体的合法权益而引起，双方互不相让，不断升级，常常酿成械斗事件。房屋宅基地纠纷因涉及居民的当前和长远利益，情况复杂，政策性强，调解难度大。预防措施应着眼于道德教育和法治教育，并建立健全必要的规章制度。

加强道德教育，宣传相邻人之间的权利和义务关系，建立起互相谅解、团结互助的社会主义睦邻关系。加强法治教育，宣传《土地管理法》及相关的法律、法规、政策，做到家喻户晓，增强人们的法治观念。村镇建房用地必须实行统一规划，制定用地标准，节约用地，遵守用地的审批制度。已往实践经验证明，对新建和翻建房屋采用四邻签字的方法，对预防建房纠纷的效果较好。施工时，调解人员要配合城建管理干部到场丈量地界，不留后遗症，这样可以预防纠纷，即使发生纠纷也易于调解。

要依照法律和政策，对非法侵占房屋宅基地和违反建房用地管理条例的当事人追究法律责任。这样既教育了当事人，也可预防类似情况发生。调解人员在建房动工之前，要注意发现纠纷苗头，掌握有关信息，有的还应亲临现场，实地观察建房用地是否合理合法，尽量把工作做在前头，以免发生纠纷和冲突。

17. 预防邻里纠纷需注意什么?

答：邻里纠纷多是因相邻土地通行关系、用水排水关系、公共场地使用关系、环境保护关系、防险关系、采光关系、通风关系、种植关系等矛盾而引起的。这类纠纷一旦发生，必然影响群众的生产、生活，影响邻里之间的和睦团结。

预防邻里纠纷，主要是开展社会主义精神文明活动，用社会主义道德观念教育群众，提高群众自我约束能力，教育相邻人珍惜友好的睦邻关系，“远亲不如近邻”，教育群众要建立平等、团结、友爱、睦邻的社会主义新型关系，从而维护睦邻关系，增强邻里之间的团结。

在实践中，可以引导相邻关系人在堆放腐烂物、有毒物、垃圾时，要与邻人的生活居住的建筑物保持一定距离，以免影响邻人的生活，避免由此发生纠纷。相邻关系人在建造房屋或其他建筑物时，应与邻人建筑物有一定的距离，以免与邻人因通风和采光而发生纠纷。

18. 预防生产经营方面的纠纷需注意什么？

答：这类纠纷是群众在直接从事生产活动过程中发生的，对生产经营活动的正常进行有着严重的影响。为了维护正常的生产秩序，调解人员应会同其他基层组织，针对纠纷发生的原因，制定相应的预防措施，先行一步，把预防工作做在生产经营活动的前头。如纠纷是因生产用地界线不清引起的，就应在生产季节到来之前及早划清界线，以防纠纷的发生。

如果是在用水、用电、用场、用农机具等公用设施方面发生的，则要制定严格的管理制度，合理安排，保证使用，以免发生纠纷影响生产。为预防合同纠纷，调解组织和乡镇法律服务机构要积极协助当事人做好合同的签订和审查工作，还可聘请法律顾问，提供必要的法律服务。

人民调解组织还应积极协同有关部门广泛宣传相关法律，使合同签订人懂得什么是具有法律效力的有效合同，什么是违法的无效合同，如何签订合同以及怎样运用法律手段保护自己合法的经济权益。

第二十章

人民调解的经费保障工作相关知识

1. 司法行政机关指导人民调解要做好哪些工作？

答：根据《关于贯彻实施〈中华人民共和国人民调解法〉的意见》和《最高人民法院、司法部关于进一步加强新时期人民调解工作的意见》的规定，指导人民调解需要做好以下工作：

一是各级司法行政机关特别是县级司法行政机关，依法全面履行指导人民调解工作的职责，推进人民调解组织建设、队伍建设、制度建设和保障能力建设，不断提高人民调解工作的质量和水平，充分发挥人民调解在化解社会矛盾、维护社会稳定中的作用。

二是开展人民调解队伍培训工作。省级、市级司法行政机关负责培训县级司法行政机关指导人民调解工作干部和司法所工作人员。县级司法行政机关组织开展本行政区域内的人民调解员培训工作，每年至少开展一次人民调解员任职培训，每三年完成一次人民调解员轮训。

三是推动落实人民调解工作各项保障政策。各级司法行政机关应当加强与有关部门的沟通协调，解决好人民调解指导工作的经费、人民调解委员会补助经费、人民调解员补贴经费；协调人民调解委员会的设立单位，为其提供必要的工作经费和办公条件；推动落实人民调解员的表彰奖励、困难救助、优待抚恤政策，充分调动广大人民调解员的积极性、主动性和创造性。

四是强化司法所指导人民调解工作的职能。司法所要切实履行对人民调解工作的日常指导职责，要适应新时期人民调解工作改革与发展的需要，不断加强人民调解工作的规范化、程序化、制度化建设。帮助有关单位和组织建立健全人民调解委员会，配齐配强人民调解员，健全完善人民调解工作制度；总结交流人民调解工作经验，指导人民调解委员会调解民间纠纷，纠正违法和不当的调解活动；维护人民调解员合法权益，协调解决人民调解委员会和人民调解员工作中的困难和问题，保障人民调解工作的顺利开展。

五是充分发挥人民调解员协会的作用。司法行政机关要依法指导人民调解员协会开展工作，支持人民调解员协会充分履行组织会员学习、总结交流经验、开展理论研究、维护会员权益等职责，团结和带领广大人民调解员努力做好人民调解工作。

2. 人民调解工作经费包括哪些?

答：2007 年颁布的《财政部、司法部关于进一步加强人民调解工作经费保障的意见》规定，人民调解工作经费包括司法行政机关指导人民调解工作经费、人民调解委员会工作补助经费、人民调解员补贴经费。

第一，司法行政机关指导人民调解工作经费包括：人民调解工作宣传经费、培训经费、表彰奖励费等。

第二，人民调解委员会工作补助经费是指对人民调解委员会购置办公文具、文书档案和纸张等的补助费。

第三，人民调解员补贴经费是指发放给被司法行政部门正式聘请的人民调解员调解纠纷的生活补贴费。

3. 法律对人民调解工作经费保障有哪些规定?

答:《人民调解法》第 6 条规定，国家鼓励和支持人民调解工作。县级以上地方人民政府对人民调解工作所需经费应当给予必要的支持和保障，对有突出贡献的人民调解委员会和人民调解员按照国家规定给予表彰奖励。第 12 条规定，村民委员会、居民委员会和企业事业单位应当为人民调解委员会开展工作提供办公条件和必要的工作经费。

同时，第 16 条还规定了对人民调解员的待遇。人民调解员从事调解工作，应当给予适当的误工补贴；因从事调解工作致伤致残，生活发生困难的，当地政府应当提供必要的医疗、生活救助；在人民调解工作岗位上牺牲的人民调解员，其配偶、子女按照国家规定享受抚恤和优待。

4. 人民调解工作经费保障办法有哪些?

答:《财政部、司法部关于进一步加强人民调解工作经费保障的意见》中指出，人民调解工作经费的保障办法是:

第一，司法行政机关指导人民调解工作经费列入同级财政预算。

第二，为支持人民调解委员会和人民调解员的工作，地方财政可根据当地经济社会发展水平和财力状况，适当安排人民调解委员会补助经费和人民调解员补贴经费。乡镇（街道）、村（居）委会、企事业单位等设立人民调解委员会和人民调解员的机构应继续在各方面对其提供支持。

第三，人民调解委员会补助经费、人民调解员补贴经费的安排和发放应考虑每个人民调解委员会及调解员调解纠纷的数量、质量、纠纷的难易程度、社会影响大小以及调解的规范化程度。补助和补贴标准可由县级司法行政部门商同级财政部门确定。

5. 人民调解经费怎样管理？怎样落实？

答：《财政部、司法部关于进一步加强人民调解工作经费保障的意见》中指出：

第一，人民调解工作经费由各级财政部门会同司法行政部门共同管理。司法行政部门要每年编报经费预算，报同级财政部门审批；使用过程中要严格把关，杜绝弄虚作假、瞒报、虚报现象。财政部门要加强对司法行政部门人民调解工作经费管理的监督检查。

第二，财政部门和司法行政部门要加强协调配合，及时研究解决工作中遇到的新情况、新问题，将人民调解工作经费保障落到实处，促进人民调解工作的进一步发展。

这就要求各级司法行政机关要按照《人民调解法》的要求，积极同有关部门沟通协调，把人民调解工作的各项保障措施落到实处：

一要落实经费保障，认真贯彻《财政部、司法部关于进一步加强人民调解工作经费保障的意见》，协调解决好人民调解工作指导经费、人民调解委员会补助经费、人民调解员补贴经费，确保这三项经费落实到位。

二要落实设立单位支持经费，在党委政府的统一领导下，协调、督促村民委员会、居民委员会、企业事业单位以及乡镇、街道、社会团体等，根据法律规定，解决好人民调解委员会必要的工作经费，提供必要的办公用房、办公用品、通信设施、交通工具等办公条件，努力为人民调解委员会有效开展工作创造良好条件。

三要落实人民调解员待遇，加强与有关部门协调配合，全面落实人民调解员的表彰奖励、困难救助、抚恤和优待政策，充分调动广大人民调解员的积极性、主动性和创造性，解决他们的后顾之忧，使他们全身心投入到本职工作中，更好地履行职责，发挥作用。

6. 给予人民调解委员会奖励的条件是什么？

答：按照司法部《人民调解委员会及调解员奖励办法》第 4 条

第 1 款规定，符合下列条件的人民调解委员会，给予集体奖励：

（1）组织健全，制度完善；

（2）调解纠纷和防止民间纠纷激化工作成绩显著，连续三年无因民间纠纷引起的刑事案件、自杀事件和群众性械斗；

（3）积极开展法治宣传教育，预防民间纠纷效果显著；

（4）积极向村（居）民委员会报告民间纠纷和调解工作情况，为减少纠纷发生和加强基层政权建设作出突出成绩。

7. 给予人民调解员奖励的条件是什么？

答：按照《人民调解委员会及调解员奖励办法》第 4 条第 2 款规定，符合下列条件之一的人民调解员，给予奖励：

（1）长期从事人民调解工作，勤勤恳恳，任劳任怨，全心全意为人民服务，为维护社会安定、增进人民团结作出突出贡献者；

（2）在防止民间纠纷激化工作中，积极疏导，力排隐患，临危不惧，挺身而出，舍己救人，对制止恶性案件发生或减轻危害后果作出突出贡献者；

（3）在纠纷当事人准备或正在实施自杀行为的紧急时刻，及时疏导调解，采取果断措施，避免当事人死亡的；

（4）刻苦钻研人民调解业务，认真总结人民调解工作经验，勇于改革开拓，对发展人民调解工作理论，丰富人民调解工作实践作出突出贡献者；

（5）忠实于法律、忠实于事实、忠实于人民利益，秉公办事，不徇私情、不谋私利事迹突出者；

（6）及时提供民间纠纷激化信息，为防止或减轻因民间纠纷激化引起的重大刑事案件、群众性械斗案件发生，作出较大贡献者。

（7）在维护社会安定、增进人民团结等其他方面作出重大贡献者。

第二十一章

人民调解常用法律文件汇编

第一节　各类纠纷调解常用法律法规及规范性文件

1. 调解婚姻家庭纠纷

《中华人民共和国民法典》

《最高人民法院关于适用〈中华人民共和国民法典〉婚姻家庭编的解释（一）》

《中华人民共和国妇女权益保障法》

《中华人民共和国未成年人保护法》

《中华人民共和国老年人权益保障法》

《中华人民共和国母婴保健法》

《中华人民共和国人口与计划生育法》

《流动人口计划生育工作条例》

《中华人民共和国民事诉讼法》

《最高人民法院关于适用〈中华人民共和国民事诉讼法〉的解释》

《中华人民共和国仲裁法》

《最高人民法院关于民事诉讼证据的若干规定》

2. 调解邻里纠纷

《中华人民共和国民法典》

《中华人民共和国民事诉讼法》

《最高人民法院关于适用〈中华人民共和国民事诉讼法〉的解释》

《中华人民共和国仲裁法》

《最高人民法院关于民事诉讼证据的若干规定》

3. 调解房屋宅基地纠纷

《中华人民共和国民法典》

《中华人民共和国建筑法》

《中华人民共和国土地管理法》

《中华人民共和国城市房地产管理法》

《中华人民共和国农村土地承包法》

《物业管理条例》

《廉租住房保障办法》

《商品房销售管理办法》

《最高人民法院关于审理商品房买卖合同纠纷案件适用法律若干问题的解释》

《中华人民共和国民事诉讼法》

《最高人民法院关于适用〈中华人民共和国民事诉讼法〉的解释》

《中华人民共和国仲裁法》

《最高人民法院关于民事诉讼证据的若干规定》

4. 调解合同纠纷

《中华人民共和国民法典》

《合同违法行为监督处理办法》

《中华人民共和国民事诉讼法》

《最高人民法院关于适用〈中华人民共和国民事诉讼法〉的解释》

《中华人民共和国仲裁法》

《最高人民法院关于民事诉讼证据的若干规定》

5. 调解侵权赔偿纠纷

《中华人民共和国民法典》

《中华人民共和国妇女权益保障法》

《中华人民共和国未成年人保护法》

《中华人民共和国老年人权益保障法》

《中华人民共和国母婴保健法》

《中华人民共和国精神卫生法》

《中华人民共和国民事诉讼法》

《最高人民法院关于适用〈中华人民共和国民事诉讼法〉的解释》

《中华人民共和国仲裁法》

《最高人民法院关于民事诉讼证据的若干规定》

《最高人民法院关于审理人身损害赔偿案件适用法律若干问题的解释》

6. 调解劳动纠纷

《中华人民共和国劳动法》

《中华人民共和国劳动合同法》

《中华人民共和国劳动合同法实施条例》

《中华人民共和国劳动争议调解仲裁法》

《工资支付暂行规定》

《中华人民共和国就业促进法》

《职工带薪年休假条例》

《中华人民共和国工会法》

《中华人民共和国社会保险法》

《工伤认定办法》

《工伤保险条例》

《中华人民共和国职业病防治法》

《部分行业企业工伤保险费缴纳办法》

《失业保险条例》

《中华人民共和国民事诉讼法》

《最高人民法院关于适用〈中华人民共和国民事诉讼法〉的解释》

《中华人民共和国仲裁法》

《最高人民法院关于民事诉讼证据的若干规定》

7. 调解村务管理纠纷

《中华人民共和国民法典》

《中华人民共和国环境保护法》

《中华人民共和国民事诉讼法》

《最高人民法院关于适用〈中华人民共和国民事诉讼法〉的解释》

《中华人民共和国仲裁法》

《最高人民法院关于民事诉讼证据的若干规定》

《中华人民共和国农业法》

《中华人民共和国农业技术推广法》

8. 调解山林土地纠纷

《中华人民共和国民法典》

《中华人民共和国土地管理法》

《中华人民共和国农村土地承包法》

《中华人民共和国环境保护法》

《中华人民共和国民事诉讼法》

《最高人民法院关于适用〈中华人民共和国民事诉讼法〉的解释》

《中华人民共和国仲裁法》

《最高人民法院关于民事诉讼证据的若干规定》

9. **调解征地拆迁纠纷**

《中华人民共和国民法典》

《中华人民共和国建筑法》

《中华人民共和国土地管理法》

《中华人民共和国城市房地产管理法》

《城市房屋拆迁行政裁决工作规程》

《最高人民法院关于办理申请人民法院强制执行国有土地上房屋征收补偿决定案件若干问题的规定》

《国有土地上房屋征收与补偿条例》

《中华人民共和国行政诉讼法》

《中华人民共和国民事诉讼法》

《最高人民法院关于适用〈中华人民共和国民事诉讼法〉的解释》

《中华人民共和国仲裁法》

《最高人民法院关于民事诉讼证据的若干规定》

10. **调解环境污染损害赔偿纠纷**

《中华人民共和国民法典》

《中华人民共和国环境保护法》

《中华人民共和国民事诉讼法》

《最高人民法院关于适用〈中华人民共和国民事诉讼法〉的解释》

《中华人民共和国仲裁法》

《最高人民法院关于民事诉讼证据的若干规定》

《气象设施和气象探测环境保护条例》

11. 调解交通事故纠纷

《中华人民共和国民法典》

《中华人民共和国道路交通安全法》

《中华人民共和国道路交通安全法实施条例》

《道路交通事故处理程序规定》

《道路交通安全违法行为处理程序规定》

《机动车交通事故责任强制保险条例》

《最高人民法院关于审理道路交通事故损害赔偿案件适用法律若干问题的解释》

《中华人民共和国道路运输条例》

《铁路交通事故应急救援和调查处理条例》

《国内水路运输管理条例》

《中华人民共和国民事诉讼法》

《最高人民法院关于适用〈中华人民共和国民事诉讼法〉的解释》

《中华人民共和国仲裁法》

《最高人民法院关于民事诉讼证据的若干规定》

12. 调解物业纠纷

《中华人民共和国民法典》

《物业管理条例》

《物业服务收费管理办法》

《中华人民共和国民事诉讼法》

《最高人民法院关于适用〈中华人民共和国民事诉讼法〉的解释》

《中华人民共和国仲裁法》

《最高人民法院关于民事诉讼证据的若干规定》

13. **调解医疗纠纷**

《中华人民共和国民法典》

《中华人民共和国民事诉讼法》

《医疗广告管理办法》

《医疗机构管理条例》

《医疗事故处理条例》

《中华人民共和国执业医师法》

《司法部、卫生部、保监会关于加强医疗纠纷人民调解工作的意见》

《中华人民共和国民事诉讼法》

《最高人民法院关于适用〈中华人民共和国民事诉讼法〉的解释》

《中华人民共和国仲裁法》

《最高人民法院关于民事诉讼证据的若干规定》

14. **调解电子商务纠纷**

《中华人民共和国民法典》

《中华人民共和国电子商务法》

《中华人民共和国消费者权益保护法》

《中华人民共和国电子签名法》

《中华人民共和国产品质量法》

《中华人民共和国食品安全法》

《中华人民共和国食品安全法实施条例》

《中华人民共和国发票管理办法》

《信息网络传播权保护条例》

15. **调解旅游纠纷**

《中华人民共和国民法典》

《中华人民共和国旅游法》

《中华人民共和国消费者权益保护法》

《中华人民共和国出境入境管理法》

《中华人民共和国进出境动植物检疫法》

《导游人员管理条例》

《旅馆业治安管理办法》

《最高人民法院关于审理旅游纠纷案件适用法律若干问题的规定》

16. **调解消费纠纷**

《中华人民共和国民法典》

《中华人民共和国消费者权益保护法》

《中华人民共和国产品质量法》

《中华人民共和国食品安全法》

《中华人民共和国食品安全法实施条例》

《中华人民共和国发票管理办法》

《零售商促销行为管理办法》

《部分商品修理更换退货责任规定》

17. **调解生产经营纠纷**

《中华人民共和国民法典》

《中华人民共和国公司法》

《中华人民共和国合伙企业法》

《中华人民共和国个人独资企业法》

《个体工商户条例》

《中华人民共和国反不正当竞争法》

《中华人民共和国产品质量法》

《中华人民共和国商标法》

《中华人民共和国专利法》
《中华人民共和国税收征收管理法》
《中华人民共和国增值税暂行条例》
《中华人民共和国企业所得税法》
《中华人民共和国个人所得税法》
《中华人民共和国会计法》
《中华人民共和国票据法》
《中华人民共和国广告法》
《中华人民共和国安全生产法》
《中华人民共和国招标投标法》
《中华人民共和国企业破产法》
《中华人民共和国中小企业促进法》
《中华人民共和国外商投资法》
《中华人民共和国乡镇企业法》
《中华人民共和国农民专业合作社法》

18. **调解其他纠纷**

《中华人民共和国保险法》
《中华人民共和国反不正当竞争法》
《中华人民共和国价格法》
《中华人民共和国商标法》
《中华人民共和国专利法》
《中华人民共和国著作权法》
《中华人民共和国人口与计划生育法》
《中华人民共和国招标投标法》
《中华人民共和国证券法》

第二节 人民调解工作相关法律法规及规范性文件

中华人民共和国人民调解法

（2010年8月28日第十一届全国人民代表大会常务委员会第十六次会议通过 2010年8月28日中华人民共和国主席令第34号公布 自2011年1月1日起施行）

第一章 总 则

第一条 为了完善人民调解制度，规范人民调解活动，及时解决民间纠纷，维护社会和谐稳定，根据宪法，制定本法。

第二条 本法所称人民调解，是指人民调解委员会通过说服、疏导等方法，促使当事人在平等协商基础上自愿达成调解协议，解决民间纠纷的活动。

第三条 人民调解委员会调解民间纠纷，应当遵循下列原则：

（一）在当事人自愿、平等的基础上进行调解；

（二）不违背法律、法规和国家政策；

（三）尊重当事人的权利，不得因调解而阻止当事人依法通过仲裁、行政、司法等途径维护自己的权利。

第四条 人民调解委员会调解民间纠纷，不收取任何费用。

第五条 国务院司法行政部门负责指导全国的人民调解工作，县级以上地方人民政府司法行政部门负责指导本行政区域的人民调解工作。

基层人民法院对人民调解委员会调解民间纠纷进行业务指导。

第六条 国家鼓励和支持人民调解工作。县级以上地方人民政府对人民调解工作所需经费应当给予必要的支持和保障，对有突出贡献的人民调解委员会和人民调解员按照国家规定给予表彰奖励。

第二章 人民调解委员会

第七条 人民调解委员会是依法设立的调解民间纠纷的群众性组织。

第八条 村民委员会、居民委员会设立人民调解委员会。企业事业单位根据需要设立人民调解委员会。

人民调解委员会由委员三至九人组成，设主任一人，必要时，可以设副主任若干人。

人民调解委员会应当有妇女成员，多民族居住的地区应当有人数较少民族的成员。

第九条 村民委员会、居民委员会的人民调解委员会委员由村民会议或者村民代表会议、居民会议推选产生；企业事业单位设立的人民调解委员会委员由职工大会、职工代表大会或者工会组织推选产生。

人民调解委员会委员每届任期三年，可以连选连任。

第十条 县级人民政府司法行政部门应当对本行政区域内人民调解委员会的设立情况进行统计，并且将人民调解委员会以及人员组成和调整情况及时通报所在地基层人民法院。

第十一条 人民调解委员会应当建立健全各项调解工作制度，听取群众意见，接受群众监督。

第十二条 村民委员会、居民委员会和企业事业单位应当为人民调解委员会开展工作提供办公条件和必要的工作经费。

第三章 人民调解员

第十三条 人民调解员由人民调解委员会委员和人民调解委员会聘任的人员担任。

第十四条 人民调解员应当由公道正派、热心人民调解工作，并具有一定文化水平、政策水平和法律知识的成年公民担任。

县级人民政府司法行政部门应当定期对人民调解员进行业务培训。

第十五条 人民调解员在调解工作中有下列行为之一的，由其所在的人民调解委员会给予批评教育、责令改正，情节严重的，由推选或者聘任单位予以罢免或者解聘：

（一）偏袒一方当事人的；

（二）侮辱当事人的；

（三）索取、收受财物或者牟取其他不正当利益的；

（四）泄露当事人的个人隐私、商业秘密的。

第十六条 人民调解员从事调解工作，应当给予适当的误工补贴；因从事调解工作致伤致残，生活发生困难的，当地人民政府应当提供必要的医疗、生活救助；在人民调解工作岗位上牺牲的人民调解员，其配偶、子女按照国家规定享受抚恤和优待。

第四章 调解程序

第十七条 当事人可以向人民调解委员会申请调解；人民调解委员会也可以主动调解。当事人一方明确拒绝调解的，不得调解。

第十八条 基层人民法院、公安机关对适宜通过人民调解方式解决的纠纷，可以在受理前告知当事人向人民调解委员会申请调解。

第十九条 人民调解委员会根据调解纠纷的需要，可以指定一名或者数名人民调解员进行调解，也可以由当事人选择一名或者数名人民调解员进行调解。

第二十条 人民调解员根据调解纠纷的需要，在征得当事人的同意后，可以邀请当事人的亲属、邻里、同事等参与调解，也可以邀请具有专门知识、特定经验的人员或者有关社会组织的人员参与调解。

人民调解委员会支持当地公道正派、热心调解、群众认可的社会人士参与调解。

第二十一条 人民调解员调解民间纠纷，应当坚持原则，明法析理，主持公道。

调解民间纠纷，应当及时、就地进行，防止矛盾激化。

第二十二条 人民调解员根据纠纷的不同情况，可以采取多种方式调解民间纠纷，充分听取当事人的陈述，讲解有关法律、法规和国家政策，耐心疏导，在当事人平等协商、互谅互让的基础上提出纠纷解决方案，帮助当事人自愿达成调解协议。

第二十三条 当事人在人民调解活动中享有下列权利：

（一）选择或者接受人民调解员；

（二）接受调解、拒绝调解或者要求终止调解；

（三）要求调解公开进行或者不公开进行；

（四）自主表达意愿、自愿达成调解协议。

第二十四条 当事人在人民调解活动中履行下列义务：

（一）如实陈述纠纷事实；

（二）遵守调解现场秩序，尊重人民调解员；

（三）尊重对方当事人行使权利。

第二十五条 人民调解员在调解纠纷过程中，发现纠纷有可能激化的，应当采取有针对性的预防措施；对有可能引起治安案件、刑事案件的纠纷，应当及时向当地公安机关或者其他有关部门报告。

第二十六条 人民调解员调解纠纷，调解不成的，应当终止调解，并依据有关法律、法规的规定，告知当事人可以依法通过仲裁、行政、司法等途径维护自己的权利。

第二十七条 人民调解员应当记录调解情况。人民调解委员会应当建立调解工作档案，将调解登记、调解工作记录、调解协议书等材料立卷归档。

第五章 调解协议

第二十八条 经人民调解委员会调解达成调解协议的，可以制作调解协议书。当事人认为无需制作调解协议书的，可以采取口头协议方式，人民调解员应当记录协议内容。

第二十九条 调解协议书可以载明下列事项：

（一）当事人的基本情况；

（二）纠纷的主要事实、争议事项以及各方当事人的责任；

（三）当事人达成调解协议的内容，履行的方式、期限。

调解协议书自各方当事人签名、盖章或者按指印，人民调解员签名并加盖人民调解委员会印章之日起生效。调解协议书由当事人各执一份，人民调解委员会留存一份。

第三十条 口头调解协议自各方当事人达成协议之日起生效。

第三十一条 经人民调解委员会调解达成的调解协议，具有法律约束力，当事人应当按照约定履行。

人民调解委员会应当对调解协议的履行情况进行监督，督促当事人履行约定的义务。

第三十二条 经人民调解委员会调解达成调解协议后，当事人之间就调解协议的履行或者调解协议的内容发生争议的，一方当事人可以向人民法院提起诉讼。

第三十三条 经人民调解委员会调解达成调解协议后，双方当事人认为有必要的，可以自调解协议生效之日起三十日内共同向人民法院申请司法确认，人民法院应当及时对调解协议进行审查，依法确认调解协议的效力。

人民法院依法确认调解协议有效，一方当事人拒绝履行或者未全部履行的，对方当事人可以向人民法院申请强制执行。

人民法院依法确认调解协议无效的，当事人可以通过人民调解方式变更原调解协议或者达成新的调解协议，也可以向人民法院提起诉讼。

第六章 附　　则

第三十四条 乡镇、街道以及社会团体或者其他组织根据需要可以参照本法有关规定设立人民调解委员会，调解民间纠纷。

第三十五条 本法自2011年1月1日起施行。

司法部关于贯彻实施《中华人民共和国人民调解法》的意见

（2010年12月24日　司发通〔2010〕224号）

为贯彻实施《中华人民共和国人民调解法》（以下简称人民调解法），现就有关问题提出以下意见：

一、深入学习宣传贯彻人民调解法

1. 充分认识贯彻实施人民调解法的重要意义。人民调解法是我国第一部专门规范人民调解工作的法律。人民调解法的颁布实施，对于完善人民调解制度、促进人民调解工作发展，对于深入推进三项重点工作、维护社会和谐稳定，对于进一步做好群众工作、密切党群干群关系，都具有十分重要的意义。各级司法行政机关要切实增强贯彻实施人民调解法的责任感、使命感，以贯彻实施人民调解法为契机，努力开创人民调解工作新局面。

2. 广泛深入地学习宣传人民调解法。各级司法行政机关、广大人民调解组织和人民调解员要深入学习人民调解法，掌握人民调解法的立法精神和各项规定，做到准确理解法律、自觉遵守法律、正确执行法律。要按照统一规划、分级负责、分期分批实施的原则，切实组织好人民调解法学习培训工作，为贯彻实施人民调解法奠定牢固基础。要面向社会、面向群众，广泛宣传人民调解法的重要意义和主要内容，宣传人民调解制度的特色和优势，为人民调解法的贯彻实施营造良好社会氛围。

3. 全面贯彻落实人民调解法的各项要求。人民调解法内容完备、要求明确，要在人民调解工作中全面贯彻、严格执行人民调解法，确保各项规定落到实处。要坚持人民调解的本质特征和工作原则，保证人民调解工作的正确方向。要加强人民调解组织和人民调解员队伍建设，为开展人民调解工作提供强有力的组织保障。要规范人民调解程序，不断提高人民调解工作的质量。要把握人民调解的基础性地位，充分发挥人民调解在化解矛盾纠纷中的优势和作用。要切实履行司法行政机关对人民调解工作的指导职责，有力推动人民调解工作的改革发展。

二、积极推进人民调解组织队伍建设

4. 建立健全人民调解委员会。依法全面建立村（居）人民调解委员会，实现村（居）人民调解委员会全覆盖。结合企业事业单位的特点和实际，鼓励和帮助企业事业单位建立人民调解委员会。加强乡镇（街道）人民调解委员会建设，充分发挥其化解疑难复杂矛盾纠纷的作用。积极与有关行业主管部门、社会团体和其他组织沟通协调，着重加强专业性、行业性人民调解委员会建设。

5. 健全完善人民调解组织网络。村（居）和企业事业单位人民调解委员会根据需要，可以在自然村、小区、楼院、车间等设立人民调解小组开展调解工作，也可以在机关、单位等场所设立人民调解工作室调解特定的民间纠纷。

6. 规范人民调解委员会名称。村（居）、企业事业单位、乡镇（街道）人民调解委员会名称由“所在村民委员会、居民委员会名称或者所在乡镇、街道行政区划名称或者所在企业事业单位名称”和“人民调解委员会”两部分内容依次组成。区域性、行业性、专业性人民调解委员会名称由“所在市、县或者乡镇、街道行政区划名称”、“特定区域名称或者行业、专业纠纷类型”和“人民调解委员会”三部分内容依次组成。

7. 提高人民调解员队伍素质。严格按照法定条件推选、聘任人民调解员。充分利用社会资源，吸收具有专业技能和专业知识的人员担任专兼职人民调解员。积极开展法律政策、职业道德和调解技巧的培训，不断提高人民调解员的政治素质和工作能力。

三、大力预防和化解社会矛盾纠纷

8. 全面做好人民调解工作。广泛开展经常性的矛盾纠纷排查，及时发现倾向性、苗头性问题，做到底数清、情况明。切实做好矛盾纠纷化解工作，依法及时、就地调解矛盾纠纷，做到案结事了，防止纠纷激化。认真做好矛盾纠纷预防工作，及时发现可能导致矛盾纠纷的潜在因素，尽早采取有针对性的防范措施。

9. 努力拓展人民调解工作领域。主动适应新时期社会矛盾纠纷发展变化的新趋势，在做好婚姻家庭、相邻关系、损害赔偿等常见性、多发性矛盾纠纷调解工作的同时，积极在征地拆迁、教育医疗、道路交通、劳动争议、物业管理、环境保护等领域开展人民调解工作，扩大人民调解覆盖面。

10. 着力化解重大复杂疑难民间纠纷。人民调解组织要着力化解本地区多年积累、长期未得到有效解决的矛盾纠纷，群众反映强烈、社会影响大的矛盾纠纷以及党委、政府交办的矛盾纠纷。要集中时间、集中力量，深入开展形式多样、主题鲜明的人民调解专项活动，推进人民调解工作不断深入。对于重大、复杂、疑难的矛盾纠纷，司法行政机关领导干部要加强督促指导，亲自参与调解，确保矛盾纠纷得到有效化解。

四、规范开展人民调解活动

11. 完善人民调解受理方式。当事人书面申请调解的，应当填写《人民调解申请书》；口头申请的，人民调解委员会应当填写《人民调解受理登记表》。对于排查中主动发现的、群众反映的或者有关部门移送的民间纠纷，人民调解委员会应当主动进行调解。对于不属于受理范围的纠纷，人民调解委员会应当告知当事人按照法律、法规的规定，可以请求有关部门处理或者向人民法院提起诉讼。

12. 依法开展调解活动。人民调解员调解纠纷，应当严格遵循人民调解工作的原则，主动告知当事人在调解活动中的权利义务，耐心听取当事人对纠纷事实的讲述，深入讲解法律政策和社会公德，帮助当事人认识其在纠纷中应当承担的责任和享有的权利，采取有针对性的措施防止纠纷激化。

13. 规范人民调解协议。经人民调解委员会调解达成调解协议的，可以制作《人民调解协议书》。调解协议有给付内容且非即时履行的，一般应当制作《人民调解协议书》。当事人认为无需制作调解协议书的，可以采取口头协议方式，由人民调解员填写《人民调解口头协议登记表》。

14. 督促当事人履行人民调解协议。人民调解委员会应当对人民调解协议的履行情况，适时进行回访，并填写《人民调解回访记录》。当事人无正当理由不履行人民调解协议的，应当督促其履行。发现人民调解协议内容不当的，在征得各方当事人同意后，可以再次进行调解达成新的调解协议。

五、建立健全人民调解委员会工作制度

15. 健全人民调解委员会工作制度。人民调解委员会要建立完善学习培训、社情民意分析、重大纠纷集体讨论、重大疑难纠纷报告及档案管理等制度，逐步形成有效预防和化解矛盾纠纷的人民调解工作制度体系。

16. 加强人民调解统计报送工作。要全面、及时地对人民调解工作情况进行登记和统计。人民调解员调解每一件纠纷，都应当填写《人民调解员调解案件登记单》。人民调解委员会应当按期填写《人民调解委员会调解案件汇总登记表》，及时向司法行政机关报送《人民调解组织队伍经费保障情况统计表》、《人民调解案件情况统计表》。

17. 规范人民调解卷宗。人民调解委员会调解纠纷，一般应当制作调解卷宗，做到一案一卷。调解卷宗主要包括《人民调解申请书》或者《人民调解受理登记表》、人民调解调查（调解、回访）记录、《人民调解协议书》或者《人民调解口头协议登记表》等。纠纷调解过程简单或者达成口头调解协议的，也可以多案一卷，定期集中组卷归档。

六、切实加强对人民调解工作的指导

18. 依法全面履行指导人民调解工作职责。各级司法行政机关特别是县级司法行政机关，要采取有力措施，推进人民调解组织建设、队伍建设、制度建设和保障能力建设，不断提高人民调解工作质量和水平，充分发挥人民调解在化解社会矛盾、维护社会稳定中的作用。

19. 大力开展人民调解队伍培训工作。省级、市级司法行政机关负责培训县级司法行政机关指导人民调解工作干部和司法所工作人员。县级司法行政机关组织开展本行政区域内的人民调解员培训工作，每年至少开展一次人民调解员任职培训，每三年完成一次人民调解员轮训。

20. 推动落实人民调解工作各项保障政策。各级司法行政机关应当加强与有关部门的沟通协调，解决好人民调解工作指导经费、人民调解委员会补助经费、人民调解员补贴经费；协调人民调解委员会设立单位为其提供必要的工作经费和办公条件；推动落实人民调解员的表彰奖励、困难救助、优待抚恤政策，充分调动广大人民调解员的积极性、主动性和创造性。

21. 进一步强化司法所指导人民调解工作的职能。司法所要切实履行对人民调解工作的日常指导职责，帮助有关单位和组织建立健全人民调解委员会，配齐配强人民调解员，健全完善人民调解工作制度；总结交流人民调解工作经验，指导人民调解委员会调解民间纠纷，纠正违法和不当的调解活动；维护人民调解员合法权益，协调解决人民调解委员会和人民调解员工作中的困难和问题，保障人民调解工作的顺利发展。

22. 充分发挥人民调解员协会的作用。司法行政机关要依法指导人民调解员协会开展工作，支持人民调解员协会充分履行组织会员学习、总结交流经验、开展理论研究、维护会员权益等职责，团结和带领广大人民调解员努力做好人民调解工作。

人民调解委员会组织条例

（1989 年 5 月 5 日国务院第 40 次常务会议通过　1989 年 6 月 17 日中华人民共和国国务院令第 37 号发布　自发布之日起施行）

第一条　为了加强人民调解委员会的建设，及时调解民间纠纷，增进人民团结，维护社会安定，以利于社会主义现代化建设，制定本条例。

第二条　人民调解委员会是村民委员会和居民委员会下设的调解民间纠纷的群众性组织，在基层人民政府和基层人民法院指导下进行工作。

基层人民政府及其派出机关指导人民调解委员会的日常工作由司法助理员负责。

第三条　人民调解委员会由委员三至九人组成，设主任一人，必要时可以设副主任。

人民调解委员会委员除由村民委员会成员或者居民委员会成员兼任的以外由群众选举产生，每三年改选一次，可以连选连任。

多民族居住地区的人民调解委员会中，应当有人数较少的民族的成员。

人民调解委员会委员不能任职时，由原选举单位补选。

人民调解委员会委员严重失职或者违法乱纪的，由原选举单位撤换。

第四条　为人公正，联系群众，热心人民调解工作，并有一定法律知识和政策水平的成年公民，可以当选为人民调解委员会委员。

第五条 人民调解委员会的任务为调解民间纠纷，并通过调解工作宣传法律、法规、规章和政策，教育公民遵纪守法，尊重社会公德。

人民调解委员会应当向村民委员会或者居民委员会反映民间纠纷和调解工作的情况。

第六条 人民调解委员会的调解工作应当遵守以下原则：

（一）依据法律、法规、规章和政策进行调解，法律、法规、规章和政策没有明确规定的，依据社会公德进行调解；

（二）在双方当事人自愿平等的基础上进行调解；

（三）尊重当事人的诉讼权利，不得因未经调解或者调解不成而阻止当事人向人民法院起诉。

第七条 人民调解委员会根据当事人的申请及时调解纠纷；当事人没有申请的，也可以主动调解。

人民调解委员会调解纠纷可以由委员一人或数人进行；跨地区、跨单位的纠纷，可以由有关的各方调解组织共同调解。

人民调解委员会调解纠纷，可以邀请有关单位和个人参加，被邀请的单位和个人应当给予支持。

第八条 人民调解委员会调解纠纷，应当在查明事实、分清是非的基础上，充分说理，耐心疏导，消除隔阂，帮助当事人达成协议。

调解纠纷应当进行登记，制作笔录，根据需要或者当事人的请求，可以制作调解协议书。调解协议书应当有双方当事人和调解人员的签名，并加盖人民调解委员会的印章。

第九条 人民调解委员会主持下达成的调解协议，当事人应当履行。

经过调解，当事人未达成协议或者达成协议后又反悔的，任何一方可以请求基层人民政府处理，也可以向人民法院起诉。

第十条 基层人民政府对于人民调解委员会主持下达成的调解协议，符合法律、法规、规章和政策的，应当予以支持；违背法律、法规、规章和政策的，应当予以纠正。

第十一条 人民调解委员会调解民间纠纷不收费。

第十二条 人民调解委员会委员必须遵守以下纪律：

（一）不得徇私舞弊；

（二）不得对当事人压制、打击报复；

（三）不得侮辱、处罚当事人；

（四）不得泄露当事人的隐私；

（五）不得吃请受礼。

第十三条 各级人民政府对成绩显著的人民调解委员会和调解委员应当予以表彰和奖励。

第十四条 对人民调解委员会委员，根据情况可以给予适当补贴。

人民调解委员会的工作经费和调解委员的补贴经费，由村民委员会或者居民委员会解决。

第十五条 企业、事业单位根据需要设立的人民调解委员会，参照本条例执行。

第十六条 本条例由司法部负责解释。

第十七条 本条例自发布之日起施行。一九五四年三月二十二日原中央人民政府政务院公布的《人民调解委员会暂行组织通则》同时废止。

司法部关于适用《人民调解委员会组织条例》第九条第二款有关问题的通知

（1991 年 12 月 2 日　司法通字〔1991〕194 号）

各省、自治区、直辖市司法厅（局）：

《人民调解委员会组织条例》（以下简称《条例》）实施以来，各地基层人民政府依据《条例》第九条第二款的规定，处理了一批经过人民调解组织调解，当事人未达成协议或者达成协议后反悔而又不向人民法院起诉的民间纠纷，从而有效地保障了公民的人身、财产权益，维护了社会安定。但是，在处理民间纠纷的工作中，有部分当事人和部门对《条例》中关于基层人民政府处理民间纠纷的规定理解不一致，影响了《条例》的有效执行。为使这项工作顺利开展，经商最高人民法院，现明确以下几点：

一、基层人民政府就民间纠纷作出的处理决定，是基层人民政府根据当事人的申请，对当事人之间的民事权益争议依照事实和法律作出的处理决定。

二、当事人对基层人民政府处理决定不服的，可在法定期限内就原纠纷向人民法院提起民事诉讼。

三、在民间纠纷处理过程中，一方当事人向人民法院提起民事诉讼的，基层人民政府应当终止处理；民间纠纷处理完毕后，当事人因不服处理决定向人民法院提起民事诉讼的，基层人民政府的处理决定不发生效力。

人民调解工作若干规定

（2002年9月26日司法部令第75号公布　自2002年11月1日起施行）

第一章　总　　则

第一条　为了规范人民调解工作，完善人民调解组织，提高人民调解质量，根据《中华人民共和国宪法》和《中华人民共和国民事诉讼法》、《人民调解委员会组织条例》等法律、法规的规定，结合人民调解工作实际，制定本规定。

第二条　人民调解委员会是调解民间纠纷的群众性组织。

人民调解员是经群众选举或者接受聘任，在人民调解委员会领导下，从事人民调解工作的人员。

人民调解委员会委员、调解员，统称人民调解员。

第三条　人民调解委员会的任务是：

（一）调解民间纠纷，防止民间纠纷激化；

（二）通过调解工作宣传法律、法规、规章和政策，教育公民遵纪守法，尊重社会公德，预防民间纠纷发生；

（三）向村民委员会、居民委员会、所在单位和基层人民政府反映民间纠纷和调解工作的情况。

第四条　人民调解委员会调解民间纠纷，应当遵守下列原则：

（一）依据法律、法规、规章和政策进行调解，法律、法规、规章和政策没有明确规定的，依据社会主义道德进行调解；

（二）在双方当事人自愿平等的基础上进行调解；

（三）尊重当事人的诉讼权利，不得因未经调解或者调解不成而阻止当事人向人民法院起诉。

第五条 根据《最高人民法院关于审理涉及人民调解协议的民事案件的若干规定》，经人民调解委员会调解达成的、有民事权利义务内容，并由双方当事人签字或者盖章的调解协议，具有民事合同性质。当事人应当按照约定履行自己的义务，不得擅自变更或者解除调解协议。

第六条 在人民调解活动中，纠纷当事人享有下列权利：

（一）自主决定接受、不接受或者终止调解；

（二）要求有关调解人员回避；

（三）不受压制强迫，表达真实意愿，提出合理要求；

（四）自愿达成调解协议。

第七条 在人民调解活动中，纠纷当事人承担下列义务：

（一）如实陈述纠纷事实，不得提供虚假证明材料；

（二）遵守调解规则；

（三）不得加剧纠纷、激化矛盾；

（四）自觉履行人民调解协议。

第八条 人民调解委员会调解民间纠纷不收费。

第九条 司法行政机关依照本办法对人民调解工作进行指导和管理。

指导和管理人民调解委员会的日常工作，由乡镇、街道司法所（科）负责。

第二章 人民调解委员会和人民调解员

第十条 人民调解委员会可以采用下列形式设立：

（一）农村村民委员会、城市（社区）居民委员会设立的人民调解委员会；

（二）乡镇、街道设立的人民调解委员会；

（三）企业事业单位根据需要设立的人民调解委员会；

（四）根据需要设立的区域性、行业性的人民调解委员会。

人民调解委员会的设立及其组成人员，应当向所在地乡镇、街道司法所（科）备案；乡镇、街道人民调解委员会的设立及其组成人员，应当向县级司法行政机关备案。

第十一条 人民调解委员会由委员三人以上组成，设主任一人，必要时可以设副主任。

多民族聚居地区的人民调解委员会中，应当有人数较少的民族的成员。

人民调解委员会中应当有妇女委员。

第十二条 村民委员会、居民委员会和企业事业单位的人民调解委员会根据需要，可以自然村、小区（楼院）、车间等为单位，设立调解小组，聘任调解员。

第十三条 乡镇、街道人民调解委员会委员由下列人员担任：

（一）本乡镇、街道辖区内设立的村民委员会、居民委员会、企业事业单位的人民调解委员会主任；

（二）本乡镇、街道的司法助理员；

（三）在本乡镇、街道辖区内居住的懂法律、有专长、热心人民调解工作的社会志愿人员。

第十四条 担任人民调解员的条件是：为人公正，联系群众，热心人民调解工作，具有一定法律、政策水平和文化水平。

乡镇、街道人民调解委员会委员应当具备高中以上文化程度。

第十五条 人民调解员除由村民委员会成员、居民委员会成员或者企业事业单位有关负责人兼任的以外，一般由本村民区、居民区或者企业事业单位的群众选举产生，也可以由村民委员会、居民委员会或者企业事业单位聘任。

乡镇、街道人民调解委员会委员由乡镇、街道司法所（科）聘任。

区域性、行业性的人民调解委员会委员，由设立该人民调解委员会的组织聘任。

第十六条 人民调解员任期三年，每三年改选或者聘任一次，可以连选连任或者续聘。

人民调解员不能履行职务时，由原选举单位或者聘任单位补选、补聘。

人民调解员严重失职或者违法乱纪的，由原选举单位或者聘任单位撤换。

第十七条 人民调解员调解纠纷，必须遵守下列纪律：

（一）不得徇私舞弊；

（二）不得对当事人压制、打击报复；

（三）不得侮辱、处罚纠纷当事人；

（四）不得泄露当事人隐私；

（五）不得吃请受礼。

第十八条 人民调解员依法履行职务，受到非法干涉、打击报复的，可以请求司法行政机关和有关部门依法予以保护。

人民调解员履行职务，应当坚持原则，爱岗敬业，热情服务，诚实守信，举止文明，廉洁自律，注重学习，不断提高法律、道德素养和调解技能。

第十九条 人民调解委员会应当建立健全岗位责任制、例会、学习、考评、业务登记、统计和档案等各项规章制度，不断加强组织、队伍和业务建设。

第三章 民间纠纷的受理

第二十条 人民调解委员会调解的民间纠纷，包括发生在公民与公民之间、公民与法人和其他社会组织之间涉及民事权利义务争议的各种纠纷。

第二十一条 民间纠纷，由纠纷当事人所在地（所在单位）或者纠纷发生地的人民调解委员会受理调解。

村民委员会、居民委员会或者企业事业单位的人民调解委员会调解不了的疑难、复杂民间纠纷和跨地区、跨单位的民间纠纷，由乡镇、街道人民调解委员会受理调解，或者由相关的人民调解委员会共同调解。

第二十二条 人民调解委员会不得受理调解下列纠纷：

（一）法律、法规规定只能由专门机关管辖处理的，或者法律、法规禁止采用民间调解方式解决的；

（二）人民法院、公安机关或者其他行政机关已经受理或者解决的。

第二十三条 人民调解委员会根据纠纷当事人的申请，受理调解纠纷；当事人没有申请的，也可以主动调解，但当事人表示异议的除外。

当事人申请调解纠纷，可以书面申请，也可以口头申请。

受理调解纠纷，应当进行登记。

第二十四条 当事人申请调解纠纷，符合条件的，人民调解委员会应当及时受理调解。

不符合受理条件的，应当告知当事人按照法律、法规规定提请有关机关处理或者向人民法院起诉；随时有可能激化的，应当在采取必要的缓解疏导措施后，及时提交有关机关处理。

第四章 民间纠纷的调解

第二十五条 人民调解委员会调解纠纷，应当指定一名人民调解员为调解主持人，根据需要可以指定若干人民调解员参加调解。

当事人对调解主持人提出回避要求的，人民调解委员会应当予以调换。

第二十六条 人民调解委员会调解纠纷，应当分别向双方当事人询问纠纷的事实和情节，了解双方的要求及其理由，根据需要向有关方面调查核实，做好调解前的准备工作。

第二十七条 人民调解委员会调解纠纷，根据需要可以邀请有关单位或者个人参加，被邀请的单位或者个人应当给予支持。

调解跨地区、跨单位的纠纷，相关人民调解委员会应当相互配合，共同做好调解工作。

第二十八条 人民调解委员会调解纠纷，一般在专门设置的调解场所进行，根据需要也可以在便利当事人的其他场所进行。

第二十九条 人民调解委员会调解纠纷，根据需要可以公开进行，允许当事人的亲属、邻里和当地（本单位）群众旁听。但是涉及当事人的隐私、商业秘密或者当事人表示反对的除外。

第三十条 人民调解委员会调解纠纷，在调解前应当以口头或者书面形式告知当事人人民调解的性质、原则和效力，以及当事人在调解活动中享有的权利和承担的义务。

第三十一条 人民调解委员会调解纠纷，应当在查明事实、分清责任的基础上，根据当事人的特点和纠纷性质、难易程度、发展变化的情况，采取灵活多样的方式方法，开展耐心、细致的说服疏导工作，促使双方当事人互谅互让，消除隔阂，引导、帮助当事人达成解决纠纷的调解协议。

第三十二条 人民调解委员会调解纠纷，应当密切注意纠纷激化的苗头，通过调解活动防止纠纷激化。

第三十三条 人民调解委员会调解纠纷，一般在一个月内调结。

第五章　人民调解协议及其履行

第三十四条　经人民调解委员会调解解决的纠纷，有民事权利义务内容的，或者当事人要求制作书面调解协议的，应当制作书面调解协议。

第三十五条　调解协议应当载明下列事项：

（一）双方当事人基本情况；

（二）纠纷简要事实、争议事项及双方责任；

（三）双方当事人的权利和义务；

（四）履行协议的方式、地点、期限；

（五）当事人签名，调解主持人签名，人民调解委员会印章。

调解协议由纠纷当事人各执一份，人民调解委员会留存一份。

第三十六条　当事人应当自觉履行调解协议。

人民调解委员会应当对调解协议的履行情况适时进行回访，并就履行情况做出记录。

第三十七条　当事人不履行调解协议或者达成协议后又反悔的，人民调解委员会应当按下列情形分别处理：

（一）当事人无正当理由不履行协议的，应当做好当事人的工作，督促其履行；

（二）如当事人提出协议内容不当，或者人民调解委员会发现协议内容不当的，应当在征得双方当事人同意后，经再次调解变更原协议内容；或者撤销原协议，达成新的调解协议；

（三）对经督促仍不履行人民调解协议的，应当告知当事人可以请求基层人民政府处理，也可以就调解协议的履行、变更、撤销向人民法院起诉。

第三十八条　对当事人因对方不履行调解协议或者达成协议后

又后悔，起诉到人民法院的民事案件，原承办该纠纷调解的人民调解委员会应当配合人民法院对该案件的审判工作。

第六章　对人民调解工作的指导

第三十九条　各级司法行政机关应当采取切实措施，加强指导，不断推进本地区人民调解委员会的组织建设、队伍建设、业务建设和制度建设，规范人民调解工作，提高人民调解工作的质量和水平。

各级司法行政机关在指导工作中，应当加强与人民法院的协调和配合。

第四十条　各级司法行政机关应当采取多种形式，加强对人民调解员的培训，不断提高人民调解员队伍的素质。

第四十一条　各级司法行政机关对于成绩显著、贡献突出的人民调解委员会和人民调解员，应当定期或者适时给予表彰和奖励。

第四十二条　各级司法行政机关应当积极争取同级人民政府的支持，保障人民调解工作的指导和表彰经费；协调和督促村民委员会、居民委员会和企业事业单位，落实人民调解委员会的工作经费和人民调解员的补贴经费。

第四十三条　乡镇、街道司法所（科），司法助理员应当加强对人民调解委员会工作的指导和监督，负责解答、处理人民调解委员会或者纠纷当事人就人民调解工作有关问题的请示、咨询和投诉；应人民调解委员会的请求或者根据需要，协助、参与对具体纠纷的调解活动；对人民调解委员会主持达成的调解协议予以检查，发现违背法律、法规、规章和政策的，应当予以纠正；总结交流人民调解工作经验，调查研究民间纠纷的特点和规律，指导人民调解委员会改进工作。

第七章　附　　则

第四十四条　人民调解委员会工作所需的各种文书格式，由司法部统一制定。

第四十五条　本规定自二〇〇二年十一月一日起施行。本规定发布前，司法部制定的有关规章、规范性文件与本规定相抵触的，以本规定为准。

跨地区跨单位民间纠纷调解办法

（1994年5月9日司法部令第31号公布　自公布之日起施行）

第一条　为及时调解跨地区、跨单位民间纠纷，防止纠纷激化，维护社会安定，根据《人民调解委员会组织条例》第七条的规定，制定本办法。

第二条　纠纷当事人属于不同地区、单位，或者纠纷当事人虽属于同一地区、单位，但纠纷发生在其他地区、单位的民间纠纷的调解适用本办法。

第三条　跨地区、跨单位的民间纠纷由纠纷当事人户籍所在地（居所地）、所在单位、纠纷发生地的人民调解委员会共同调解。

一个人民调解委员会能够调解的纠纷，经商有关人民调解委员会，也可以由一个人民调解委员会进行调解。

第四条　共同调解跨地区、跨单位的民间纠纷由最先受理的人民调解委员会主持调解，其他人民调解委员会协助调解。

其他人民调解委员会主持调解有利于解决纠纷的，也可由有关人民调解委员会协商确定。

第五条 共同调解民间纠纷应当按照自愿、平等、合法、公正的原则，积极促成当事人达成调解协议。

第六条 主持调解的人民调解委员会的职责：

一、受理纠纷；

二、发现纠纷有激化可能时，应采取必要措施，防止纠纷激化；

三、针对纠纷情况，开展调查研究，收集纠纷的有关材料，制定调解方案；

四、向有关人民调解委员会提出共同调解意见；

五、确定调解的时间、地点，通知纠纷当事人及有关人民调解委员会参加调解；

六、主持调解，制作调解文书；

七、敦促有关当事人履行调解协议，做好回访工作；

八、负责统计和档案材料保管。

第七条 协助调解的人民调解委员会的职责：

一、协助进行调查研究，收集纠纷的事实材料；

二、主动采取措施，防止纠纷激化；

三、配合主持调解的人民调解委员会，对当事人进行说服教育，促成当事人达成调解协议；

四、敦促当事人履行调解协议。

第八条 经过调解，当事人达成调解协议的，应当制作调解协议书。调解协议书应由当事人、调解人员签名，并加盖各有关人民调解委员会印章。

第九条 当事人未达成调解协议或达成协议后又反悔的，可以就原纠纷申请基层人民政府处理或向人民法院起诉。

第十条 本办法由司法部负责解释。

第十一条 本办法自公布之日起生效。

民间纠纷处理办法

（1990 年 4 月 19 日司法部令第 8 号发布　自发布之日起施行）

第一章　总　　则

第一条　为妥善处理民间纠纷，保障公民的人身权利、财产权利和其他权利，维护社会安定，根据《人民调解委员会组织条例》第九条第二款、第二条第二款和第十条的规定，制定本办法。

第二条　司法助理员是基层人民政府的司法行政工作人员，具体负责处理民间纠纷的工作。

第三条　基层人民政府处理民间纠纷的范围，为《人民调解委员会组织条例》规定的民间纠纷，即公民之间有关人身、财产权益和其他日常生活中发生的纠纷。

第四条　处理民间纠纷，必须以事实为根据，以法律、法规、规章和政策为准绳，对于当事人在适用法律上一律平等。

第五条　基层人民政府处理民间纠纷，可以决定由责任一方按照《中华人民共和国民法通则》第一百三十四条第一款所列举的方式承担民事责任，但不得给予人身或者财产处罚。

第六条　基层人民政府处理民间纠纷，不得限制当事人行使诉讼权利。

第二章　受　　理

第七条　当事人提请处理的民间纠纷，由当事人户籍所在地或者居住地的基层人民政府受理。跨地区的民间纠纷，由当事人双方户籍所在地或者居所地的基层人民政府协商受理。

第八条 受理民间纠纷，应当有一方或者双方当事人的申请，申请可以采用口头或者书面方式，并有明确的对方当事人和申请事项、事实根据。

第九条 一方当事人已向人民法院提起诉讼的纠纷，以及基层人民政府已经处理过、当事人没有提出新的事实和理由的纠纷，基层人民政府不予受理。

第十条 对未经人民调解委员会调解的纠纷，应当劝说当事人先通过人民调解委员会调解。

第十一条 法律、法规、规章和政策明确规定由指定部门处理的纠纷，应当告知当事人向指定部门申请处理。

第十二条 具体负责处理纠纷的司法助理员有下列情形之一的，必须自行回避，当事人也有权用口头或者书面方式申请他们回避：

（一）是本纠纷的当事人或者当事人的近亲属；

（二）与本纠纷当事人有利害关系；

（三）与本纠纷当事人有其他关系，可能影响公正处理的。

基层人民政府负责人决定司法助理员的回避，并另行指派他人负责处理纠纷。

第三章 处 理

第十三条 处理民间纠纷，应当充分听取双方当事人的陈述，允许当事人就争议问题展开辩论，并对纠纷事实进行必要的调查。

第十四条 处理纠纷时，根据需要可以邀请有关单位和群众参加。被邀请单位和个人，应当协助做好处理纠纷工作。

跨地区的民间纠纷，由当事人双方户籍所在地或者居所地的基层人民政府协商处理。

第十五条 处理民间纠纷，应当先行调解。调解时，要查明事实，分清是非，促使当事人互谅互让，在双方当事人自愿的基础上，达成协议。

第十六条 调解达成协议的，应当制作调解书，由双方当事人、司法助理员署名并加盖基层人民政府印章。调解书自送达之日起生效，当事人应当履行。

第十七条 经过调解后，仍达不成协议的纠纷，基层人民政府可以作出处理决定。

第十八条 对于经过人民调解委员会调解过的纠纷，处理时应当先审查原调解协议书，并按下列情况处理：

（一）原调解协议书符合法律、法规、规章和政策的，作出维持原协议的处理决定；

（二）原调解协议书违背法律、法规、规章和政策的，应当予以撤销，另行作出处理决定；

（三）原调解协议书部分错误的，作出部分变更的处理决定。

第十九条 作出处理决定应当以书面形式通知双方当事人到场。一方当事人经两次通知，无正当理由拒不到场的，不影响作出处理决定。

第二十条 作出处理决定应当制作处理决定书，并经基层人民政府负责人审定、司法助理员署名后加盖基层人民政府印章。

第二十一条 基层人民政府作出的处理决定，当事人必须执行。如有异议的，可以在处理决定作出后，就原纠纷向人民法院起诉。超过 15 天不起诉又不执行的，基层人民政府根据当事人一方的申请，可以在其职权范围内，采取必要的措施予以执行。

第二十二条 处理民间纠纷，应当在受理后两个月内处理终结；特别复杂疑难的，可以延长1个月。

第二十三条 在纠纷处理过程中，双方当事人自行和解、申请人撤回申请或者一方当事人向人民法院提起诉讼的，应当终止处理。

第四章 附 则

第二十四条 各省、自治区、直辖市司法厅（局）可以根据本办法制定实施细则。

第二十五条 本办法自发布之日起施行。

人民调解委员会及调解员奖励办法

（1991年7月12日司法部令第15号公布 自公布之日起施行）

第一条 为加强人民调解委员会组织建设，鼓励先进，调动调解人员的工作积极性，促进人民调解工作的开展，维护社会安定，根据《人民调解委员会组织条例》的有关规定，制定本办法。

第二条 本办法规定的奖励适用于人民调解委员会、人民调解员。

第三条 奖励必须实事求是，实行精神鼓励和物质奖励相结合，以精神鼓励为主的原则。

第四条 奖励条件

符合下列条件的人民调解委员会，给予集体奖励：

1. 组织健全，制度完善；

2. 调解纠纷和防止民间纠纷激化工作成绩显著，连续三年无因民间纠纷引起的刑事案件、自杀事件和群众性械斗；

3. 积极开展法制宣传教育、预防民间纠纷效果显著；

4. 积极向村（居）民委员会报告民间纠纷和调解工作情况，为减少纠纷发生和加强基层政权建设作出突出成绩。

符合下列条件之一的人民调解员，给予奖励：

1. 长期从事人民调解工作，勤勤恳恳，任劳任怨，全心全意为人民服务，为维护社会安定、增进人民团结作出突出贡献者；

2. 在防止民间纠纷激化工作中，积极疏导，力排隐患，临危不惧，挺身而出，舍己救人，对制止恶性案件发生或减轻危害后果作出突出贡献者；

3. 在纠纷当事人准备或正在实施自杀行为的紧急时刻，及时疏导调解，采取果断措施，避免当事人死亡的；

4. 刻苦钻研人民调解业务，认真总结人民调解工作经验，勇于改革开拓，对发展人民调解工作理论，丰富人民调解工作实践作出突出贡献者；

5. 忠实于法律、忠实于事实、忠实于人民利益，秉公办事，不徇私情、不谋私利事迹突出者；

6. 及时提供民间纠纷激化信息，为防止或减轻因民间纠纷激化引起的重大刑事案件、群众性械斗事件发生，作出较大贡献者；

7. 在维护社会安定、增进人民团结等其它方面作出重大贡献者。

第五条 奖励分为：模范人民调解委员会、模范人民调解员；优秀人民调解委员会、优秀人民调解员；先进人民调解委员会、先进人民调解员。

事迹特别突出、贡献特别大的集体或个人，给予命名表彰。

第六条 对受集体奖励者发给奖状或锦旗；对受个人奖励者发给奖状、证书和奖金。

第七条 奖励的审批权限

模范人民调解委员会和模范人民调解员以及集体和个人的命名表彰，由司法部批准。

优秀人民调解委员会和优秀人民调解员由省、自治区、直辖市司法厅（局）批准。

地（市）、县级司法局（处）表彰的统称先进人民调解委员会和先进人民调解员，分别由地（市）、县级司法局（处）批准。

第八条 凡报上一级机关批准奖励的集体或个人，呈报机关应当报送拟表彰奖励的请示报告、事迹材料和奖励审批表。

第九条 奖励工作具体事项，由各级司法行政机关基层工作部门商政工（人事）部门办理。

第十条 表彰奖励集体和个人，地（市）、县级司法局（处）每一年或两年一次，省、自治区、直辖市司法厅（局）每两年一次，司法部每四年一次。对有特殊贡献的集体和个人，可随时表彰奖励。

对在人民调解工作岗位上牺牲的调解人员，符合本办法奖励条件的，应追授奖励。

第十一条 凡发现受奖者事迹失实、隐瞒严重错误骗取荣誉的，或授予称号后犯严重错误，丧失模范作用的，由批准机关撤销其称号，并收回奖状、证书或锦旗。

第十二条 奖励经费按司法部、财政部（85）司发计财字384号《关于修订司法业务费开支范围的规定的通知》的有关规定，由批准奖励机关编造预算报同级财政部门列入调解费开支。

第十三条 按本办法受过奖励的人民调解委员会和人民调解员，仍可受各级人民政府依据《人民调解委员会组织条例》第十三条的规定给予的表彰和奖励。

第十四条 各省、自治区、直辖市司法厅（局）根据本办法可以制定实施细则，报司法部备案。

第十五条 本办法自公布之日起施行。

最高人民法院关于人民调解协议司法确认程序的若干规定

（2011 年 3 月 21 日最高人民法院审判委员会第 1515 次会议通过 2011 年 3 月 23 日最高人民法院公告公布 自 2011 年 3 月 30 日起施行 法释〔2011〕5 号）

为了规范经人民调解委员会调解达成的民事调解协议的司法确认程序，进一步建立健全诉讼与非诉讼相衔接的矛盾纠纷解决机制，依照《中华人民共和国民事诉讼法》和《中华人民共和国人民调解法》的规定，结合审判实际，制定本规定。

第一条 当事人根据《中华人民共和国人民调解法》第三十三条的规定共同向人民法院申请确认调解协议的，人民法院应当依法受理。

第二条 当事人申请确认调解协议的，由主持调解的人民调解委员会所在地基层人民法院或者它派出的法庭管辖。

人民法院在立案前委派人民调解委员会调解并达成调解协议，当事人申请司法确认的，由委派的人民法院管辖。

第三条 当事人申请确认调解协议，应当向人民法院提交司法确认申请书、调解协议和身份证明、资格证明，以及与调解协议相关的财产权利证明等证明材料，并提供双方当事人的送达地址、电话号码等联系方式。委托他人代为申请的，必须向人民法院提交由委托人签名或者盖章的授权委托书。

第四条 人民法院收到当事人司法确认申请，应当在三日内决定是否受理。人民法院决定受理的，应当编立“调确字”案号，并及时向当事人送达受理通知书。双方当事人同时到法院申请司法确认的，人民法院可以当即受理并作出是否确认的决定。

有下列情形之一的，人民法院不予受理：

（一）不属于人民法院受理民事案件的范围或者不属于接受申请的人民法院管辖的；

（二）确认身份关系的；

（三）确认收养关系的；

（四）确认婚姻关系的。

第五条 人民法院应当自受理司法确认申请之日起十五日内作出是否确认的决定。因特殊情况需要延长的，经本院院长批准，可以延长十日。

在人民法院作出是否确认的决定前，一方或者双方当事人撤回司法确认申请的，人民法院应当准许。

第六条 人民法院受理司法确认申请后，应当指定一名审判人员对调解协议进行审查。人民法院在必要时可以通知双方当事人同时到场，当面询问当事人。当事人应当向人民法院如实陈述申请确认的调解协议的有关情况，保证提交的证明材料真实、合法。人民法院在审查中，认为当事人的陈述或者提供的证明材料不充分、不完备或者有疑义的，可以要求当事人补充陈述或者补充证明材料。当事人无正当理由未按时补充或者拒不接受询问的，可以按撤回司法确认申请处理。

第七条 具有下列情形之一的，人民法院不予确认调解协议效力：

（一）违反法律、行政法规强制性规定的；

（二）侵害国家利益、社会公共利益的；

（三）侵害案外人合法权益的；

（四）损害社会公序良俗的；

（五）内容不明确，无法确认的；

（六）其他不能进行司法确认的情形。

第八条 人民法院经审查认为调解协议符合确认条件的，应当作出确认决定书；决定不予确认调解协议效力的，应当作出不予确认决定书。

第九条 人民法院依法作出确认决定后，一方当事人拒绝履行或者未全部履行的，对方当事人可以向作出确认决定的人民法院申请强制执行。

第十条 案外人认为经人民法院确认的调解协议侵害其合法权益的，可以自知道或者应当知道权益被侵害之日起一年内，向作出确认决定的人民法院申请撤销确认决定。

第十一条 人民法院办理人民调解协议司法确认案件，不收取费用。

第十二条 人民法院可以将调解协议不予确认的情况定期或者不定期通报同级司法行政机关和相关人民调解委员会。

第十三条 经人民法院建立的调解员名册中的调解员调解达成协议后，当事人申请司法确认的，参照本规定办理。人民法院立案后委托他人调解达成的协议的司法确认，按照《最高人民法院关于人民法院民事调解工作若干问题的规定》（法释〔2004〕12 号）的有关规定办理。

最高人民法院关于建立健全诉讼与非诉讼相衔接的矛盾纠纷解决机制的若干意见

（2009 年 7 月 24 日　法发〔2009〕45 号）

为发挥人民法院在建立健全诉讼与非诉讼相衔接的矛盾纠纷解决机制方面的积极作用，促进各种纠纷解决机制的发展，现制定以下意见。

一、明确主要目标和任务要求

1. 建立健全诉讼与非诉讼相衔接的矛盾纠纷解决机制的主要目标是：充分发挥人民法院、行政机关、社会组织、企事业单位以及其他各方面的力量，促进各种纠纷解决方式相互配合、相互协调和全面发展，做好诉讼与非诉讼渠道的相互衔接，为人民群众提供更多可供选择的纠纷解决方式，维护社会和谐稳定，促进经济社会又好又快发展。

2. 建立健全诉讼与非诉讼相衔接的矛盾纠纷解决机制的主要任务是：充分发挥审判权的规范、引导和监督作用，完善诉讼与仲裁、行政调处、人民调解、商事调解、行业调解以及其他非诉讼纠纷解决方式之间的衔接机制，推动各种纠纷解决机制的组织和程序制度建设，促使非诉讼纠纷解决方式更加便捷、灵活、高效，为矛盾纠纷解决机制的繁荣发展提供司法保障。

3. 在建立健全诉讼与非诉讼相衔接的矛盾纠纷解决机制的过程中，必须紧紧依靠党委领导，积极争取政府支持，鼓励社会各界参与，充分发挥司法的推动作用；必须充分保障当事人依法处分自己的民事权利和诉讼权利。

二、促进非诉讼纠纷解决机制的发展

4. 认真贯彻执行《中华人民共和国仲裁法》和相关司法解释，在仲裁协议效力、证据规则、仲裁程序、裁决依据、撤销裁决审查标准、不予执行裁决审查标准等方面，尊重和体现仲裁制度的特有规律，最大程度地发挥仲裁制度在纠纷解决方面的作用。对于仲裁过程中申请证据保全、财产保全的，人民法院应当依法及时办理。

5. 认真贯彻执行《中华人民共和国劳动争议调解仲裁法》和相关司法解释的规定，加强与劳动、人事争议等仲裁机构的沟通和协调，根据劳动、人事争议案件的特点采取适当的审理方式，支持和鼓励仲裁机制发挥作用。对劳动、人事争议仲裁机构不予受理或者逾期未作出决定的劳动、人事争议事项，申请人向人民法院提起诉讼的，人民法院应当依法受理。

6. 要进一步加强与农村土地承包仲裁机构的沟通和协调，妥善处理农村土地承包纠纷，努力为农村改革发展提供强有力的司法保障和法律服务。当事人对农村土地承包仲裁机构裁决不服而提起诉讼的，人民法院应当及时审理。当事人申请法院强制执行已经发生法律效力的裁决书和调解书的，人民法院应当依法及时执行。

7. 人民法院要大力支持、依法监督人民调解组织的调解工作，在审理涉及人民调解协议的民事案件时，应当适用有关法律规定。

8. 为有效化解行政管理活动中发生的各类矛盾纠纷，人民法院鼓励和支持行政机关依当事人申请或者依职权进行调解、裁决或者依法作出其他处理。调解、裁决或者依法作出的其他处理具有法律效力。当事人不服行政机关对平等主体之间民事争议所作的调解、裁决或者其他处理，以对方当事人为被告就原争议向人民法院起诉的，由人民法院作为民事案件受理。法律或司法解释明确规定作为行政案件受理的，人民法院在对行政行为进行审查时，可对其中的民事争议一并审理，并在作出行政判决的同时，依法对当事人之间的民事争议一并作出民事判决。

行政机关依法对民事纠纷进行调处后达成的有民事权利义务内容的调解协议或者作出的其他不属于可诉具体行政行为的处理，经双方当事人签字或者盖章后，具有民事合同性质，法律另有规定的除外。

9. 没有仲裁协议的当事人申请仲裁委员会对民事纠纷进行调解的，由该仲裁委员会专门设立的调解组织按照公平中立的调解规则进行调解后达成的有民事权利义务内容的调解协议，经双方当事人签字或者盖章后，具有民事合同性质。

10. 人民法院鼓励和支持行业协会、社会组织、企事业单位等建立健全调解相关纠纷的职能和机制。经商事调解组织、行业调解组织或者其他具有调解职能的组织调解后达成的具有民事权利义务内容的调解协议，经双方当事人签字或者盖章后，具有民事合同性质。

11. 经《中华人民共和国劳动争议调解仲裁法》规定的调解组织调解达成的劳动争议调解协议，由双方当事人签名或者盖章，经调解员签名并加盖调解组织印章后生效，对双方当事人具有合同约束力，当事人应当履行。双方当事人可以不经仲裁程序，根据本意见关于司法确认的规定直接向人民法院申请确认调解协议效力。人民法院不予确认的，当事人可以向劳动争议仲裁委员会申请仲裁。

12. 经行政机关、人民调解组织、商事调解组织、行业调解组织或者其他具有调解职能的组织对民事纠纷调解后达成的具有给付内容的协议，当事人可以按照《中华人民共和国公证法》的规定申请公证机关依法赋予强制执行效力。债务人不履行或者不适当履行具有强制执行效力的公证文书的，债权人可以依法向有管辖权的人民法院申请执行。

13. 对于具有合同效力和给付内容的调解协议，债权人可以根据《中华人民共和国民事诉讼法》和相关司法解释的规定向有管辖权的基层人民法院申请支付令。申请书应当写明请求给付金钱或者有价证券的数量和所根据的事实、证据，并附调解协议原件。

因支付拖欠劳动报酬、工伤医疗费、经济补偿或者赔偿金事项达成调解协议，用人单位在协议约定期限内不履行的，劳动者可以持调解协议书依法向人民法院申请支付令。

三、完善诉讼活动中多方参与的调解机制

14. 对属于人民法院受理民事诉讼的范围和受诉人民法院管辖的案件，人民法院在收到起诉状或者口头起诉之后、正式立案之前，可以依职权或者经当事人申请后，委派行政机关、人民调解组织、商事调解组织、行业调解组织或者其他具有调解职能的组织进行调解。当事人不同意调解或者在商定、指定时间内不能达成调解协议的，人民法院应当依法及时立案。

15. 经双方当事人同意，或者人民法院认为确有必要的，人民法院可以在立案后将民事案件委托行政机关、人民调解组织、商事调解组织、行业调解组织或者其他具有调解职能的组织协助进行调解。当事人可以协商选定有关机关或者组织，也可商请人民法院确定。

调解结束后，有关机关或者组织应当将调解结果告知人民法院。达成调解协议的，当事人可以申请撤诉、申请司法确认，或者由人民法院经过审查后制作调解书。调解不成的，人民法院应当及时审判。

16. 对于已经立案的民事案件，人民法院可以按照有关规定邀请符合条件的组织或者人员与审判组织共同进行调解。调解应当在人民法院的法庭或者其他办公场所进行，经当事人同意也可以在法院以外的场所进行。达成调解协议的，可以允许当事人撤诉，或者由人民法院经过审查后制作调解书。调解不成的，人民法院应当及时审判。

开庭前从事调解的法官原则上不参与同一案件的开庭审理，当事人同意的除外。

17. 有关组织调解案件时，在不违反法律、行政法规强制性规定的前提下，可以参考行业惯例、村规民约、社区公约和当地善良风俗等行为规范，引导当事人达成调解协议。

18. 在调解过程中当事人有隐瞒重要事实、提供虚假情况或者故意拖延时间等行为的，调解员可以给予警告或者终止调解，并将有关情况报告委派或委托人民法院。当事人的行为给其他当事人或者案外人造成损失的，应当承担相应的法律责任。

19. 调解过程不公开，但双方当事人要求或者同意公开调解的除外。

从事调解的机关、组织、调解员，以及负责调解事务管理的法院工作人员，不得披露调解过程的有关情况，不得在就相关案件进行的诉讼中作证，当事人不得在审判程序中将调解过程中制作的笔录、当事人为达成调解协议而作出的让步或者承诺、调解员或者当事人发表的任何意见或者建议等作为证据提出，但下列情形除外：

（一）双方当事人均同意的；

（二）法律有明确规定的；

（三）为保护国家利益、社会公共利益、案外人合法权益，人民法院认为确有必要的。

四、规范和完善司法确认程序

20. 经行政机关、人民调解组织、商事调解组织、行业调解组织或者其他具有调解职能的组织调解达成的具有民事合同性质的协议，经调解组织和调解员签字盖章后，当事人可以申请有管辖权的人民法院确认其效力。当事人请求履行调解协议、请求变更、撤销调解协议或者请求确认调解协议无效的，可以向人民法院提起诉讼。

21. 当事人可以在书面调解协议中选择当事人住所地、调解协议履行地、调解协议签订地、标的物所在地基层人民法院管辖，但不得违反法律对专属管辖的规定。当事人没有约定的，除《中华人民共和国民事诉讼法》第三十四条规定的情形外，由当事人住所地或者调解协议履行地的基层人民法院管辖。经人民法院委派或委托有关机关或者组织调解达成的调解协议的申请确认案件，由委派或委托人民法院管辖。

22. 当事人应当共同向有管辖权的人民法院以书面形式或者口头形式提出确认申请。一方当事人提出申请，另一方表示同意的，视为共同提出申请。当事人提出申请时，应当向人民法院提交调解协议书、承诺书。人民法院在收到申请后应当及时审查，材料齐备的，及时向当事人送达受理通知书。双方当事人签署的承诺书应当明确载明以下内容：

（一）双方当事人出于解决纠纷的目的自愿达成协议，没有恶意串通、规避法律的行为；

（二）如果因为该协议内容而给他人造成损害的，愿意承担相应的民事责任和其他法律责任。

23. 人民法院审理申请确认调解协议案件，参照适用《中华人民共和国民事诉讼法》有关简易程序的规定。案件由审判员一人独任审理，双方当事人应当同时到庭。人民法院应当面询问双方当事人是否理解所达成协议的内容，是否接受因此而产生的后果，是否愿意由人民法院通过司法确认程序赋予该协议强制执行的效力。

24. 有下列情形之一的，人民法院不予确认调解协议效力：

（一）违反法律、行政法规强制性规定的；

（二）侵害国家利益、社会公共利益的；

（三）侵害案外人合法权益的；

（四）涉及是否追究当事人刑事责任的；

（五）内容不明确，无法确认和执行的；

（六）调解组织、调解员强迫调解或者有其他严重违反职业道德准则的行为的；

（七）其他情形不应当确认的。

当事人在违背真实意思的情况下签订调解协议，或者调解组织、调解员与案件有利害关系、调解显失公正的，人民法院对调解协议效力不予确认，但当事人明知存在上述情形，仍坚持申请确认的除外。

25. 人民法院依法审查后，决定是否确认调解协议的效力。确认调解协议效力的决定送达双方当事人后发生法律效力，一方当事人拒绝履行的，另一方当事人可以依法申请人民法院强制执行。

五、建立健全工作机制

26. 有条件的地方人民法院可以按照一定标准建立调解组织名册和调解员名册，以便于引导当事人选择合适的调解组织或者调解员调解纠纷。人民法院可以根据具体情况及时调整调解组织名册和调解员名册。

27. 调解员应当遵守调解员职业道德准则。人民法院在办理相关案件过程中发现调解员与参与调解的案件有利害关系，可能影响其保持中立、公平调解的，或者调解员有其他违反职业道德准则的行为的，应当告知调解员回避、更换调解员、终止调解或者采取其他适当措施。除非当事人另有约定，人民法院不允许调解员在参与调解后又在就同一纠纷或者相关纠纷进行的诉讼程序中作为一方当事人的代理人。

28. 根据工作需要，人民法院指定院内有关单位或者人员负责管理协调与调解组织、调解员的沟通联络、培训指导等工作。

29. 各级人民法院应当加强与其他国家机关、社会组织、企事业单位和相关组织的联系，鼓励各种非诉讼纠纷解决机制的创新，通过适当方式参与各种非诉讼纠纷解决机制的建设，理顺诉讼与非诉讼相衔接过程中出现的各种关系，积极推动各种非诉讼纠纷解决机制的建立和完善。

30. 地方各级人民法院应当根据实际情况，制定关于调解员条件、职业道德、调解费用、诉讼费用负担、调解管理、调解指导、衔接方式等规范。高级人民法院制定的相关工作规范应当报最高人民法院备案。基层人民法院和中级人民法院制定的相关工作规范应当报高级人民法院备案。

司法部、卫生部、保监会关于加强医疗纠纷人民调解工作的意见

（2010 年 1 月 8 日　司发通〔2010〕5 号）

各省、自治区、直辖市司法厅（局）、卫生厅（局），新疆生产建设兵团司法局、卫生局，各保监局：

为进一步发挥新时期人民调解工作在化解医疗纠纷、和谐医患关系、促进平安医院建设、构建社会主义和谐社会中的重要作用，现就加强医疗纠纷人民调解工作提出如下意见：

一、高度重视人民调解工作的重要作用，积极构建和谐医患关系

构建和谐的医患关系，维护医患双方的合法权益，维持正常的医疗秩序，实现病有所医，是以改善民生为重点的社会建设的重要内容，是构建社会主义和谐社会的需要。近年来，随着我国经济、社会、文化等各项事业的快速发展，人民群众不断增长的医疗服务需求与医疗服务能力、医疗保障水平的矛盾日益突出，人民群众对

疾病的诊治期望与医学技术的客观局限性之间的矛盾日益突出，因医疗产生的医患纠纷呈频发态势，严重影响医疗秩序，一些地方甚至出现了因医疗纠纷引发的群体性事件，成为影响社会稳定的突出问题。贯彻“调解优先”原则，引入人民调解工作机制，充分发挥人民调解工作预防和化解矛盾纠纷的功能，积极参与医疗纠纷的化解工作，对于建立和谐的医患关系，最大限度地消除不和谐因素，最大限度地增加和谐因素，更好地维护社会稳定具有十分重要的意义。

加强医疗纠纷人民调解工作要以邓小平理论和“三个代表”重要思想为指导，深入贯彻落实科学发展观，坚持围绕中心、服务大局，发挥人民调解扎根基层、贴近群众、熟悉民情的特点和优势，坚持合理合法、平等自愿、不妨碍当事人诉讼权利的原则，及时妥善、公平公正地化解医疗纠纷，构建和谐医患关系，维护社会和谐稳定。

二、加强医疗纠纷人民调解组织建设

医疗纠纷人民调解委员会是专业性人民调解组织。各级司法行政部门、卫生行政部门要积极与公安、保监、财政、民政等相关部门沟通，指导各地建立医疗纠纷人民调解委员会，为化解医疗纠纷提供组织保障。

要积极争取党委、政府支持，建立由党委、政府领导的，司法行政部门和卫生行政部门牵头，公安、保监、财政、民政等相关部门参加的医疗纠纷人民调解工作领导小组，明确相关部门在化解医疗纠纷、维护医疗机构秩序、保障医患双方合法权益等方面的职责和任务，指导医疗纠纷人民调解委员会的工作。

医疗纠纷人民调解委员会原则上在县（市、区）设立。各地应结合本地实际，循序渐进，有计划、有步骤开展，不搞一刀切。

三、加强医疗纠纷人民调解员队伍建设

医疗纠纷人民调解委员会人员组成，要注重吸纳具有较强专业知识和较高调解技能、热心调解事业的离退休医学专家、法官、检察官、警官，以及律师、公证员、法律工作者和人民调解员。原则上每个医疗纠纷人民调解委员会至少配备 3 名以上专职人民调解员；涉及保险工作的，应有相关专业经验和能力的保险人员；要积极发挥人大代表、政协委员、社会工作者等各方面的作用，逐步建立起专兼职相结合的医疗纠纷人民调解员队伍。

要重视和加强对医疗纠纷人民调解员的培训，把医疗纠纷人民调解员培训纳入司法行政队伍培训计划，坚持统一规划、分级负责、分期分批实施，不断提高医疗纠纷人民调解员的法律知识、医学专业知识、业务技能和调解工作水平。

四、建立健全医疗纠纷人民调解委员会的保障机制

医疗纠纷人民调解委员会调解医疗纠纷不收费。其办公场所、工作经费应当由设立单位解决。经费不足的，各级司法行政部门按照财政部、司法部《关于进一步加强人民调解工作经费保障的意见》（财行〔2007〕179 号）的要求，争取补贴。鼓励医疗纠纷人民调解委员会通过吸纳社会捐赠、公益赞助等符合国家法律法规规定的渠道筹措工作经费。

各地要按照规范化人民调解委员会建设的标准，建设医疗纠纷人民调解委员会。医疗纠纷人民调解委员会的办公场所，应设置办公室、接待室、调解室、档案室等，悬挂人民调解工作标识和“医疗纠纷人民调解委员会”标牌，配备必要的办公设施。要建立健全各项规章制度，规范工作流程，并将工作制度、工作流程和人民调解委员会组成人员加以公示。

五、规范医疗纠纷人民调解委员会的业务工作

医疗纠纷人民调解委员会受理本辖区内医疗机构与患者之间的

医疗纠纷。受理范围包括患者与医疗机构及其医务人员就检查、诊疗、护理等过程中发生的行为、造成的后果及原因、责任、赔偿等问题，在认识上产生分歧而引起的纠纷。

医疗纠纷人民调解委员会调解医疗纠纷应当按照国务院《人民调解委员会组织条例》、司法部《人民调解工作若干规定》的要求，采取说服、教育、疏导等方法，促使医患双方当事人消除隔阂，在平等协商、互谅互让的基础上达成调解协议。要善于根据矛盾纠纷的性质、难易程度和当事人的具体情况，充分利用便民利民的方式，因地制宜地开展调解工作，切实提高人民调解工作质量。需要进行相关鉴定以明确责任的，经双方同意，医疗纠纷人民调解委员会可以委托有法定资质的专业鉴定机构进行鉴定。调解成功的一般应当制作人民调解协议书，人民调解委员会应当督促当事人履行协议。

六、加强医疗纠纷人民调解工作的指导管理

各级司法行政部门和卫生行政部门应当加强沟通与协作，通过医疗纠纷人民调解工作领导小组加强对医疗纠纷人民调解工作的指导。要建立健全联席会议制度，定期召开会议，通报工作情况，共同研究和解决工作中遇到的困难和问题。

司法行政部门要会同卫生、保监、财政、民政等部门加强对医疗纠纷人民调解委员会的监督指导，建立医学、法学专家库，提供专业咨询指导，帮助医疗纠纷人民调解委员会做到依法、规范调解。要对医疗纠纷人民调解员的工作进行定期评估，帮助他们不断改进工作。

卫生行政部门要指导各级各类医疗机构坚持“以病人为中心”，提高医疗质量，注重人文关怀，加强医患沟通，正确处理事前防范与事后调处的关系，通过分析典型医疗纠纷及其特点进行针对性改进，预防和减少医疗纠纷的发生。各省、自治区、直辖市卫生行政部门可根据本地实际情况，对公立医疗机构就医疗纠纷与患者自行和解的经济补偿、赔偿最高限额等予以规定。

七、进一步健全和完善医疗责任保险制度

各地要积极推进医疗责任保险工作。司法行政部门要指导医疗纠纷人民调解组织加强与卫生行政部门、保险部门的沟通，建立信息共享、互动合作的长效工作机制。各级卫生行政部门要组织公立医疗机构参加医疗责任保险，鼓励和支持其他各级各类医疗机构参加医疗责任保险。保监部门要鼓励、支持和引导保险公司积极依托医疗纠纷人民调解机制，处理涉及医疗责任保险的有关保险赔案，在医疗纠纷调解委员会主持下达成的调解协议，是医疗责任保险理赔的依据。形成医疗纠纷人民调解和保险理赔互为补充、互相促进的良好局面。

八、加大医疗纠纷人民调解工作宣传表彰力度

要引导新闻单位坚持正面宣传报道为主，大力宣传医疗卫生工作者为维护人民群众的身体健康和生命安全所作出的不懈努力和无私奉献；宣传医德高尚、医术精湛的正面典型，弘扬正气，增强医患之间的信任感；客观宣传生命科学和临床医学的特殊性、高科技性和高风险性，引导群众理性对待可能发生的医疗风险和医疗损害纠纷，优化医疗执业环境，增进社会各界对医学和医疗卫生工作的尊重、理解和支持。要加强对医疗纠纷人民调解工作的宣传，通过多种形式，借助有关媒体大力宣传医疗纠纷人民调解工作的特点、优势、方法、程序以及调解协议的效力，引导纠纷当事人尽可能地通过调解的方式解决纠纷。对于在医疗纠纷人民调解工作中表现突出的先进集体和先进个人应当予以大力表彰和宣传。

中央政法委、最高人民法院、司法部等关于加强人民调解员队伍建设的意见

（2018 年 4 月 27 日　司发〔2018〕2 号）

为认真落实党的十九大精神，深入贯彻党的十八届四中全会关于发展人民调解员队伍的决策部署，全面贯彻实施人民调解法，现就加强人民调解员队伍建设提出如下意见。

一、充分认识加强人民调解员队伍建设的重要意义

人民调解是在继承和发扬我国民间调解优良传统基础上发展起来的一项具有中国特色的法律制度，是公共法律服务体系的重要组成部分，在矛盾纠纷多元化解机制中发挥着基础性作用。人民调解员是人民调解工作的具体承担者，肩负着化解矛盾、宣传法治、维护稳定、促进和谐的职责使命。加强人民调解员队伍建设，对于提高人民调解工作质量，充分发挥人民调解维护社会和谐稳定“第一道防线”作用，推进平安中国、法治中国建设，实现国家治理体系与治理能力现代化具有重要意义。党中央、国务院历来高度重视人民调解工作。党的十八大以来，习近平总书记多次对人民调解工作作出重要指示批示，为做好人民调解工作和加强人民调解员队伍建设指明了方向。广大人民调解员牢记使命、扎根基层、无私奉献，积极开展矛盾纠纷排查调解工作，切实把矛盾纠纷化解在基层，消除在萌芽状态，为维护社会和谐稳定、服务保障和改善民生作出了积极贡献。当前，中国特色社会主义进入新时代。社会主要矛盾已经转化为人民日益增长的美好生活需要和不平衡不充分的发展之间的矛盾。人民不仅对物质文化生活提出了更高要求，而且在民主、法治、公平、正义、安全、环境等方面的要求日益增长。党的十九

大强调，要加强预防和化解社会矛盾机制建设，正确处理人民内部矛盾。这些都对人民调解、行业专业调解和调解员队伍建设提出了新的更高要求。各地各有关部门一定要充分认识加强人民调解员队伍建设的重要性、紧迫性，切实增强责任感和使命感，采取有效措施，大力推进人民调解员队伍建设，不断提高人民调解工作水平，全力维护社会和谐稳定。

二、加强人民调解员队伍建设的指导思想和基本原则

（一）指导思想

深入贯彻落实党的十九大精神，坚持以习近平新时代中国特色社会主义思想为指导，按照“五位一体”总体布局和“四个全面”战略布局，全面贯彻实施人民调解法，优化队伍结构，着力提高素质，完善管理制度，强化工作保障，努力建设一支政治合格、熟悉业务、热心公益、公道正派、秉持中立的人民调解员队伍，为平安中国、法治中国建设作出积极贡献。

（二）基本原则

——坚持党的领导。认真贯彻落实中央关于人民调解工作的决策部署，确保人民调解员队伍建设的正确方向。

——坚持依法推动。贯彻落实人民调解法、民事诉讼法等法律规定，不断提高人民调解员队伍建设的规范化、法治化水平。

——坚持择优选聘。按照法定条件和公开公平公正的原则，吸收更多符合条件的社会人士和专业人员参与人民调解工作。

——坚持专兼结合。在积极发展兼职人民调解员队伍的同时，大力加强专职人民调解员队伍建设，不断优化人民调解员队伍结构。

——坚持分类指导。根据各地实际情况和专兼职人民调解员队伍的不同特点，完善管理制度，创新管理方式，不断提高人民调解工作质量。

三、加强人民调解员队伍建设的主要任务

（一）认真做好人民调解员选任工作

1. 严格人民调解员选任条件。人民调解员由人民调解委员会委员和人民调解委员会聘任的人员担任，既可以兼职，也可以专职。人民调解员应由公道正派、廉洁自律、热心人民调解工作，并具有一定文化水平、政策水平和法律知识的成年公民担任。乡镇（街道）人民调解委员会的调解员一般应具有高中以上学历，行业性、专业性人民调解委员会的调解员一般应具有大专以上学历，并具有相关行业、专业知识或工作经验。

2. 依法推选人民调解委员会委员。人民调解委员会委员通过推选产生。村民委员会、社区居民委员会的人民调解委员会委员由村民会议或者村民代表会议、居民会议或者居民代表会议推选产生。企业事业单位设立的人民调解委员会委员由职工大会、职工代表大会或者工会组织推选产生。乡镇（街道）人民调解委员会委员由行政区域内村（居）民委员会、有关单位、社会团体、其他组织推选产生。行业性、专业性人民调解委员会委员由有关单位、社会团体或者其他组织推选产生。人民调解委员会委员任期届满，应及时改选，可连选连任。任期届满的原人民调解委员会主任应向推选单位报告工作，听取意见。新当选的人民调解委员会委员应及时向社会公布。

3. 切实做好人民调解员聘任工作。人民调解委员会根据需要可以聘任一定数量的专兼职人民调解员，并颁发聘书。要注重从德高望重的人士中选聘基层人民调解员。要注重选聘律师、公证员、仲裁员、基层法律服务工作者、医生、教师、专家学者等社会专业人士和退休法官、检察官、民警、司法行政干警以及相关行业主管部门退休人员担任人民调解员，不断提高人民调解员的专业化水平。要积极发展专职人民调解员队伍，行业性、专业性人民调解委

员会应有 3 名以上专职人民调解员，乡镇（街道）人民调解委员会应有 2 名以上专职人民调解员，有条件的村（居）和企事业单位人民调解委员会应有 1 名以上专职人民调解员，派驻有关单位和部门的人民调解工作室应有 2 名以上专职人民调解员。

（二）明确人民调解员职责任务

4. 人民调解员的职责任务。积极参与矛盾纠纷排查，对排查发现的矛盾纠纷线索，采取有针对性的措施，预防和减少矛盾纠纷的发生；认真开展矛盾纠纷调解，在充分听取当事人陈述和调查了解有关情况的基础上，通过说服、教育、规劝、疏导等方式方法，促进当事人平等协商、自愿达成调解协议，督促当事人及时履行协议约定的义务，人民调解员对当事人主动申请调解的，无正当理由不得推诿不受理；做好法治宣传教育工作，注重通过调解工作宣传法律、法规、规章和政策，教育公民遵纪守法，弘扬社会公德、职业道德和家庭美德；发现违法犯罪以及影响社会稳定和治安秩序的苗头隐患，及时报告辖区公安机关；主动向所在的人民调解委员会报告矛盾纠纷排查调解情况，认真做好纠纷登记、调解统计、案例选报和文书档案管理等工作；自觉接受司法行政部门指导和基层人民法院业务指导，严格遵守人民调解委员会制度规定，积极参加各项政治学习和业务培训；认真完成司法行政部门和人民调解委员会交办的其他工作任务。

（三）加强人民调解员思想作风建设

5. 加强思想政治建设。组织广大人民调解员认真学习宣传贯彻党的十九大精神，坚持以习近平新时代中国特色社会主义思想武装头脑、指导工作。教育引导人民调解员牢固树立政治意识、大局意识、核心意识、看齐意识，自觉在思想上政治上行动上同以习近平同志为核心的党中央保持高度一致。加强人民调解员职业道德教育，深入开展社会主义核心价值观和社会主义法治理念教育，弘扬调解文化，增强人民调解员的社会责任感和职业荣誉感。

6. 加强纪律作风建设。完善人民调解员行为规范，教育人民调解员严格遵守和执行职业道德和工作纪律，树立廉洁自律良好形象，培养优良作风。建立投诉处理机制，及时查处人民调解员违法违纪行为，不断提高群众满意度。

7. 加强党建工作。党员人民调解员应积极参加所属党支部的组织生活，加强党性修养，严守党员标准，自觉接受党内外群众的监督，发挥党员在人民调解工作中的先锋模范作用。支持具备条件的人民调解委员会单独建立党组织，落实基层党建基本制度，严格党内政治生活，突出政治功能，发挥战斗堡垒作用。

（四）加强人民调解员业务培训

8. 落实培训责任。开展人民调解员培训是司法行政部门的重要职责。要坚持分级负责、以县（市、区）为主，加大对人民调解员的培训力度。县（市、区）司法行政部门主要负责辖区内人民调解委员会主任、骨干调解员的岗前培训和年度培训，指导和组织司法所培训辖区内人民调解员；市（地、州）司法行政部门主要负责辖区内大中型企业、乡镇（街道）和行业性、专业性人民调解委员会主任、骨干调解员的岗前培训和年度培训；省（区、市）司法行政部门负责制定本地区人民调解员培训规划，组织人民调解员骨干示范培训，建立培训师资库；司法部负责组织编写培训教材，规范培训内容，开展人民调解员师资培训。司法行政部门要积极吸纳律师、公证员、司法鉴定人、专职人民调解员等作为培训师资力量，提高培训质量和水平。基层人民法院要结合审判工作实际和人民调解员队伍状况，积极吸纳人民调解委员会进入人民法院特邀调解组织名册，通过委派调解、委托调解，选任符合条件的人民调解员担任人民陪审员，加强司法确认工作等灵活多样的形式，加大对人民调解员进行业务培训的力度。

9. 丰富培训内容和形式。司法行政部门和人民调解员协会要根据本地和行业、专业领域矛盾纠纷特点设置培训课程，重点开展社会形势、法律政策、职业道德、专业知识和调解技能等方面的培训。创新培训方式和载体，采取集中授课、研讨交流、案例评析、实地考察、现场观摩、旁听庭审、实训演练等形式，提高培训的针对性、有效性。顺应“互联网+”发展趋势，建立完善人民调解员网络培训平台，推动信息技术与人民调解员培训深度融合。依托有条件的高校、培训机构开展培训工作，开发人民调解员培训课程和教材，建立完善人民调解员培训质量评估体系。

（五）加强对人民调解员的管理

10. 健全管理制度。人民调解委员会应当建立健全人民调解员聘用、学习、培训、考评、奖惩等各项管理制度，加强对人民调解员的日常管理。建立人民调解员名册制度，县（市、区）司法行政部门定期汇总人民调解员基本信息，及时向社会公开并通报人民法院，方便当事人选择和监督。建立岗位责任和绩效评价制度，完善评价指标体系。

11. 完善退出机制。人民调解员调解民间纠纷，应当坚持原则、明法析理、主持公道。对偏袒一方当事人，侮辱当事人，索取、收受财物或者牟取其他不正当利益，或泄露当事人的个人隐私、商业秘密的人民调解员，由其所在的人民调解委员会给予批评教育、责令改正；情节严重的，由推选或者聘任单位予以罢免或者解聘。对因违法违纪不适合继续从事调解工作；严重违反管理制度、怠于履行职责造成恶劣社会影响；不能胜任调解工作；因身体原因无法正常履职；自愿申请辞职的人民调解员，司法行政部门应及时督促推选或者聘任单位予以罢免或者解聘。

（六）积极动员社会力量参与人民调解工作

12. 发动社会力量广泛参与。切实发挥村（居）民小组长、楼栋长、网格员的积极作用，推动在村（居）民小组、楼栋（院落）等建立纠纷信息员队伍，帮助了解社情民意，排查发现矛盾纠纷线索隐患。发展调解志愿者队伍，积极邀请“两代表一委员”（党代表、人大代表、政协委员）、“五老人员”（老党员、老干部、老教师、老知识分子、老政法干警）、专家学者、专业技术人员、城乡社区工作者、大学生村官等参与矛盾纠纷化解。充分发挥律师、公证员、司法鉴定人、基层法律服务工作者、法律援助工作者等司法行政系统资源优势，形成化解矛盾纠纷工作合力。

13．建立人民调解咨询专家库。县级以上司法行政部门可以根据调解纠纷需要，会同相关行业主管部门设立人民调解咨询专家库，由法学、心理学、社会工作和相关行业、专业领域的专业人员组成，相关专家负责向人民调解委员会提供专家咨询意见和调解建议。人民调解咨询专家库可以是包含多领域专业人才的区域性综合型专家库，也可以是某一特定行业、专业领域的专家库。

（七）强化对人民调解员的工作保障

14．落实人民调解员待遇。地方财政根据当地经济社会发展水平和财力状况，适当安排人民调解员补贴经费。人民调解员补贴经费的安排和发放应考虑调解员调解纠纷的数量、质量、难易程度、社会影响大小以及调解的规范化程度。补贴标准由县级以上司法行政部门商同级财政部门确定，明令禁止兼职取酬的人员，不得领取人民调解员补贴。对财政困难地区，省级要统筹现有资金渠道，加强人民调解工作经费保障。人民调解委员会设立单位和相关行业主管部门应依法为人民调解员开展工作提供场所、设施等办公条件和必要的工作经费。省（区、市）司法行政部门或人民调解员协会应通过报纸、网络等形式，每半年或一年向社会公开人民调解经费使用情况和工作开展情况，接受社会监督。

15．通过政府购买服务推进人民调解工作。司法行政部门应当会同有关部门做好政府购买人民调解服务工作，完善购买方式和程序，积极培育人民调解员协会、相关行业协会等社会组织，鼓励其聘请专职人民调解员，积极参与承接政府购买人民调解服务。

16. 落实人民调解员抚恤政策。司法行政部门应及时了解掌握人民调解员需要救助的情况，协调落实相关政策待遇。符合条件的人民调解员因从事调解工作致伤致残，生活发生困难的，当地人民政府应当按照有关规定提供必要的医疗、生活救助；在人民调解工作岗位上因工作原因死亡的，其配偶、子女按照国家规定享受相应的抚恤等相关待遇。探索多种资金渠道为在调解工作中因工作原因死亡、伤残的人民调解员或其亲属提供帮扶。

17. 加强对人民调解员的人身保护。人民调解员依法调解民间纠纷，受到非法干涉、打击报复或者本人及其亲属人身财产安全受到威胁的，当地司法行政部门和人民调解员协会应当会同有关部门采取措施予以保护，维护其合法权益。探索建立人民调解员人身保障机制，鼓励人民调解委员会设立单位和人民调解员协会等为人民调解员购买人身意外伤害保险等。

四、加强对人民调解员队伍建设的组织领导

（一）加强组织领导

司法行政机关负责指导人民调解工作，要把人民调解员队伍建设摆上重要位置，列入重要议事日程，切实加强指导。要主动向党委和政府汇报人民调解工作，积极争取有关部门重视和支持，着力解决人民调解员开展工作遇到的困难和问题。要完善相关制度，提高人民调解员队伍管理水平。人民调解员协会要发挥行业指导作用，积极做好对人民调解员的教育培训、典型宣传、权益维护等工作，加强对人民调解员队伍的服务和管理。

（二）落实部门职责

各有关部门要明确自身职责，加强协调配合，共同做好人民调解工作。各级政法委要将人民调解员队伍建设纳入综治工作（平安建设）考核评价体系。人民法院要通过各种形式，加强对人民调解员调解纠纷的业务指导，提高人民调解工作水平。财政部门要落实财政保障责任，会同司法行政部门确定经费保障标准，建立动态调整机制。民政部门要对符合条件的人民调解员落实相关社会救助和抚恤政策，会同人力资源社会保障部门把符合条件的人民调解员纳入社会工作专业人才培养和职业水平评价体系。各相关行业主管部门要从各方面对人民调解员开展工作提供支持和保障。

（三）加强表彰宣传

认真贯彻落实人民调解法，加大对人民调解员的表彰力度，对有突出贡献的人民调解员按照国家有关规定给予表彰奖励。要充分运用传统媒体和网络、微信、微博等新媒体，积极宣传人民调解工作典型人物和先进事迹，扩大人民调解工作社会影响力，增强广大人民调解员的职业荣誉感和自豪感，为人民调解员开展工作创造良好社会氛围。

各地要结合实际，按照本意见精神制定具体实施意见。

司法部关于进一步加强行业性、专业性人民调解工作的意见

（2014 年 9 月 30 日　司发通〔2014〕109 号）

各省、自治区、直辖市司法厅（局），新疆生产建设兵团司法局：

为全面贯彻落实党的十八大、十八届三中全会精神，深入贯彻落实习近平总书记系列重要讲话精神和对司法行政工作重要指示精神，进一步发挥人民调解在化解行业、专业领域矛盾纠纷中的重要作用，维护社会和谐稳定，深入推进平安中国建设，现就进一步加

强行业性、专业性人民调解工作提出如下意见。

一、充分认识进一步加强行业性、专业性人民调解工作的重要性和必要性

近年来，各级司法行政机关认真贯彻落实人民调解法和司法部《关于加强行业性、专业性人民调解委员会建设的意见》（司发通〔2011〕93号），大力推进行业性、专业性人民调解工作，取得了明显成效。三年多来，建立了行业性、专业性人民调解组织3万多个，人民调解员近13万人，共化解行业、专业领域矛盾纠纷300多万件，为维护社会和谐稳定作出了积极贡献。实践证明，开展行业性、专业性人民调解工作，是围绕中心、服务大局，充分发挥人民调解职能作用的重要举措，是新时期人民调解工作的创新、发展，是人民调解制度的丰富、完善。但由于行业性、专业性人民调解工作开展时间不长，还存在组织不健全、制度机制不完善、工作不规范、经费保障没有落实到位等问题，各地对此要高度重视，采取有效措施切实加以解决。

随着我国改革进入攻坚期和深水区，社会稳定进入风险期，各种矛盾纠纷多发易发，影响社会和谐稳定。特别是在医疗卫生、劳动争议、环境保护等行业、专业领域的矛盾纠纷，如果不及时化解，将会影响社会稳定。有效预防和化解行业性、专业性矛盾纠纷，事关人民群众切身利益，事关社会和谐稳定大局。进一步加强行业性、专业性人民调解工作，积极推动人民调解向这些领域延伸，依法及时化解矛盾纠纷，充分发挥人民调解在社会矛盾纠纷调解体系中的基础性作用，对于创新社会治理体系、提高社会治理能力，维护相关行业领域正常秩序、维护人民群众合法权益、维护社会和谐稳定具有重要意义。

二、进一步加强行业性、专业性人民调解工作的指导思想和基本原则

（一）指导思想。全面贯彻落实党的十八大、十八届三中全会精神，深入贯彻落实习近平总书记系列重要讲话精神和对司法行政工作重要指示精神，深入贯彻落实人民调解法，大力加强行业性、专业性人民调解组织和队伍建设，进一步加强制度化、规范化建设，积极化解行业、专业领域矛盾纠纷，切实加强对行业性、专业性人民调解工作的指导，推动人民调解工作创新发展，为维护社会和谐稳定，深化平安中国建设作出新的贡献。

（二）基本原则。行业性、专业性人民调解工作要在坚持人民调解基本原则基础上，坚持党委、政府领导，司法行政机关指导，相关部门密切配合，共同推进行业性、专业性人民调解工作深入开展。要坚持以人为本，始终把维护双方当事人合法权益作为人民调解工作的出发点和落脚点，根据双方当事人需求，提供便捷服务，维护双方合法权益；坚持实事求是、因地制宜，从化解矛盾纠纷的实际需要出发，积极推动设立行业性、专业性人民调解组织，不搞一刀切；坚持尊重科学，着眼于矛盾纠纷的行业、专业特点和规律，运用专业知识，借助专业力量，提高调解的权威性和公信力；坚持改革创新，从我国基本国情出发，大力推进工作理念、制度机制和方式方法创新，努力实现行业性、专业性人民调解工作创新发展。

三、进一步加强行业性、专业性人民调解组织和队伍建设

（一）加强组织建设。行业性、专业性人民调解委员会是在司法行政机关指导下，依法设立的调解特定行业、专业领域矛盾纠纷的群众性组织。司法行政机关要加强与有关行业主管部门协调配合，根据相关行业、专业领域矛盾纠纷情况和特点，指导人民调解协会、相关行业协会等社会团体和其他组织，设立行业性、专业性人民调解委员会或依托现有的人民调解委员会设立人民调解工作室。当前，要重点加强医疗卫生、道路交通、劳动争议、物业管理、环境保护等行业性、专业性人民调解组织建设，进一步扩大人民调解工作覆盖面。对于本地相关行业、专业领域需要设立人民调解组织的，要主动向党委、政府汇报，与有关部门沟通协调，及时推动设立。已设立的行业性、专业性人民调解组织，要进一步巩固提高，规范组织名称和标牌、标识使用，健全各项制度，有效开展工作。对未设立行业性、专业性人民调解组织的，现有人民调解委员会应将辖区内行业性、专业性矛盾纠纷纳入调解范围。

（二）加强队伍建设。行业性、专业性人民调解委员会的调解员由设立单位或人民调解委员会聘任。根据矛盾纠纷的行业、专业特点，选聘具有相关专业背景和法学、心理学等专业知识的人员以及专家学者、法律服务工作者等为人民调解员，建立专兼结合、优势互补、结构合理的人民调解员队伍。通过政府购买服务等方式，配备专职人民调解员。行业性、专业性人民调解委员会主任一般由专职人民调解员担任。加强考核管理，及时了解掌握人民调解员的工作情况，对不胜任、不称职的人民调解员应及时指导聘任单位调整或解聘。加强人民调解员培训，把行业性、专业性人民调解委员会调解员培训纳入司法行政队伍培训规划。新任人民调解员须经司法行政机关培训合格后上岗。

（三）建立健全专家库。要根据化解矛盾纠纷需要，聘请相关行业或专业领域的专家学者组建人民调解专家库、成立专家咨询委员会等，为人民调解组织化解矛盾纠纷提供专业咨询和指导。

四、进一步加强行业性、专业性人民调解工作制度化、规范化建设

（一）建立健全工作制度。建立健全行业性、专业性人民调解纠纷受理、调解、履行、回访等内部工作制度，使调解工作各个环节都有章可循；建立健全纠纷移交、委托等衔接工作制度，及时受理、调解有关行业部门和单位移交、委托的矛盾纠纷；建立健全行业性、专业性人民调解组织与纠纷当事人所在地人民调解组织或单位之间联合调解制度，有效化解矛盾纠纷；建立健全信息反馈制度，及时向有关部门或单位反馈有关信息和意见建议。

（二）加强规范化建设。要依法规范行业性、专业性人民调解委员会设立和人员组成，确保人民调解群众性、自治性、民间性基本属性；规范人民调解员选聘、培训、岗位职责、工作纪律和研讨学习、年度考核等管理工作，提高人民调解员的政策业务水平和工作责任感；规范文书和卷宗制作，按照统一的文书格式和立卷归档要求，制作调解文书和调解卷宗，做到一案一卷；规范人民调解统计报送工作，确保统计数据真实、准确，报送及时，不断提高行业性、专业性人民调解工作规范化水平。

五、大力化解行业、专业领域矛盾纠纷

（一）依法及时调解。要坚持抓早抓小，及时了解掌握可能引发矛盾纠纷的不稳定因素，努力把矛盾纠纷化解在基层、消除在萌芽状态。对排查出的、当事人申请的和有关部门移送的矛盾纠纷，要及时受理，依法调解，通过教育疏导等方式，帮助当事人在平等协商、互谅互让的基础上自愿达成调解协议；对调解不成的，要引导当事人通过合法渠道解决。对涉及人员多、影响面广、容易激化的重大矛盾纠纷，应及时报告有关部门，并配合做好矛盾纠纷疏导化解工作，防止矛盾激化。

（二）注重运用专业知识调解。针对行业性、专业性矛盾纠纷行业特征明显、专业性强等特点，善于运用专业知识化解矛盾纠纷。对疑难复杂的矛盾纠纷，应充分听取专家咨询意见，必要时可委托具有资质的鉴定机构进行鉴定，确保矛盾纠纷得到科学公正处理。善于运用法、理、情相结合的方式开展调解工作，既讲法律政策、也重情理疏导，既解法结、又解心结，不断提高调解成功率、协议履行率和人民群众满意度。

（三）推进工作创新。创新工作理念，善于运用法治思维和法治方式化解矛盾纠纷，对合法诉求，应依法予以支持；对不合法、不合理的诉求，要做好疏导工作，引导当事人放弃于法无据、于理不符的要求，实现定纷止争、案结事了。创新工作方式方法，善于运用专业知识，借助专业力量和社会力量开展调解，充分运用现代科技手段开展工作，提高调解工作实效。创新工作机制，健全完善司法行政机关、人民调解委员会与相关部门、单位协调配合机制，形成工作合力；健全完善人民调解与行政调解、司法调解衔接配合机制，充分发挥人民调解在社会矛盾纠纷调解工作体系中的基础性作用。

六、切实加强对行业性、专业性人民调解工作指导

（一）加强组织领导。切实把加强行业性、专业性人民调解作为新形势下人民调解工作的重要任务，摆上重要议事日程，主动向党委、政府汇报工作，积极争取把行业性、专业性人民调解纳入当地深化平安建设的总体部署，制定出台加强行业性、专业性人民调解工作的配套政策，为行业性、专业性人民调解工作创造良好条件。加强与财政部门的协调，落实行业性、专业性人民调解委员会补助经费、调解员补贴经费等，并建立动态增长机制。加强与相关行业主管部门、设立单位沟通协调，定期通报情况，及时研究解决工作中存在的问题。加强与基层人民法院的协调配合，通过个案指导、依法确认和执行人民调解协议等措施，提高调解质量。

（二）加强工作指导。认真分析本地区行业、专业领域矛盾纠纷发生、发展的特点和趋势，研究制定加强行业性、专业性人民调解工作的计划和安排，落实工作责任，积极推进人民调解组织队伍、业务工作和保障能力建设。坚持分类指导，加强调查研究，及时研究解决不同行业、专业领域人民调解工作的新情况、新问题，有针对性地提出指导意见，推进工作创新发展。落实人民调解员困难救助和优待抚恤政策，解决人民调解员生活困难，维护人民调解员权益，充分调动广大人民调解员的工作积极性。

（三）加强宣传表彰。通过各种形式，大力宣传行业性、专业性人民调解工作的特点优势、取得的成效和发挥的作用，大力宣传人民调解员的先进事迹和典型案例，增强社会各界和人民群众对行业性、专业性人民调解工作的了解和支持。大力表彰行业性、专业性人民调解先进集体和先进个人，增强人民调解员的荣誉感，激励他们更加积极地做好矛盾纠纷化解工作，为维护社会和谐稳定，推进平安中国建设做出新的贡献。

司法部关于加强行业性、专业性人民调解委员会建设的意见

（2011 年 5 月 12 日　司发通〔2011〕93 号）

各省、自治区、直辖市司法厅（局），新疆生产建设兵团司法局、监狱局：

根据《中华人民共和国人民调解法》（以下简称人民调解法）第三十四条的规定，社会团体或者其他组织根据需要可以设立人民调解委员会，调解民间纠纷。为进一步加强行业性、专业性人民调解委员会建设，充分发挥人民调解化解矛盾纠纷、维护社会稳定的职能作用，提出如下意见。

一、充分认识加强行业性、专业性人民调解委员会建设的重要性

近年来，随着我国经济体制深刻变革、社会结构深刻变动、利益格局深刻调整、思想观念深刻变化，各种矛盾纠纷不断增加，呈

现出复杂性、多样性、专业性和面广量大的特点，特别是行业性、专业性矛盾纠纷大量上升，已经成为影响社会和谐稳定的难点、热点问题。大力加强行业性、专业性人民调解委员会建设，及时有效地化解特定行业和专业领域出现的难点、热点矛盾纠纷，对于加强和创新社会管理，维护社会和谐稳定，具有重要意义。各级司法行政机关要切实增强责任感、使命感，以贯彻实施人民调解法为契机，大力加强行业性、专业性人民调解委员会建设，完善人民调解制度，为深化三项重点工作，加强和创新社会管理，维护社会和谐稳定，促进经济平稳较快发展作出积极贡献。

二、社会团体或者其他组织设立行业性、专业性人民调解委员会的基本要求

加强行业性、专业性人民调解委员会建设，必须严格遵守人民调解法的各项规定，坚持人民调解的特点和基本属性；必须坚持在当事人自愿、平等的基础上进行调解，不违背法律、法规和国家政策，尊重当事人的权利；必须坚持围绕中心、服务大局，围绕党委、政府和广大群众关注的难点、热点问题开展工作；必须体现行业性、专业性人民调解委员会的特点，针对特定行业和专业领域的矛盾纠纷，运用专业知识，有针对性地开展矛盾纠纷预防化解工作，实现提前预防、及时化解、定分止争、案结事了；必须坚持司法行政机关的指导，确保行业性、专业性人民调解委员会的各项工作健康、规范、有序开展。行业性、专业性人民调解委员会由社会团体或者其他组织设立，由所在地的县级司法行政机关负责履行统计、培训等指导职责。

三、积极推动行业性、专业性人民调解委员会建设

司法行政机关要切实加强与有关行业管理部门、社会团体和组织联系和沟通，相互支持、相互配合，共同指导和推动行业性、专业性人民调解委员会的建立。社会团体或者其他组织可以结合相关行业和专业特点，在县级司法行政机关的指导下，设立行业性、专业性人民调解委员会，并将人民调解委员会以及人员组成及时报送所在地县级司法行政机关。行业性、专业性人民调解委员会要以方便调解为目的设立办公地点，名称由“所在市、县或者乡镇、街道行政区划名称”、“行业、专业纠纷类型”和“人民调解委员会”三部分内容依次组成。人民调解委员会在特定场所设立人民调解工作室调解特定民间纠纷的，名称由“人民调解委员会名称”、“派驻单位名称”和“人民调解工作室”三部分内容依次组成 。要在固定的调解场所内悬挂统一的人民调解工作标识，公开人民调解制度及调委会组成人员，便于当事人选择调解员调解纠纷。

四、加强专业化、社会化人民调解员队伍建设

司法行政机关要加强对人民调解员推选、聘任的指导，吸收具有较强专业知识、较高政策水平、热心调解事业的人员，从事行业性、专业性矛盾纠纷调解工作，每个行业性、专业性人民调解委员会专门从事人民调解工作的人民调解员原则上不应少于三名。要充分发挥退休法官、检察官、警官、律师、公证员等法律工作者以及相关领域专家、学者的专业优势，参与调解行业性、专业性矛盾纠纷，形成年龄知识结构合理、优势互补、专兼职相结合人民调解员队伍，实现人民调解员队伍专业化、社会化。要加强对人民调解员专业知识、法律政策知识和调解技能等培训，会同相关部门制定培训计划，坚持统一规划、分级负责、分期分批实施，共同组织好培训，不断提高人民调解员队伍整体素质，努力培养和造就一支适应化解行业性、专业性矛盾纠纷需要的高素质人民调解员队伍。

五、健全完善行业性、专业性人民调解委员会保障机制

各级司法行政机关应当会同相关部门按照人民调解法的规定和财政部、司法部《关于进一步加强人民调解工作经费保障的意见》（财行〔2007〕179 号）的要求，积极争取党委、政府和有关部门的重视和支持，把行业性、专业性人民调解委员会工作经费纳入政府保障，全面落实人民调解工作指导经费、人民调解委员会补助经费、人民调解员补贴经费。设立行业性、专业性人民调解委员会的社会团体或者其他组织，应当为其开展工作提供办公条件和必要的工作经费 。要积极争取各级党委、政府和有关部门出台地方性法规、规章和政策，为行业性、专业性人民调解委员会开展工作提供法律或者政策保障。

六、加强行业性、专业性人民调解委员会业务建设

要根据矛盾纠纷的性质、难易程度和当事人的具体情况，充分发挥行业性、专业性人民调解委员会的职能优势，有针对性地开展调解工作。要采取说服、教育、疏导等多种方式调解纠纷，促使纠纷当事人消除隔阂，在平等协商、互谅互让的基础上达成调解协议。达成调解协议的，可以制作人民调解协议书，也可以采取口头协议方式，由人民调解委员会督促当事人履行协议；调解不成的，人民调解委员会应当及时终止调解，并引导当事人通过合法渠道解决。要建立健全学习、例会、疑难复杂纠纷讨论、考评、统计、档案管理和信息报送等制度。要按照统一的文书格式，规范卷宗档案格式，制作调解卷宗，做到一案一卷。要按照统一的统计口径，对人民调解工作情况进行登记和统计，及时向司法行政机关报送《人民调解组织队伍经费保障情况统计表》、《人民调解案件情况统计表》。

七、加强对行业性、专业性人民调解委员会建设的指导

各级司法行政机关要依法履行职责，切实加强对行业性、专业性人民调解委员会的指导。要积极争取党委、政府的重视和领导，将这项工作纳入党委、政府的工作大局。要切实加强与相关行业管理部门的协调配合，形成分工合理、相互配合、协调有序的工作机制，共同推动行业性、专业性人民调解委员会建设工作的开展。要把行业性、专业性人民调解委员会和人民调解员纳入司法行政机关的统计范围和培训计划，大力加强组织建设、队伍建设、业务建设和法制化规范化建设，努力提高人民调解工作的质量和水平。要加强调查研究，认真总结分析行业性、专业性人民调解委员会的组织特点、人员构成、工作模式和运行机制，分析不足，及时改进。要广泛宣传人民调解化解行业性、专业性矛盾纠纷的经验、做法和成效，大力表彰工作中有突出贡献的先进集体和先进个人，提高人民调解公信力，形成推进人民调解工作深入发展的良好社会环境。

全国妇联、中央综治办、最高人民法院、公安部、民政部、司法部关于做好婚姻家庭纠纷预防化解工作的意见

（2017年3月17日　妇字〔2017〕13号）

婚姻家庭关系是基础社会关系，婚姻家庭和谐是社会稳定的基础和前提。当前，我国正处于社会转型的历史时期，传统婚姻家庭观念和稳定性受到冲击，相关矛盾纠纷易发多发，有的甚至引发刑事案件乃至重大命案，严重损害家庭成员权益、影响社会和谐稳定。为进一步完善矛盾纠纷多元化解机制，做好婚姻家庭纠纷预防化解工作，现提出如下意见。

一、指导思想和基本原则

（一）指导思想。全面贯彻党的十八大和十八届三中、四中、五中、六中全会精神，以邓小平理论、“三个代表”重要思想、科学发展观为指导，深入学习贯彻习近平总书记系列重要讲话精神，增强政治责任感，提高工作预见性，落实中共中央办公厅、国务院办公厅印发的《关于完善矛盾纠纷多元化解机制的意见》，以调解

为重要渠道，以防范婚姻家庭纠纷激化引发命案为重点，健全完善预防化解婚姻家庭纠纷工作机制，引导社会公众建立和维护平等、和睦、文明的婚姻家庭关系，进一步增强人民群众的安全感和幸福感，为全面建成小康社会创造和谐稳定的社会环境。

（二）基本原则。坚持党委领导、政府主导、综治协调，发挥人民法院、公安、司法行政、民政等部门职能作用，发挥妇联组织的工作优势，完善衔接联动机制，形成工作合力，为群众化解婚姻家庭纠纷提供多元、便捷的服务。坚持预防为主，把群众满意作为出发点和落脚点，提高预测预警预防能力，积极化解矛盾纠纷，努力做到发现在早、防范在先、处置在小，着力建设平等、和睦、文明的婚姻家庭关系，注重从源头上减少婚姻家庭纠纷的产生，以家庭平安促进社会平安。坚持依法治理，运用法治思维和法治方式化解婚姻家庭纠纷，维护当事人的合法权益。

二、扎实开展基层婚姻家庭纠纷排查化解工作

（三）健全婚姻家庭纠纷排查调处制度。各级综治组织要在党委和政府领导下，切实做好调查研究、组织协调、督导检查、考评、推动等工作，深化“平安家庭”建设，推进婚姻家庭纠纷排查调处工作。针对婚姻家庭纠纷，推动建立集中排查调处和经常性排查调处相结合的工作制度。定期召开矛盾纠纷排查调处工作协调会议，并将分析研判婚姻家庭纠纷作为会议的重要内容，及时掌握婚姻家庭纠纷总体情况，对可能引发恶性案事件的苗头性问题，深入调查研究，并按照“属地管理”和“谁主管谁负责”原则，落实工作责任，推动采取切实可行的措施予以化解。以农村地区为重点，根据本地区婚姻家庭纠纷发生规律特点，组织力量加强春节前后和农民工返乡期等重点时段的专项矛盾纠纷排查化解行动。推动基层组织健全完善农村留守老人、妇女、儿童关爱帮扶体系，重点关注有两地分居、招婿、失独、婚姻关系变化、扶养关系变动、发生遗产继承等情况的家庭，定期了解情况，对家庭关系不和的主动上门做工作、给予重点帮扶，做到底数清、情况明、措施实，有效预防矛盾纠纷的发生、激化。推动加大对公益慈善类、城乡社区服务类社会组织的培育扶持力度，通过政府购买服务等方式，支持社会组织参与婚姻家庭纠纷预防化解工作。支持律师事务所或其他具有调解功能的组织根据当事人的需求提供婚姻家庭纠纷多元化解服务并适当收取费用。

（四）充分发挥综治中心和网格化服务管理作用。按照《社会治安综合治理综治中心建设与管理规范》要求加强各级综治中心建设，发挥其平台作用。确保到2020年，在乡镇及以上地方各级综治中心，通过公安、民政、司法行政、人民法院、妇联等单位派员入驻办公，或依托综治信息系统、综治视联网进行信息共享和可视化办公，全部建立婚姻家庭纠纷多元化解的协作联动工作机制；县乡两级综治中心全部建立妇女儿童维权站或婚姻家庭纠纷专门调处窗口，为相关工作开展提供必要场所；村（社区）综治中心，全部建立矛盾纠纷调处室，并与警务室（站）、相关调解组织工作实现衔接，及时发现、处置婚姻家庭纠纷。推进基层综治中心心理咨询室或社会工作室（站）建设，配备心理辅导人员或引入心理咨询师、婚姻家庭咨询师、社会工作师等专业队伍，就婚姻家庭问题开展心理服务、疏导和危机干预等工作。推动城乡社区网格化服务管理全覆盖，发挥其“底座”作用。整合条线资源，设立综合网格员，将定期入户走访、排查上报、先期处置婚姻家庭纠纷作为网格员的重要职责。组织社区工作者、网格员及平安志愿者、“五老人员”等社会力量，发挥好他们的人缘、地缘优势，推动工作进一步向楼栋（院落）、家庭延伸，第一时间发现并处置婚姻家庭纠纷。

（五）切实发挥公安机关的职能作用。各级公安机关要积极参与矛盾纠纷多元化解机制建设，进一步强化矛盾纠纷排查工作。要坚持预防为主的原则，深入社区、家庭、群众，及时排查发现婚姻家庭纠纷的苗头和线索，会同有关部门及时化解稳控。要积极贯彻落实反家庭暴力法，依法处置家庭暴力行为，严防矛盾激化升级。进一步加强与综治组织、司法行政机关、人民法院、妇联等单位及有关调解组织的衔接配合，有条件的公安派出所等基层执法单位可以设立人民调解室，及时调解受理婚姻家庭纠纷，最大限度预防一般性婚姻家庭纠纷转化为治安案件、刑事案件。

（六）有效发挥妇联组织在家庭和社区的工作优势。各级妇联组织要积极开展法治宣传和家庭美德教育，推动预防和制止家庭暴力工作，维护妇女儿童合法权益，促进家庭和谐、社会稳定。组织开展“建设法治中国·巾帼在行动”、寻找“最美家庭”等活动，建好各级妇联信访接待室，畅通 12338 妇女维权服务热线，拓展网络等渠道，及时受理婚姻家庭纠纷投诉。推进城乡社区“妇女之家”、县乡两级综治中心妇女儿童维权站建设，协助调处婚姻家庭纠纷及其他涉及妇女儿童合法权益的案件，做好矛盾排查、心理疏导、纠纷调解、信访代理、法律帮助、困难帮扶等工作。发挥妇联的组织和人才优势，加大与相关单位的衔接配合力度，推进婚姻家庭纠纷人民调解组织建设，积极参与婚姻家庭纠纷的人民调解、行政调解、司法调解等工作。

三、加强婚姻家庭纠纷人民调解工作

（七）建立健全婚姻家庭纠纷人民调解组织。根据矛盾纠纷化解需要，因地制宜推进婚姻家庭纠纷人民调解组织建设。鼓励在县（市、区），由妇联组织会同司法行政机关等建立健全婚姻家庭纠纷人民调解委员会，选聘法律、心理、社会工作等领域的专家、实务工作者和妇联维权干部等担任人民调解员，建立专家库，调解疑难纠纷。在乡镇（街道）、村（社区），充分发挥人民调解组织遍及城乡、熟悉社情民意的优势，选聘专兼职调解员，配备婚姻家庭纠纷调解工作力量，逐步增强调解工作的专业性，立足抓早抓小抓苗头，及时就地化解婚姻家庭纠纷。婚姻家庭纠纷人民调解委员会要以方便群众为原则选择办公地点和办公场所，有条件的基层综治中心应当为婚姻家庭纠纷人民调解委员会提供办公场所，办公场所应悬挂统一的人民调解标牌和标识，公开人民调解制度及调委会组成人员。

（八）*着力建设婚姻家庭纠纷人民调解员队伍*。司法行政机关要与妇联组织合作加强婚姻家庭纠纷人民调解员队伍建设。设立婚姻家庭纠纷人民调解委员会专职调解员公益岗位，弥补专职调解力量的不足。加强对人民调解员的专业指导，把婚姻家庭纠纷人民调解员纳入司法行政系统培训计划。通过举办培训班、案例研讨等形式，组织开展社会性别意识、法律、心理、社会工作等多方面的专业培训，支持调解员获得法律职业资格、社会工作者职业资格、婚姻家庭咨询师、心理咨询师等资质，增强调解员促进男女平等、坚持儿童利益优先以及保护家庭弱势群体利益的意识，提高调解员专业能力和素质，打造一支专业水平过硬、调解技能娴熟的婚姻家庭纠纷调解员队伍，在人民调解、司法调解、行政调解以及婚姻家庭辅导等工作领域发挥积极作用。

（九）*切实加强婚姻家庭纠纷调解工作经费保障*。推动落实人民调解法和财政部、司法部《关于进一步加强人民调解工作经费保障的意见》等相关规定，各级地方财政安排婚姻家庭纠纷人民调解委员会补助经费和人民调解员补贴经费，提高保障标准，建立动态增长机制。加快运用政府购买服务的方式，把婚姻家庭纠纷调解工作纳入政府购买服务指导性目录，按照规定的购买方式和程序积极组织实施，并逐步加大购买力度。建立健全“以案定补”、“以奖代补”等办法，引导激励调解员爱岗奉献，落实好因公致伤致残、牺牲人民调解员的医疗、生活救助和抚恤优待政策。鼓励婚姻家庭纠纷人民调解组织通过吸纳社会捐赠、公益赞助等符合国家法律法规规定的渠道筹措经费，提高保障水平。

四、大力推进结婚登记颁证和婚姻家庭辅导工作

（十）加强结婚登记颁证工作。民政部门要探索开展多种形式的婚前教育工作，让婚姻当事人在接受教育中慎思明辨，培养成熟理性的婚姻观念，掌握经营婚姻家庭的技巧。要在坚持自愿、免费的前提下，深入推进结婚登记颁证工作，让当事人在庄重神圣的颁证仪式中感悟婚姻家庭所蕴含的责任与担当。

（十一）推进婚姻家庭辅导工作。民政部门要加强婚姻家庭辅导室建设，发挥好社会组织和专业人才队伍的积极作用，通过政府购买服务等方式，开展婚姻家庭辅导工作。婚姻登记机关应围绕群众需求，在坚持事前告知、自愿接受的前提下，免费提供心理疏导、纠纷调解、法律咨询等婚姻家庭辅导服务，预防和化解纠纷，促进婚姻家庭的和谐稳定。要善于运用互联网、手机等新载体，不断扩大婚姻辅导工作受众，提高婚姻辅导工作实效。

五、推进家事审判制度改革

（十二）稳步推进家事审判方式和工作机制改革。人民法院要总结家事审判方式和工作机制改革试点经验，研究制定家事审判方式和工作机制改革试点工作规程，积极推动健全婚姻家庭案件审判组织和审判队伍，设立家事审判庭和家事审判团队，选任符合条件的家事主审法官，聘用、培养家事调查员、心理辅导员等审判辅助人员。加强家事审判工作人员调解技能、心理学知识等方面的系统培训。加强硬件设施配置，提升业务装备配备水平。针对家事审判特点，着眼于修复家庭关系，坚持未成年人最大利益原则，从审判组织、队伍建设、证明标准、制止家庭暴力、家庭财产申报、诉讼程序等多方面进行家事审判专业化探索，逐步形成不同于财产类案件的审判模式。

（十三）把调解贯穿婚姻家庭诉讼全过程。人民法院要加强诉调对接平台建设，完善特邀调解组织和特邀调解员名册制度，通过委托调解、委派调解、特邀调解做好婚姻家庭案件调解工作。鼓励相关调解组织在诉调对接平台设立调解工作室，办理人民法院委派或委托调解的案件，推动构建司法、行政和社会力量相结合的新型家事纠纷综合协调解决模式。积极试行家事案件调解前置制度，落实离婚等案件应当调解的规定，把调解贯穿于诉前、诉中、诉后全过程。经人民调解委员会调解达成的协议，鼓励双方当事人依法向人民法院申请司法确认调解协议的效力。

六、强化工作支持

（十四）加强信息化建设。依托社会治安综合治理信息化综合平台，按照相关数据和技术标准，建设在线矛盾纠纷化解信息系统，完善信息沟通机制，推动综治组织和公安、民政、司法行政、人民法院、妇联等单位相关信息系统的互联互通，数据的共享共用，做好婚姻家庭纠纷的在线受理、统计、督办、反馈等工作。依托“雪亮工程”建设，拓展和联接相关视频会议、视频通信系统，逐步延伸至村（社区），开展视频调解等工作，使专业矛盾纠纷调解资源向基层延伸。探索建立婚姻家庭纠纷网上专家库，建立在线法律咨询、在线调解和诉讼案件在线立案、在线审判系统，满足人民群众对便捷、高效化解矛盾纠纷的需求。开发应用平安建设移动客户端、平安建设微信公众号等，建立激励机制，鼓励网格员、志愿者和广大群众利用信息化手段及时上报矛盾纠纷，提升隐患发现能力，逐步探索为群众提供“掌上咨询”“掌上调解”等服务。通过加强信息化支撑，构建“互联网+”婚姻家庭纠纷预防化解工作格局，推动各单位建立更为灵活的对接协作、跟踪服务制度，使矛盾纠纷在不同发展阶段、不同情况下，都有相应的力量介入开展工作，确保“民不转刑、刑不转命”。

（十五）严格落实责任。贯彻实施中共中央办公厅、国务院办公厅印发的《健全落实社会治安综合治理领导责任制规定》，坚持奖惩并举，充分运用通报、约谈、挂牌督办、一票否决权制等责任督导和追究措施，压实各地各有关部门预防化解婚姻家庭纠纷的责任。发挥综治工作（平安建设）考评的作用，完善“平安家庭”考评标准，坚持问题导向，将因婚姻家庭纠纷引发“民转刑”重大命案等情况作为“平安家庭”考评的重要指标，引导强化命案防控意识和防控责任。加强督导检查，对于因婚姻家庭纠纷引发的一次死亡3 人以上（包括本数，下同）命案，省级综治组织应当会同相关部门组织工作组进行督查，督促当地分析原因，找准症结，研究提出解决问题的具体措施，限期进行整改。对发生因婚姻家庭纠纷引发的一次死亡6 人以上命案或一年内发生因婚姻家庭纠纷引发的一次死亡3 人以上命案超过3 起的市（地、州、盟），要纳入本省（区、市）公共安全、治安问题相对突出的市（地、州、盟）核报范围。

（十六）营造良好氛围。以贯彻落实婚姻法、反家庭暴力法、妇女权益保障法等为重点，禁止包办、买卖婚姻和其他干涉婚姻自由的行为，禁止借婚姻索取财物，禁止家庭暴力。倡导夫妻互相忠实，互相尊重，家庭成员间敬老爱幼，互助友爱，维护平等、和睦、文明的婚姻家庭关系。大力开展婚姻家庭法律法规宣传教育，注重用典型案例和“大白话”“身边事”释理说法，努力为建设和谐婚姻家庭关系营造良好法治氛围。加强村居（社区）公共法律服务，推动“一村（社区）一法律顾问”工作，重点加强面向农村的法律咨询、法律援助工作，使广大群众享受到方便、高效的法律服务，进一步增强通过法律途径解决纠纷、维护权益的意识。健全基层群众自治制度，通过制订完善村民公约、社区公约，发挥村民议事会、道德评议会、红白事理事会等作用，引导农民自我教育、自我管理，革除高额彩礼等陋习，树立文明新风。

图书在版编目（CIP）数据

不同纠纷类型的调解案例与法律应用 /《人民调解工作法律实务丛书》编写组编 . —2 版 . —北京：中国法制出版社，2021. 4

ISBN 978 -7 -5216 -1817 -4

Ⅰ. ①不… Ⅱ. ①人… Ⅲ. ①调解（诉讼法）-案例-中国 Ⅳ. ①D925. 114. 5

中国版本图书馆 CIP 数据核字（2021）第 071068 号

责任编辑：周琼妮（zqn-zqn@ 126. com）　　封面设计：杨泽江

不同纠纷类型的调解案例与法律应用

BUTONG JIUFEN LEIXING DE TIAOJIE ANLI YU FALÜ YINGYONG

编者/《人民调解工作法律实务丛书》编写组

经销/新华书店

印刷/三河市国英印务有限公司

开本/880 毫米 ×1230 毫米　32 开　　印张/10　字数/217 千

版次/2021 年 4 月第 2 版　　2021 年 4 月第 1 次印刷

中国法制出版社出版

书号 ISBN 978 -7 -5216 -1817 -4　　定价：45. 00 元

北京西单横二条 2 号

邮政编码 100031　　传真：010 -66031119

网址：http：//www. zgfzs. com　　编辑部电话：010 -66067023

市场营销部电话：010 -66033393　　邮购部电话：010 -66033288

（如有印装质量问题，请与本社印务部联系调换。电话：010 -66032926）